기우셉 피오라반조 지음
조덕현 옮김

세계사 속의 해전
A History of Naval Tactical Thought

해 군 사 관 학 교

세계사 속의 해전

2006년 12월 20일 초판1쇄 인쇄
2006년 12월 30일 초판1쇄 발행

지은이 ▪ 기우셉 피오라반조(Giuseppe Fioravanzo)
옮긴이 ▪ 조덕현(曺德鉉)
펴낸이 ▪ 임성렬
펴낸곳 ▪ 도서출판 신서원
　　서울시 종로구 교남동 47-2 협신빌딩 209호
　　전화 : (02)739-0222·3　팩스 : (02)739-0224
　　등록 : 제1-1805(1994. 11.9)

신서원은 부모의 서가에서 자녀의 책꽂이로
'대물림'할 수 있기를 바라며 책을 만들고 있습니다.
잘못된 책은 연락주세요.

노선시대부터 해군항공시대까지
해군전술사상은 어떻게 발전했는가?

세계사 속의 해전
A History of Naval Tactical Thought

기우셉 피오라반조 지음

조덕현 옮김

해 군 사 관 학 교

옮긴이의 말

오늘날 셰익스피어의 작품들은 아주 오랜 시간이 지났음에도 수많은 사람들로부터 깊은 사랑을 받고 있다. 이것은 그의 작품이 단지 하나의 작품에 그치지 않고 그 속에 삶에 대한 깊은 '열정'을 담아내기 때문이다. 기우셉 피오라반조Giuseppe Fioravanzo 제독이 책을 통해 보여주는 이탈리아 해군에 대한 열정적인 삶 또한 다르지 않다.

이 책은 이탈리아 해군 피오라반조 제독의 『해군전술사상사A History of Naval Tactical Thought』를 번역한 것이다. 그는 1891년 이탈리아의 파두아에서 태어났다. 1912년 이탈리아 해군사관학교를 졸업한 그는 1·2차 세계대전에 참전했으며, 1939년에 이탈리아 해군대장으로 진급했다. 평화시에는 각급 군사학교와 이탈리아의 대학 곳곳에서 해군전략과 전술·상륙작전·해군사와 해군항공 등 다양한 주제에 대해 강의하였고, 해군에 관한 50여 권의 저서와 수많은 논문을 남겼다.

피오라반조 제독은 이 책을 통해 단순한 서술이 아닌 개념적 접근법을 통해 해군전술을 명료하게 분석했다. 그는 전술행동에 관한 해설보다 전술사상의 발전에 초점을 두었다. 왜냐하면 전술행동의 기초는 전술사상이며, 그것에 대한 이해없이는 현대전술을 제대로 납득할 수 없었기 때문이다.

이 책의 제1장 고대부터 제2차 세계대전에 이르기까지는 각종

전략과 전술을 폭넓게 소개하고 있다. 그리고 제2장부터는 노선시대·범선시대·추진기시대·해군항공시대로 시대를 세분하여 각각의 시대에 행해진 해군전의 전술을 집중적으로 분석하고 있다. 물론 각각의 장마다 함선의 특성, 전술 및 해전연구도 간략하게 곁들여 논지를 전개하고 있다. 주목할 것은 항공력의 중요성에 대한 저자의 강조이다. 왜냐하면 어떤 지상전과 해상전이든 항공력의 지원없이 작전을 효과적으로 수행할 수 없음을 알았기 때문이다.

비록 오래 전에 집필된 책이지만, 그런 점에서 독자들은 해군 전술사상의 발전과정을 이해하는 데 크게 도움 될 것이라 확신한다. 뿐만 아니라 영국·미국·일본과는 달리, 그리고 우리와는 전혀 다른 역사를 지닌 이탈리아 해군출신의 제독이 직접 저술했다는 점에서 이 책은 우리들의 또 다른 관심을 불러낸다. 다만 군사사를 전공한 옮긴이로서 한 가지 아쉬운 점은 불가피하게도 이탈리아 원서가 아닌 중역된 영문판을 사용했다는 것이다. 그래서 저자의 깊은 뜻을 충분히 전달하지 못했다.

우리는 우수한 무기체계가 곧 승리의 요소라고 믿는다. 그러나 내가 전공하고 있는 세계군사사를 통해 볼 때 반드시 그렇지만은 않은 것 같다. 그래서 그런지 해전사는 나에게 단순한 학문적 지식이 아니다. 해전사를 연구하면서 내 가슴을 떠나지 않는 것이 있다.

1588년의 일이다. 스페인 무적함대와 영국함대 사이의 해전이 있었다. 당시 세계최강을 자랑하던 스페인 무적함대가 참패를 당했다. 나는 그 무적함대의 치욕적인 패배는 3척의 배ship가 없었기 때문이라고 결론내렸다.

첫째로 지휘관의 탁월한 지휘력을 의미하는 Leadership!
둘째로 동료들 간의 전우애를 뜻하는 Fellowship!
셋째로 상급자와 하급자 간의 신뢰의 바탕인 Followership!

이것이 바로 내 가슴에 깊이 새겨진 3척의 배다. 고대부터 현대에 이르기까지 수많은 전투가 있었다. 그런데 단 한 차례도 같은 유형의 전투가 반복된 예는 없다. 이것은 앞으로도 마찬가지일 것이다. 그러나 앞서 언급한 3척의 배는 언제 어디서든 적용될 수 있는 의미 있는 배라고 생각한다. 그래서 이 3척의 배를 책을 읽는 독자들에게 마음의 선물로 드리고 싶다.

이 책이 나오기까지 곁에서 격려를 아끼지 않은 아내 오은실, 늘 밝은 미소로 힘이 되어 주는 아들 세민이, 남다른 언어감각으로 나를 놀라게 하는 딸 유진이에게 감사의 말을 전하고 싶다.

2006년 12월
해사 옥포만의 연구실에서
조 덕 현

지은이의 말

이 책의 원고는 15년 전에 집필되었다. 그러나 여러 가지 사정으로 책을 제때 출판하지 못했다. 사실 이 책은 해군문제 전문가들에게 어떤 새로운 사실을 설명하려고 저술한 것은 아니다.

따라서 이 책에서는 전술적 행동을 하나하나 따지는 것보다 전술적 사고의 발전과정에 대해 고찰하는 데 더 큰 관심을 두었다. 왜냐하면 전술적 사고에 대한 철저한 연구가 이루어지지 않으면 전술적 행동은 결코 이해할 수 없기 때문이다.

특별히 다른 참고문헌을 제시한 것은 아니다. 이 책의 내용들 자체가 특별한 연구결과라기보다는 필자가 일생 동안 관여해 온 해군문제에 대한 사고의 결실이기 때문이다. 다만 본문에서는 따로 몇 권의 책을 인용했는데, 그 가운데 가보티G. Gavotti의 『해군기동술의 역사History of Naval Evolution』(1899)와 『대해전에서의 전술Tactics in the Great Naval Battles』(1906) 그리고 베르노티V. Bernotti의 『해군전술의 기초Fundamentals of Naval Tactics』(1910)와 같은 책은 충분히 언급할 만한 가치가 있다고 보았다.

또한 필자 스스로 명예롭게 생각하는 책 가운데서 『해상전과 전체로서의 전쟁War on the Sea and War as a Whole』(1930~31) 1·2권과 『해군항공 운동학과 전술의 기초Naval Air Kinematics and Fundamentals of Tactics』(초판

1920, 제8판 1960)와 같은 책은 이 책의 주제와도 밀접한 연관이 있다. 그래서 부득이 필자 자신의 책을 인용하지 않을 수 없었다. 사실, 이것은 1918년 이래 필자 나름으로 지속적이고 독립적인 사고를 전개해 왔기 때문인데, 이를 요약하고 정리하기 위해서는 불가피한 일이었다.

끝으로 이 책이 해군전문가가 아닌 일반독자들에게도 의미있는 교재가 될 수 있도록 용어와 표현 하나에도 각별한 신경을 썼다는 점을 밝혀둔다.

1970년 12월
로마에서
기우셉 피오라반조

차 례

옮긴이의 말 Foreward … 5
지은이의 말 Preface … 8
서론 Introduction … 13

제1편 전략과 전술 Strategy and Tactics

1 용어의 정의 Definitions ……………………………………………… 19
2 과거의 해전 Naval Warfare in the Past ……………………………… 23
3 미래의 해전 Naval Warfare in the Future …………………………… 51

제2편 노선시대 The Age of Oared Ships

4 함선의 특성 Ship Characteristics …………………………………… 81
5 전술 Tactics ……………………………………………………………… 95
6 해전연구 Illustrative Battles ………………………………………… 103

제3편 범선시대 The Age of Sail

7 함선의 특성 Ship Characteristics …………………………………… 121
8 전술 Tactics …………………………………………………………… 129
9 해전연구 Illustrative Battles ………………………………………… 149

제4편 추진기시대 The Age of the Screw Propeller

10 함선의 특성 Ship Characteristics …………………………………… 173

11 전술 Tactics ··· 193
12 해전연구 Illustrative Battles ······························ 223

제5편 해군항공시대 *The Age of Naval Aviation*

13 함선의 특성 Ship Characteristics ························ 261
14 전술 Tactics ··· 279
15 해전연구 Illustrative Battles ······························ 299
16 미래전의 예상 Predictions ·································· 325

부록 Appendix ··· 359
찾아보기 Index ··· 385

12　세계사 속의 해전

쉼터

0. 서론

 이 책에서 필자가 언급하려는 것은 함정·항공기·무기·진형·전술기동 및 전투에 관한 사항, 다시 말해 물리적인 사항과 현상 자체에 대한 것이다. 인간의 이성은 이 모두를 지배한다. 함정과 무기에 생명을 불어넣는 인간은 이러한 함정과 무기를 언제·어디서 그리고 어떻게 사용할 것인가를 결정하는 최종 주체이다. 하나의 물체에 생명을 주입하듯 인간의 노력 하나하나가 깃든다면 그 함정은 온정 가득한 개체가 될 것이다.

 그래서 함정은 가정과 직장, 그리고 전쟁의 도구로 동시에 이용할 수 있는, 세상에서 유일한 물체이다. 함정에 가장 가까운 사물로는 항공기를 꼽을 수 있지만, 인간은 지금까지 항공기 안에서 생활하지 않았다. 단지 항공기는 직장과 도구로 이용될 뿐이다.

 또한 함정의 승조원은 함정을 마치 가정처럼 인식한다. 그들에게 있어 함정은 제2의 가정인 동시에 출퇴근하는 직장이다. 그런 점에서 볼 때, 함정은 생활면에서도 일정한 안정감을 준다. 다른 직장에

다니는 사람, 흔히 말해 사무원 혹은 여타의 군인들과 함정 승조원들과는 비교할 수 없다. 사무실·공장 또는 소속부대는 단지 그들 각각이 맡은 바 업무를 수행하기 위해 모이는 장소에 지나지 않는다.

함정이 하나의 가정이라면 승조원은 가족이고 함장은 가장인 셈이다. 따라서 함장은 무엇보다 모범을 보임으로써 함정을 지휘해야 한다. 함정의 모든 승조원은 같은 조건 아래서 책임·위기·기쁨·슬픔을 나누므로 함장의 신뢰는 전적으로 솔선수범하는 것에 달려 있다. 그러므로 함장은 매사 최선을 다하지 않으면 안된다.

함장은 승조원들이 함정을 움직이고 각자의 기능을 발휘할 수 있도록 신념을 발현시키고 연출한다. 즉 함장은 함정에 인격을 불어넣고, 함정이 침몰할 때에는 그 함정과 운명을 같이한다는 각오로 행동한다. 함장의 의지가 비록 영웅적인 행동을 요구받더라도 그는 역사의 한 장면에서 최고의 보상을 받는다는, 계산적인 행동을 하지 않는다. 말할 것도 없이, 함장은 함정과 승조원들을 자신의 생명 한 부분으로 인식하는 '그 어떤 고귀한 것'을 위해 자발적이며 자연스럽게 헌신하는 것이다. 함정을 위하여, 그리고 함정과 운명을 같이하는 함장의 희생정신은 심리학적으로 자식을 위해 전적으로 희생하는 어머니의 정신에 비유할 수 있다.

지난 역사를 통해 우리는 함정의 승조원이 서로 공생하는 생명체로 결합되어 있고, 승조원과 함장이 일체감으로 결속된 극적인 일화를 수없이 볼 수 있다. 이러한 일체감과 하나 되었을 때, 우리는 홍해의 깊은 물속으로 서서히 침몰하는 눌로*Nullo*함의 함교에 요지부동의 자세로 홀로 함정을 지키며 서 있던 함장과 그와 생사고락을 함께 하기 위해 탈출한 함정으로 재차 수영해 돌아갔던 어느 승조원의 눈물어린 일화를 떠올릴 수 있을 것이다.

16 세계사 속의 해전

쉼터

제1편
전략과 전술
Strategy and Tactics

18 세계사 속의 해전

쉼터

I.
용어의 정의
Definitions

　해군기술의 두 가지 요체인 전략과 전술에 대해서는 그 동안 수많은 정의들이 내려졌다. 물론 복잡하기 그지없는 현상을 개념적으로 정의한다는 것은 그 자체부터가 어렵고 위험한 일이 아닐 수 없다. 일반적인 의미에서 전략이란 전쟁을 수행하는 술art이고, 전술은 전투를 수행하는 술 혹은 전쟁의 도구를 각각의 특성에 맞게 적합한 방법으로 사용하는 술로 정의할 수 있다.

　30년 전 필자는 이 두 가지 개념을 하나로 결합하려고 시도하였다. 그런즉 "전술은 시간과 공간적으로 전략을 보다 좁은 의미로 한정시킨 것에 불과하다"는 결론을 내렸다. 좀더 구체적으로 말하면 여기서 '한정'이라는 낱말의 의미는 무기체계의 사정거리, 다시 말해 반경 내로 제한한다는 의미라고 할 수 있다.

　어쨌든 전략가는 적과 무력투쟁을 하는 데 있어서 가능한 한 전술가에게 최선의 작전상황을 제공하는 쪽으로 행동하지 않으면 안된다. 가령 어떤 전략가가 전술가에게 아주 협소한 장소나 굴곡이 심한 계곡에 몰아넣어 적으로부터 기습받는 상황에 처하게 한다면 그는 매우 불행한 상황을 전술가에게 제공한 셈이다. 만약 어떤 전략가가 전술가로 하여금 적보다 열세한 세력으로 적과 싸우지 않을 수밖에 없는 상황에 놓이게 했다면, 그 전술가는 스스로 패배를 선언한 것에 다름없다. 또한 전략가가 무엇보다 먼저 해상통제권control of the sea을 장악하지도 않고 전술가로 하여금 적의 영토에 상륙하게 만들었다면, 그 상륙군은 보급선이 차단되어 파멸의 구렁텅이에 빠지게 될 것이다.

해양력sea power은 해군전략과 전술의 도구이다. 많은 학자들 사이에는 해양력에 관한 차이가 더러 있다. 따라서 해양력이 의미하는 것이 무엇인지를 가장 먼저 구체적으로 설명하는 것이 옳을 듯하다.

해양력이란 해상에서의 활동능력을 의미하고, 이를 도구로 보유한다는 것은 이것을 사용해 해상에서 생존의 현시manifestation를 가능하게 한다는 뜻이다. 그러므로 해양력의 확장은 현시의 능력으로 이해할 수 있으며, 해양력의 확장은 해양력의 행사를 실행할 도구를 소유할 수 있다는 것과 직결된다.

그런데 해양sea이란 거대한 국제통상로인 까닭에 여기서 힘을 통한 어떤 주장-다시 말해 평화시에는 정치적인 의미와 함께 경제적인 목적을 위해 이를 독점적으로 사용하고, 전시에는 적의 해로sea lane 사용을 거부하는 반면 자국은 이를 자유롭게 사용하기 위해서-을 한다는 것은 국제간의 경쟁이라는 속성을 전제로 한다.

해양력을 행사하기 위해 각각의 국가들이 사용하는 수단은 해운력merchant marine, 해군세력〔또는 해군항공 세력〕, 그리고 항구·군사기지와 연안방어coastal defenses의 형태로서 해안선이 제공하는 제원시설도 여기에 포함된다.

해군력naval power은 해상세력과 군수·기술 그리고 자유자재로 사용할 수 있는 방어적인 하부구조 등 해상통제권의 획득을 목표로 결합된 집합체를 의미한다.

있을 수 있는 오해를 불식시키기 위해, 힘power이라는 개념정의를 무엇을 한정한다는 의미로 보고, 해양이라는 용어 대신 해군이라는 용어를 사용해도 될 것이다.

쉼터

2.
과거의 해전
Naval Warfare in the Past

전투battles는 전쟁에서 가장 핵심적인 행동이며, 상황에 따라서는 결정적인 행동이기도 하다. 그러므로 해군전술을 설명하기에 앞서 과거 역사에서 전투가 어떤 위치를 차지했고, 또 전투가 일어날 가능성들은 어떠했는가를 살펴보는 것이 바람직할 것이다.

널리 알려진 바와 같이 거대한 세계사의 순환을 지배해 온 해양력은 하나의 기본적인 목표를 전제한다. 그것은 바로 자국의 우월을 위해 해상통제권을 획득하는 것이다. 그 우월은 자국의 전쟁잠재력의 공급원으로 불가피한 통상을 수행하는 능력을 의미하며, 경우에 따라서는 해양을 가로질러 적국 영토의 전략적 요충지에 상륙시킬 병력 수송능력을 말한다.

해군을 활용하는 데는 적국의 해상세력을 격파하거나 적국의 항만 밖으로 기동하지 못하도록 하는 두 가지 기본방안이 있다. 다시 말해 그것은 해전battle과 봉쇄blockade를 말한다. 이 두 가지 절차는 실제로 자주 사용되었다.

　적 해상세력의 격파는 지속적이며 체계적인 작전수행이 부적당한 함선으로 인간이 해상에서 활동했던 시대에 선택할 수 있는 유일한 방법이었다. 노oar를 젓는 함선으로는 몇 주 혹은 몇 개월씩 해상에서 활동할 수 없었던 까닭에 노선시대rowing era의 해군은 봉쇄를 설정할 능력이 없었다. 따라서 이 시대의 해상전투에서는 전투전략battle strategy이 유일한 방편이었다. 적의 세력을 기동하지 못하도록 밀폐시킨다는 개념은 인간이 해상을 마음대로 장기간 누비고 다닐 수 있는 개념을 갖기 전까지, 즉 범선이 출현할 때까지는 생각할 수 없었다.

　뒤에서 범선시대에 이르는 제반기술의 발전과정에 대해서 살피겠지만, 그에 앞서 먼저 하나의 기본개념, 즉 해상에서 전쟁을 수행하는 방법의 하나로 상대적으로 우세한 해군이 임의로 채택하여 적의 함선이 기동하지 못하게 하는, 봉쇄의 개념에 대해 언급하겠다. 사실 어느 해군을 막론하고 상대보다 우세하지 않고서는 적의 해안을 공격하는 데 전투의 위험을 무릅쓰지 않을 수 없고, 해상에서 행동의 자유를 누릴 수 있는 희망을 보장할 수 없다.

　열세한 해군은 그래서 전투를 기피하였다. 그렇지만 그들은 적 해군이 대양에서 도전을 받지 않은 채 군림하는 것은 원치 않았다. 열세한 해군은 적 해군의 우세를 방해하기 위해 사략선의 활동에 의존하였다. 열세한 해군은 이러한 활동을 목적으로 적국의 통상로에서 활동하는 단독상선 또는 소전대의 상선(나중에는 잠수함)을 파견하였다. 사략선의 활동을 통한 호소는 열세한 해군이 그들에 대한 하나의 봉쇄의 대응장치였다. 이것을 단순한 해적행위와 혼동해서는 안된다.

이러한 전쟁의 양상은 무장상선과 선단활동이 등장하게 된 원인이었다. 제1차 세계대전 당시 상선이 무장한 사실은 잠수함이 부상한 상태로 적 상선에 대해 공격하는 것을 방해하였다. 따라서 잠수한 상태로 공격을 가하지 않을 수 없던 잠수함은 어뢰를 사용할 수밖에 없었다. 이것은 그들의 공격능력이 빠른 시간에 고갈된다는 것을 의미하였다. 제2차 세계대전 기간 중에는 무장상선에 덧붙여 항공무기가 대잠무기로 등장하였다.

그러한 동안 군사적 봉쇄와 더불어 해양력이 열세한 교전국의 해군을 차단하기 위한 경제적 봉쇄가 설정되었다. 이러한 행위는 자연적으로 통상의 자유를 늘 보장받기 위한 중립국과 전시금제품의 교역을 방해하려는 교전국 사이에서 끝없는 논쟁을 불러냈다.

그렇다면 봉쇄를 시행하는 방법을 고찰하기에 앞서 한 가지 중요한 사항에 대해 언급해야 할 것 같다. 노선시대 함선은 해양력의 행사를 지속적으로 수행하기에 아주 미약했다. 더욱이 당시에는 상설해군*이 존재하지도 않았다. 함대는 필요에 따라 창설되는 것이 일반적이었고, 또 필요한 기간에만 활동하였다.

□* 상설해군이라는 개념을 처음으로 도입한 나라는 영국이었다. 튜더왕조였던 헨리 7세 시대인 1607년에 왕립해군사관학교Royal Naval Academy를 설립하여 생도들을 모집했다.

범선의 건조가 실현된 이후 지리적인 대발견이 뒤따랐다. 각국은 그 후부터 드넓은 대양으로 경쟁적으로 진출하였다. 각국의 경쟁은 상설함대의 건설을 촉진시켰으며, 그 결과 상설함대가 지속적으로 실질적인 활동을 하게 되었다.

시대의 변화에 따른 기술발전과 함선크기의 증가로 함대를 건설한다는 것은 해군항공시대에 이르러서도 어려운 과제가 되고 있다. 무엇보다 해군의 건설은 매우 복잡할 뿐만 아니라 적지 않은 비용이 들기 때문에 해군 발전계획은 끊임없이 지속적으로 이루어져 왔다. 게다가 평화시에도 세계열강의 서열은 각국이 보유한 해양력의 크기에 따라 정해졌다.

다시 봉쇄에 관한 문제로 돌아가 보자. 봉쇄전략은 프러시아와 동맹한 영국이 프랑스와 싸웠던 7년전쟁Seven Years War(1756~1763)*에 처음으로 채택되었다. 이때 영국해군은 자국이 비록 승리한다고 하더라도 손실이 불가피하게 발생되는 전투여서 프랑스 해군을 전투로 유인하기보다 봉쇄를 설정하는 것이 훨씬 경제적이라는 것을 인식하였다.

* 7년전쟁은 오스트리아 왕위계승전쟁의 패배를 보복하기 위해 오스트리아와 프로이센을 축으로 유럽의 강대국들이 참전한 대규모 전쟁이었다. 이 전쟁은 유럽과 식민지에서 벌어졌고, 유럽에서 일어난 전쟁은 포메라니안전쟁으로도 불리며, 영국과 프랑스는 아메리카 대륙에서 벌어진 프랑스-인디언 전쟁과 인도에서 충돌했다. 유럽에서는 영국의 지원을 받은 프로이센이 결과적으로 승리를 거두어 실레지아의 영유권을 확보했으며, 식민지 전쟁에서는 영국이 승리를 거두어 북아메리카의 뉴프랑스(현재의 퀘백 주와 온타리오 주)를 차지하여 북아메리카에서 프랑스 세력을 몰아냈고, 인도에서도 프랑스 세력을 몰아내 대영제국의 기초를 닦았다. 이 전쟁은 1763년 파리조약을 체결하면서 끝났다.

범선이 활동한 19세기 중엽까지 각국 해군의 함선은 식량과 청수 그리고 탄약을 몇 개월씩 저장하고 전투를 수행할 수 있었다. 그래서 군수문제는 별로 어렵지 않았고, 기지 또한 크게 문제되지 않았다.

19세기 중엽 이후 추진기의 사용이 보편화되면서 연료문제가 적지 않은 과제로 등장하였다. 게다가 함선의 무장에 있어서도 변화가 따랐는데, 노선시대에서는 무기의 사정거리가 짧고 열악하였으나 범선시대에 와서는 사정거리는 증가하였으나 정확도가 떨어졌기 때문이다. 그런데 추진기시대에 이르러서는 항속거리의 증가에 비례해 무장의 사정거리도 증가하였으며 그 신뢰성과 정확성도 증대하였다.

각국은 해양력의 활동범위를 늘이기 위해 기지와 연료저장소의 확보에 많은 노력을 기울였다. 함선과 기지는 불가분의 관계였다. 범선시대에서는 우세한 세력을 보유하는 것이 승리의 관건이었다. 적어도 적 해군과 대등한 세력을 배치할 수 있는 능력을 확보하는 것은 당연한 과제였다. 그 후 추진기시대에 들어와서는 그에 못지않게 작전기지의 획득이 중요한 문제가 되었다.

기뢰나 어뢰 같은 잠행성 무기가 출현하기 전까지 우세함대는 적 해안포대의 사정권 밖에서 저속으로 항해하거나 표류 또는 투묘한 상태에서도 전술적 봉쇄tactical blockade를 행함으로써 열세함대의 억제가 가능하였다. 따라서 봉쇄함대나 피봉쇄함대는 서로를 감시할 수 있는 상황에서 봉쇄전을 수행할 수 있어서 상대방과 접촉을 유지하는 데는 별다른 문제가 없었다. 이런 봉쇄전의 양상이 최후로 명백하게 사용된 사례로는 1898년 미서전쟁*을 들 수 있다.

> *미서전쟁은 1898년 쿠바문제를 둘러싸고 미국과 스페인 사이에 쿠바와 필리핀에서 벌어진 전쟁이다. 이 전쟁은 4개월 만에 끝났고 8월 12일에 휴전협정이 체결되었으며, 곧이어 파리회의가 개최되었다. 필리핀과 쿠바를 배제한 상태에서 12월 10일 미국과 스페인 사이에 맺어진 강화조약은 스페인이 쿠바를 포기하고 필리핀·괌·푸에르토리코를 미국에 할양하는 대신 미국은 스페인에 2천만 달러를 지불하기로 했다. 이 전쟁은 노예문제로 촉발된 정치체제에 대한 내분으로 남북전쟁을 겪은 뒤 내부 정비와 북아메리카 대륙 개척에 몰두하던 미국이 그 힘을 바탕으로 본격적으로 제국주의 정책을 추진하기 시작한 상징적인 사건이다.

그러나 잠행성 무기의 등장으로 전술적 봉쇄를 계속해서 수행한다는 것은 무모한 행위가 되었다. 여기에 맞선 것이 전략적 봉쇄strategic blockade였다. 즉 봉쇄선은 적 해안으로부터 원거리에 설정되었고, 순항속력 또한 고속을 유지할 필요가 있었다. 또한 봉쇄함대들은 초계선으로부터 멀리 이탈하지 않고 재보급을 받을 수 있는 기지 확보가 필요했다. 봉쇄함대는 적의 행동을 사전에 탐지하기 위한 구축함을 전방 초계함으로 운용하였다. 구축함의 위치는 피 봉쇄함대의 어뢰정들이 우군의 주력 전투함대에 대한 공세를 가할 우려에 대비한 것으로서, 적의 정찰대를 역습할 수 있는 유리한 위치가 되었다.

러일전쟁Russo-Japanese War(1904~1905) 기간에는 전략적 봉쇄가 사용되었다. 이때 일본해양력의 주세력이 뤼순항*에서 러시아함대의 활동을 억제하는 동안 경함정에 의해 호송받은 수송선들이 일본군을 만주로 수송하는 한편 무기와 탄약 그리고 식량을 계속 보급하였다.

□* 당시에 러시아에는 부동항이 없었다. 이전에 극동함대 사령부가 있던 블라디보스토크는 1년에 3개월은 바다가 얼어 항구로서의 역할을 할 수 없었다. 이에 따라 러시아는 중국으로부터 뤼순항을 1898년부터 25년 동안 조차(租借)하여 극동함대를 뤼순으로 옮긴 상태였다.

그 후 기뢰와 어뢰는 잠수함과 항공기와 결합함으로써 거리면에서 함대활동은 이들 무기와 동일하게 신장되었다. 뿐만 아니라 작전적인 면에서도 함대활동을 다양하게 운용할 수 있게 되어 전략적 봉쇄마저 불가능하게 하는 결과가 초래되었다. 그 결과 원거리 해역에서도 초계가능한 전략이 나타났으며, 열세함대는 광대한 해역에서 일정한 활동의 자유를 얻었다. 또한 초계에 임하는 해군이 견고하고 유리한 기지를 확보하지 못한 경우에는 자신들은 임시기지를 사용하는 반면 상대측 해군과는 접촉을 유지하기 위해 서로가 무선전신·무선방향탐지기와 암호화된 전문의 입수, 첩보기관 그리고 고속함정·잠수함 특히 항공기에 의한 정찰 등의 수단을 폭넓게 활용하였다.

초계해역 배후에서 적성국가는 통상해운을 사실상 수행하지 못하였다. 반면에 초계를 수행하는 국가의 상선들은 적의 잠수함이나 초계선으로부터 무난하게 통과했고, 적의 잠수함 또는 장거리 무장항공기의 위협이 있음에도 불구하고 계속 운항할 수 있었다.

그러나 지금은 우세함대가 적 해군의 활동을 억제하기 위해서는 초계하는 것만으로 충분하다고 할 수 없게 되었다. 뿐만 아니라 작전기지의 지리적인 위치가 상대적으로 중요하게 간주되었다. 어느 한 해군이 적대국의 해군을 적의 항만 내로 봉쇄한다는 것은 더 이상 기대할 수 없고, 반면에 어느 한 국가를 전부 봉쇄하거나 동맹국 전부를 봉쇄한다는 것도 불가능하게 되었다. 그러므로 봉쇄함대는 피 봉쇄함대를 외부로부터 차단하고 해외로부터의 공급을 차단시켜 적국의 부족한 자원을 고갈시키기 위해 적당한 지리적 위치를 이용해 봉쇄를 가하거나, 아니면 내해 주변의 모든 요충지에 기지를 확보할 수밖에 없었다.

두 차례의 세계대전은 거의 이런 양상으로 전개되었으며, 해양력의 우위를 확보한 측이 승리를 거두었다. 해양력은 제1차 세계대전 당시에는 거의 독보적인 존재였지만, 제2차 세계대전에서는 항공력과 결합하여 그 효과를 발휘하였다. 따라서 우리는 해군항공naval air이라는 용어를 거론할 필요가 있다. 이 용어에 대해서 책의 서문에 소개한 『해상전과 전체로서의 전쟁War on the Sea and War as a Whole』이라는 저서를 통해 분명하게 언급하겠다.

적 해군에 대한 활동의 억제는 그 목표가 어디까지나 적의 격멸에 있기 때문에, 이것을 공세적 전략offensive strategy이라고 정의할 수 있다. 전투는 우세한 해군이 적 기지의 비호 아래 있는 적을 해상으로 진출하지 않을 수 없도록 유인하였을 때 발생하였다. 여기서 전투라는 의미는 적대하는 양측 해군의 전대squardrons 또는 주력함대 사이의 교전을 뜻하며, 단지 소규모 함정 사이의 충돌을 의미하지는 않는다.

7년전쟁 이래 전쟁은 육지와 해상에서 동시에 전개되었다. 역사상 매우 중요했던 이 전쟁으로 지리적·전략적 상황에서 그리고 적 활동의 억제여부와 상관있는 전쟁은 나폴레옹 치하의 프랑스와 영국 사이의 장기전쟁, 미국의 남북전쟁·미서전쟁·러일전쟁 그리고 두 차례에 걸친 세계대전을 들 수 있다.

나폴레옹 전쟁 동안 영국해군은 프랑스 전대를 항만 내에 고착시켜 직접 감시 아래 두었으며, 그와 동시에 경제적 봉쇄도 병행하였다. 영국이 취한 봉쇄는 실질적 봉쇄라기보다는 오히려 지상봉쇄에 가까웠으며, 특정항구에서의 양륙과 탑재 같은 행위를 방해함으로써 프랑스의 무역통상을 괴롭혔다.

이러한 조치는 두 교전국에게 얼마간의 경제적 곤경을 주는 데 그쳤으나 중립국에게는 극심한 경제적 피해를 주는 결과를 낳았다. 그 결과 러시아가 주도하는 무장중립국연맹은 영국이 프랑스를 교살하기 위해 추진한 통상방해에 저항하고 나섰다. 그러나 이 연맹은 1801년 코펜하겐을 포격하던 넬슨 제독에 의해 분쇄당하고 말았다.

나폴레옹은 인도에 대한 자신의 견제적 원정이 실패한 뒤 영국 침공계획을 수립하였다. 그러나 그 계획은 수립조차 하지 못하고 실패하여 나폴레옹은 1806년에 대륙봉쇄를 선언하는 것으로 만족할 수밖에 없었다. 대륙봉쇄의 목적은 유럽의 각 항구마다 영국의 통상을 차단시켜 영국을 곤경에 몰아넣는 것이었다.

아부키르해전(1798)과 트라팔가해전(1805)은 나폴레옹의 이런 제반 기도를 좌절시킨 원인이 되었다. 양대 해전은 영국해군에 의한 봉쇄가 프랑스 해군에 비해 전술적인 면보다는 전략적인 면에서 우위적인 활동의 자유를 허락하였기 때문에 교전이 성립될 수 있었다.

아부키르해전으로 인해 나폴레옹은 프랑스로부터 공급과 증원군을 차단당했다. 그로 인해 더 이상 이집트에서 지상군을 유지할 수 없었고, 인도로 진출하려던 계획도 방해받게 되었다. 트라팔가 해전에서 프랑스-스페인 해군세력이 격파당하자 영국을 침공하려던 나폴레옹의 계획은 순식간에 무산되고 말았다. 뿐만 아니라 해상에서 승리를 거둔 영국은 잇달아 대륙에서도 전쟁을 수행할 수 있게 되었으며, 나아가 워털루에서 나폴레옹에게 최후의 일격을 가했다.

미국의 남북전쟁은 한 교전국(북군)이 다른 교전국(남군)에 대해 연안봉쇄를 가하고 해상교통로의 사용을 거부함으로써 상대방을 굴복시킨 첫 전례였다. 당시 해양력은 북군만 행사하였는데 북군은 영국과 거의 동등한 상선(당시 약 550만 톤)을 보유할 정도로 산업화되어 있었다. 반면에 농업사회로 일관한 남군은 수출품의 수송을 해외상선, 그것도 주로 영국상선에만 의존하였다.

그러므로 해상에서의 교전은 남군의 봉쇄탈출선 또는 사략선과 이를 포획하려는 북군함선과의 교전에 불과했다. 다시 말해 그들에게는 싸워야 할 함대가 없었기 때문에 전투다운 전투가 없었다. 북군은 전투해군이 아닌 초계해군만을 보유하였을 뿐이고, 남군은 해군다운 해군이 없었던 탓에 전시에만 임시로 구해 사용해야 할 상황이었다. 해상에서의 충돌도 단지 미시시피 강과 세인트루이스 강에서만 발생했을 뿐이다.

프랑스의 역사가인 솔리올Sauliol은 1921년에 미국의 남북전쟁과 제1차 세계대전을 비교한 뛰어난 저서를 출판하였다. 이 저서에서 그는 두 전쟁의 유사점을 발견하였다. 그는 남군이 지상에서 일련의 승리를 거두었으면서도 쇠퇴했다면, 북군은 적의 해상세력을 봉쇄하고 해상에서의 행동자유를 획득함으로써 전투력을 증진시켰다는 결론을 도출했다. 궁극적으로 북군은 남군을 경제적으로 고갈시킨 셈이다. 이른바 질식전략이었다. 북군은 이 전략을 아나콘다 계획Anaconda Plan으로 명명했는데, 자신의 먹잇감을 칭칭 감아 교살시키는 뱀의 이름을 딴 것이다.

이와 유사한 사태는 제1차 세계대전 때 추축국Centeral Powers에서도 일어났다. 독일과 그 동맹국의 육군은 독일과 접경한 국가들 내에 저마다 진지를 구축하도록 하는 맹위를 떨쳤지만, 추축국은 연합국 측의 해양력으로 인해 자신들의 전쟁잠재력이 고갈되어 전쟁에서 패배하였다.

그 패배의 결과는 가공적이었다. 해양성 국가가 아닌 독일국민들은 자국이 제해권command of the sea을 장악하지 못해 전쟁에서 패배했다는 사실을 이해하지 못하였다. 독일국민은 오로지 자국 육군이 프랑스·러시아 그리고 발칸반도까지 석권했기 때문에 당연히 승리할 것으로 인식하였다. 때문에 그들은 왜 전쟁에서 승리한 국민이 베르사이유조약Treaty of Versailles*에 의거한 규칙을 수용해야 하는지 도저히 이해할 수 없었다. 내가 보건대 이런 불만이 나치 히틀러 현상의 심리적 기조가 되었다고 생각한다.

◻* 1919년 6월 28일 파리평화회의의 결과로 31개 연합국과 독일이 맺은 강화조약으로서 총 440개조로 이루어졌다. 중국도 참가했으나 산동문제 처리에 반대하여 조인하지 않았다. 또한 미국상원은 조약의 비준을 거부했다. 이 조약으로 인해 독일은 해외식민지를 잃고 알자스로렌을 프랑스에 반환했으며, 유

럽영토를 삭감당했다. 또한 전쟁발발의 책임을 물어 연합국 손해에 대한 배상금 지불이 부과되었다. 즉 배상금액은 연합국배상위원회에 일임되어 1921년 3월 1일까지 이 위원회에서 배상총액을 약 330억 달러로 결정했다.

미서전쟁 때에 스페인함대를 쿠바의 산티아고항에서 봉쇄한 미국해군은 군대를 상륙시켜 산타아고항을 배후로부터 공략할 수 있었다. 이 작전으로 스페인함대는 하는 수 없이 항구를 떠나 외항으로 나갈 수밖에 없었다. 그러자 항구외해에서 기다리던 우세한 미국함대와 불리한 조건을 감수하며 교전해야 했다. 결국 스페인함대는 패배했고 전쟁은 끝이 났다.

러일전쟁에서는 같은 사태가 훨씬 더 복잡한 양상으로 전개되었다. 이 전쟁은 두 개의 주요국면으로 나눌 수 있다. 첫번째 국면은 러시아의 극동함대가 뤼순항에서의 활동억제였다. 이 요새가 1904년 8월에 육상으로부터 일본군의 공격을 받자 러시아 극동함대는 블라디보스토크항에 도착할 수 있을 것이라는 막연한 기대감을 갖고 뤼순항을 출항하지 않을 수 없었다. 그러나 러시아 극동함대는 8월 10일 산동반도 북방에서 맞붙은 해전에서 패배하는 비운을 맞는다. 두번째 국면은 1905년 5월 27일 쓰시마해전Battle of Tsushima이었다. 유럽에서 극동으로 귀항하던 러시아함대는 이 해전의 패배로 절정을 맞았다.

제1국면의 진행양상은 미서전쟁에서 수행된 것과 매우 비슷하였다. 다만 그 집행방법에 있어서는 전략적 봉쇄와 전술적 봉쇄라는 차이가 있었을 뿐이다. 일본은 러시아와 전쟁을 수행하며 다음과 같은 방법으로 해양력을 행사하였다.

　먼저 일본해군은 뤼순항에 있는 러시아함대의 활동을 억제함으로써 만주를 점령하고 뤼순항을 함락시키려는 일본 육군수송을 위한 해양을 사용할 수 있었다. 다음으로 일본해군은 일본육군으로 하여금 요새를 공략하게 함으로써 러시아함대에게 출항을 강요한 뒤 이들을 해양에서 물리칠 수 있었다. 마지막으로 일본해군은 함대를 정비하고 사전에 전비태세를 유지함으로써 유럽에서 원정한 러시아 발틱함대Baltic Fleet를 격파할 수 있었다.

　일본군 전략의 궁극적 결정점인 두 차례의 해전으로 마침내 러시아의 해양력은 격파되었으며, 그 결과 전쟁이 종결되었다. 일본해군은 러시아해군으로 하여금 산동반도 북방에서의 해전에 응하도록 강요함으로써 유럽으로부터 증원되는 러시아의 발틱함대가 극동해역에 도착하기 전에 자신들이 설정한 작전해역에서 현존하는 적의 함대를 격파하려던 그들의 목표를 달성하였다. 두 개의 러시아 함대가 연결된다면 그 우세한 세력과 대결해야 한다는 것을 일본해군은 간파하고 있었던 것이다.

　앞서 살펴본 것과 같이 제1차 세계대전 중 승자의 전략은 해양력을 이용하여 전쟁 수행능력을 유지함으로써 불가결한 적의 해상교통로를 차단하는 것이었다. 이러한 목표는 스카파 플로우에 기지를 둔 영국함대가 영국해협과 스코틀랜드와 노르웨이 사이에 있는 북해의 입구를 초계함으로써, 또 타란토와 브린디시에 기지를 둔 이탈리아와 연합국의 세력이 오트란토해협을 통제함으로써 달성되었다.

한편 독일과 오스트리아는 비록 성공은 하지 못했지만 대서양과 지중해에서 맹렬한 잠수함전을 전개하여 연합국의 통상에 치명적인 타격을 가하기 위한 계획도 수립하였다.

제1차 세계대전에는 북해와 아드리아 해에서 소규모 해상세력의 조우전이 몇 차례 전개되었다. 그러나 영국의 대함대Grand Fleet와 독일의 대양함대High Seas Fleet 사이의 교전은 단 한 차례밖에 없었다. 그것이 바로 1916년 5월 31일 유틀란트 외해에서 있었던 해전이었다. 이 해전은 말 그대로 진정한 의미에서의 전투는 아니었다. 왜냐하면 영국의 젤리코Jellicoe 제독은 영국이 명백하게 유지하고 있고, 또 영국과 연합국의 승리를 확실하게 보장하는 해군의 우세를 위태롭게 하지 않기 위해 결정적인 교전을 피했기 때문이다. 이 교전은 자신을 압박하던 포위권을 돌파하려는 독일해군의 기도에 따라 발생한 결과였다.

하지만 젤리코 제독이 쉬어 제독의 함대를 격파하기 위한 노력과 그러한 결과가 제대로 달성되었다면 전쟁은 훨씬 더 일찍 종결되었을 것이며, 승자와 패자를 막론하고 전쟁의 피해도 보다 적었을지 모른다. 그렇지 못했기 때문에 결국 이 전쟁은 2년 6개월이나 지연되었고, 전쟁기간 동안 해양력의 소리없는 압력에 힘입은 연합국 측은 대량의 군대를 유럽 대륙에 상륙시킬 수 있었다. 여기에는 독일이 조기에 붕괴되었더라면 결코 전장에 나가지 않았어도 될 미군 약 150만 명이 포함되어 있었다. 독일의 붕괴를 촉진시킨 것은 이탈리아군이 오스트리아군을 결정적으로 패배시킨 비토리오 베네토전투Battle of Vittorio Veneto(1918)였다.

　아드리아해에서는 이렇다 할 만한 해전이 발생하지 않았다. 왜냐하면 이탈리아 해군의 통제 아래 있던 오트란토해협에서 압력을 가할 목적으로 오스트리아가 해군세력을 풀라로부터 코토르로 이동하려고 결정했을 때 오스트리아의 전함 산토 스테파노 Santo Stefano 함이 1918년 6월 10일 프레무다섬에서 이탈리아 어뢰정의 공격을 받아 격침되어 오스트리아의 계획이 좌절되었기 때문이다.

　제1차 세계대전 때 항공력의 존재가치는 아주 미미했고 항공기의 개발조차 초보단계여서 아무런 역할을 수행하지 못했다. 그러나 제2차 세계대전에 이르는 동안 항공력은 그 중요성을 감지할 수 있을 정도로 눈부신 발전을 하였다. 제2차 세계대전 때에 해양력과 결합된 항공력은 정적이며 단순한 초계임무로부터 동적이며 공세작전을 수행하는 요소로 바뀌었다.

　그럴 수밖에 없는 이유가 있었다. 항공세력은 전투를 이동하면서 수행하는 것이지 이동하지 않는다면 그 존재가치는 상실하기 때문이다. 잠수함을 봉쇄하는 것이 불가능한 것처럼 공중을 봉쇄하는 것 역시 불가능하다. 다만 갖가지 방법이 있겠지만 가능한 것은 그 활동만 방해하는 방법뿐이다.

　제1차 세계대전이 정적이며 위치의 전쟁 war of position이라고 한다면 -잠수함과 항공기만이 누리는 동적인 활동은 당시에 큰 영향력을 발휘할 수 있을 정도까지 충분하지 못한 상태였다- 제2차 세계대전은 이동의 전쟁 war of movement이라고 할 수 있다. 그 요체가 된 항공력은 함정과 지상군에게 제1차 세계대전 이전에 누렸던 그들의 기동성을 회복시켜 주었다.

그렇다면 이런 변화는 어떤 결과를 가져온 것일까? 항공력은 해상에서 적 함선의 배치와 기동을 감시하고 폭탄과 어뢰 등의 파괴력을 도움으로써 해상세력의 작전에 기여하였다. 또한 항공력은 잠수함의 추적, 적 항구에 대한 공격, 적의 항공세력에 대한 방어와 제공, 그리고 전투에서 우군함정의 전술적 활동을 보완하는 역할 등을 수행함으로써 해상세력의 작전에 크게 기여하였다. 뿐만 아니라 지상에서도 점차 기계화되고 정예화된 지상군도 항공세력과 유사한 기능을 수행하였다.

이러한 전투활동에 추가하여 항공세력은 장거리 또는 전략폭격이라는 그들만의 고유한 특성을 발전시켰다. 전략폭격은 이미 적이 해양력의 압력에 의한 경제적 고갈로 고통을 당하고 있을 때, 생업에 필요한 적의 국내자원을 파괴함으로써 적의 붕괴를 더욱 촉진시키는 역할을 하였다.

제2차 세계대전에서는 전장battle fields이 광대하고 작전구역 또한 광범위하였다. 따라서 구역별로 전쟁의 진행상태를 고찰할 필요가 있다. 먼저 전반적인 상황을 개괄하고, 다음으로 전술적 상황과 항공력에 의해 영향을 받은 결정적 요소들에 관하여 설명하겠다.

전쟁 초기 북유럽에서는 제1차 세계대전과 같은 전략적 초계활동이 이루어졌다. 영국은 전략적 초계를 통해 독일의 해외통상을 차단하였으나, 독일의 철광석 공급원인 노르웨이와 교역까지 방해하지는 못했다. 그러므로 영국은 평화적으로 노르웨이를 점령하려고 계획했으나 이 계획은 1940년 4월 9일 독일이 노르웨이를 침공함으로써 좌절되고 말았다.

1940년 여름과 가을, 독일은 항공세력을 이용해 영국을 굴복시키려 시도하였으나 끝내 성공하지 못하였다. 동시에 독일도 대영공략을 준비하였지만 이 작전 역시 공중우세권과 해상통제권을 장악하지 못해 실패할 수밖에 없었다. 독일의 침공으로 러시아가 참전했고, 북해의 북부해역과 북극해는 러시아를 지원하기 위한 병참선이 되었다.

대서양에서 독일은 프랑스가 함락되기 전까지 제1차 세계대전 시 행했던 것과 매우 유사한 작전조건 하에서 잠수함전을 수행하였다. 그리고 독일은 대서양 연안에 위치한 노르웨이와 프랑스의 여러 항구를 점령한 뒤 잠수함과 수상함 그리고 항공기로 활발한 대양작전을 수행하였다. 그 결과로 대서양해전Battle of the Atlantic으로 불리는 투쟁이 5년 이상 지속되었다. 그 뒤 미국의 참전으로 앵글로-색슨족의 압도적인 해양력 우세는 더욱 확고해졌으며, 이로 인해 이 전쟁에서 결정적인 작전들, 말하자면 알제리·이탈리아·남부 프랑스 및 노르망디상륙작전으로 유럽침공은 가능했던 것이다.

지중해에서의 전략적 상황은 지중해의 양안, 다시 말해 수에즈와 지브롤터를 초계하는 영국 해군세력에 의해 이탈리아 해양력이 고립되고, 리비아와 연결하는 이탈리아의 교전선과 지브롤터·몰타와 수에즈로 이어지는 영국의 교통선이 중부 지중해에서 조우하는 특징을 나타냈다. 양측은 각각 상대방의 교전선을 차단할 입장은 아니었지만 서로 상대방의 교전선에 대한 공격을 가하는 상황이었다.

한편 태평양에서는 그 크기와 형태만으로 어느 측도 상대방 해역에 대해 초계를 감행한다는 것이 불가능하였다. 따라서 모든 전쟁은 군도를 중심으로 전개되었다. 일본해군이 전쟁 초기에 성공을 거둘 수 있었던 것은 진주만 기습공격 때문이었다. 그러나 전쟁 후기에는 미국해군이 도서들을 하나하나 공격하면서 일본을 향한 점진적인 전략을 채택하였다. 그 결과 미국은 올가미를 조여 일본을 압박하면서 기습적으로 원자폭탄을 사용함으로써 일본의 항복을 받아냈던 것이다.

홍해와 인도양의 전역을 살펴볼 때, 가용한 예비대를 거의 보유하지 못한 일본해군의 작전은 미약했다. 마사와에서 작전하던 이탈리아의 해군부대는 일본이 참전하기 8개월 전에 이미 이곳을 빠져나간 상태였다. 영국해군은 인도양의 통제권을 강화하기 위해 1942년 4월에 디에고 수아레즈를 점령하였고, 이어 9월에 마다가스카르를 완전히 장악하였다.

북유럽 해역에서 해전이 발생하지 않은 근본적인 이유는 독일함대가 아직 유아기에 있었기 때문이다. 히틀러의 무력도발은 군 수뇌부가 권고한 것이다. 또한 1939년 5월 22일에 독일과 혈맹관계를 맺은 무솔리니의 동의는 예정보다 3년이나 앞서 이루어졌다. 노르웨이에서의 작전기간과 그 뒤 러시아행 보급선단이 통항하던 이 지역 해상에서는 약간의 해군 항공작전이 있었을 뿐이다.

독일의 노르웨이 정복이 성공하고 이 곳에서 독일군을 축출하려던 영국과 프랑스의 기도가 실패한 것은 결국 독일의 공중우세권 장악 때문이다. 더욱이 이러한 상황은 영국의 반격작전이 종료될 때까지 계속되었다.

　　대서양에서 가장 주목할 만한 사건은 1941년 5월 24일 독일전함 비스마르크Bismarck*에 의해 영국의 전투순양함 후드Hood**가 격침된 것에 이어 3일 후 영국의 전투함과 항공기의 대규모 집중공격에 의한 비스마르크의 격침사건이다. 그러나 대서양해전에서 진정한 주역은 잠수함이었다. 그 후 연합국은 일단 유보트를 봉쇄하고 난 뒤 유보트에 대한 결정적인 승리를 거두는 전면 방어전과 공격전을 감행하였다.

　□* 비스마르크급 전함은 1935년부터 건조되었다. 1번함인 '비스마르크'함은 철혈재상으로 불리던 비스마르크Otto von Bismarck의 이름을 땄으며, 2번함인 '티르피츠Tirpitz'함은 빌헬름 제국시대 독일의 해군력 건설에 앞장섰던 독일해군의 아버지 티르피츠Alfred von Tirpitz 해군성 장관의 이름을 딴 것이다.
　□** 후드함은 만재배수량이 4만 8,400톤이며, 15인치 포 8문과 4인치 포 14문을 장착하고 12인치 장갑을 두른 영국해군의 자존심이었다. 후드함은 비스마르크함과의 교전 이전에도 많은 해전에 참전하여 전과를 올렸다.

　　지중해에서의 전투도 여러 가지 형태로 치열하게 수행되었다. 대부분의 작전은 공중과 수중에서 전개되었다. 전쟁은 대부분 북아프리카로 이어지는 이탈리아의 정기항로를 둘러싸고 전개되었고, 그리스와 알바니아 주변에서도 일부 발생하였다. 이들 항로의 가치는 추축국의 상륙작전을 즉각적으로 마비시킬 만한 것이었다.

그 가운데서도 성패가 달린 곳은 수에즈운하였다. 이 곳은 대영제국의 사활이 걸린 동맥이자 근동 및 중동에 영향력을 쥔 중심지였다. 그리스에 대한 이탈리아의 무분별한 공격과 몰타를 탈취하려던 이탈리아의 실패-이 두 작전은 이탈리아 해군의 정확한 판단과 소망과는 거꾸로 발동되었다-로 야기된 세력의 분산은 이탈리아에게 아프리카를 포기시켰고 지중해 전역에서의 불행한 결과를 초래하게 만든 가장 중요한 이유일 것이다.

지중해에서 발발한 유일한 해전은 푼타스틸로해전Battle of Punta Stilo이다. 이 해전은 1940년 7월 9일에 발생하여 무승부로 끝났다. 어떤 점에서는 유틀란트해전과 유사한 점이 많았다. 그러나 이 해전에서는 수많은 전술적인 작전이 수반되었다. 그 가운데서도 중요한 것은 영국이 몰타섬을 증강하려던 14개의 작전과 항공세력·해군육전대 또는 특전부대로 항구를 기습하는 과감한 작전 등이 관련되었다는 점이다. 여기서는 곧바로 결전을 시도하는 것이 더 좋지 않았을까 하는 의문을 제기할 단계는 아니다. 이런 문제에 대해서는 미래의 역사가가 공평하고도 냉정한 판단을 할 것이라 믿는다.

진정한 의미에서의 해전 또는 해군항공전은 태평양에서 전개되었다. 지리적·전략적 상관성을 놓고 볼 때, 일련의 전투도 없이 전쟁이 결정적인 결과로 판가름이 났다고는 보기가 어렵다. 각각의 전투는 유리한 전략적 여건을 조성하는 데 결정적인 역할을 하였다.

다음에 나열하는 해전은 기억할 만한 해전들이다. 중요한 해전은 진주만기습(1941년 12월 7일, 일본군의 상습적인 방법에 따라 선전포고없이 감행된 기습

공격) · 자바해전Battle of the Java Sea(1942.2.27) · 산호해전Battle of the Coral Sea(1942.5.7~9) · 미드웨이해전Battle of Midway(1942.6.4~6) · 사보섬해전Battle of Savo Island(1942.8.8) · 동부솔로몬해전Battle of the Eastern Solomon(1942.8.24) · 솔로몬군도해전Battle of the Solomon Islands(1942.10.26)[※] · 과달카날해전Battle of Guadalcanal(1942.11.2~13) · 타싸파롱가해전Battle of Tassafaronga(1942.11.30) · 필리핀해전Battle of Philippine Sea(1944.6.19~20) · 레이테만해전Battle of Leyte Gulf(1944.10.23~26) 등이다.

□[※] 일반적으로 산타크루즈제도해전Battle of the Santa Cruz Islands이라 부르기도 한다.

이제부터 항공력이 어떤 영향력을 발휘하였는지, 그리고 여러 전역에서 어떻게 운용되었는지에 대해 살펴보기로 하자. 명확성을 기하기 위해 앞서 언급한 내용들이 다소 반복되더라도 양해해 주기 바란다.

북유럽에서는 항공력이 결정적인 요소였다. 독일군의 노르웨이 점령은 공수부대가 노르웨이의 중요지역을 점령함으로써 개시되었다. 노르웨이 점령을 확고히 하기 위해 지원되는 군수물자와 병력은 해상으로 수송되었다. 철광석 수입로를 통제하기 위해서는 어떠한 대가도 치러야 할 입장이던 독일은 나르빅에서의 서사시적 전투기간 중에 오늘날 흔히 공수라고 명명하는 작전으로 노르웨이에 주둔한 방어부대를 지원하였다.

대서양에서는 주로 항공력이 대잠전에 투입되었다. 항공기는 항공공학의 발전에 따라 최대한의 행동반경으로 잠수함의 접촉과 공격에 이용되었다. 항공력은 선단수송 임무를 수행하기 위해 항공모함을 임시변통으로 채택한 뒤에도 결정적인 요소가 되었다. 고속 대형유조선을 개조하여 비행갑판을 설치한 항공모함으로 사용할 수 있게 됨에 따라 항공기는 항상 현장에서 호송함정과 협동하는 실로 유효한 무기가 되었다. 항공기는 막대한 항공연료를 소비하지만 대양의 어느 해역에서든 행동의 지속성이 보장된 무기였다.

중부 및 서부 유럽에서는 항공력이 주로 적국의 생산자원과 주요 철도시설 및 해상교통의 중심부를 공격하여 적의 전쟁 수행능력을 파괴하는 데 운용되었다. 이러한 항공력의 운용이 영국에 대해서는 실패한 반면 해상으로부터 가해진 경제적 봉쇄에 의해 이미 전세가 약화된 이탈리아-독일의 협력관계가 붕괴되는 것을 촉진시켰다. 무엇보다 추축국은 전쟁 초기에 장악한 공중우세권마저 상실하여 승부에서 패배하였다.

특히 지중해에서의 두 적대국은 양측이 모두 각자의 해상교통로 유지를 도모하면서 상대방의 해상통제선을 분쇄하기 위해 항공세력을 집중적으로 운용하였다. 양측의 주요 해상교통선이 중부 지중해에서 교우하고 있다는 사실 때문에 양측은 적의 교통선을 공격하기도 하고 자국의 교통선을 방어하는 데 있어서도 동일한 세력을 같은 목적으로 운용하였다. 이탈리아의 주요 작전기지가 중부 지중해에 있었기 때문에 이러한 사실은 이탈리아의 경우에 더욱 그러했다.

필자가 1924년에 작성한 연구보고서에서 언급하였듯이[이 문제에 대해서는 나중에 언급하겠다] 영국은 자신의 해군을 방어함에 있어 지중해를 통과하지 않는 방법으로 문제를 해결하였다. 그러나 영국은 이탈리아의 교통선에 대하여 주로 항공강습으로 매일같이 공격기를 발진시킨 몰타기지 지원을 위해 불가피하게 몰타와의 해운을 유지하지 않으면 안되었다. 그러자 영국은 이미 언급한 바와 같이 함선의 큰 손실없이 14회에 걸쳐 몰타 기지에 대선단으로 재보급을 실시하였다.

　태평양 전역에서도 항공력은 해상작전과 상륙작전을 위해 직·간접적으로 광범위하게 운용되었다. 태평양에서의 전쟁추이를 요약하면 다음과 같다.

　초기국면에서 일본은 남쪽으로는 싱가포르와 동인도 제도까지 전체 육지와 군도를 장악하였고, 동쪽으로는 하와이를 위협할 수 있는 해역까지, 그리고 북쪽으로는 알류산열도에 이르기까지 그들의 세력을 확장하였다. 그러나 태평양의 육지와 도서가 서방으로 산재하고 있어 세력의 확장은 필연적으로 분산된 교통선의 분산을 불가피하게 했고, 그런 분산은 세력을 약화시키는 원인이 되었다.

　그리하여 일본은 점령할 수 있는 데까지 점령하여 획득한 세력은 실로 가공의 것에 지나지 않았다. 왜냐하면 일본은 그들이 점령한 군도와 육지와의 교통선을 반드시 보장하지 않으면 안되는 부담을 갖게 되었기 때문이다. 결국 어느 시기에 이르러 일본의 교통선은 지나치게 신장되어 그 기능조차 유지할 수 없게 되었다.

　후기국면으로 접어들면서 미국은 일본이 점령한 영토를 잠식해 나갔다. 미국은 주변으로부터 중심지를 압박하면서 일본본토에 도착할 때까지 적의 도서를 차례차례 점령해 나간 것이다. 일본을 향한 미군의 진군은 일본군이 점령한 도서를 탈환하는 상륙작전을 수행하는 데 불가결한 해상우세의 확보없이는 불가능했을 것이다.

이러한 일련의 작전을 수행함에 있어 항공력은 전술과 전략영역 모두에 결정적인 역할을 담당하였다. 전술영역에서 항공력은 상륙작전을 지원하고 적 영토의 점령을 확고하게 하는 데 일익을 담당하였다. 또한 전략영역에서도 항공력은 공세작전의 강도와 유효성을 제고하였으며, 망상에 사로잡힌 일본제국의 심장부를 향해 진군하는 미군을 지원하였다. 미군은 일본본토에 도착할 때까지 그들이 점령한 도서를 차례로 탈환한 뒤 가설 활주로로 활용하였다.

태평양은 너무 넓었고 작전거리는 당시 기지를 근거지로 한 항공기의 활동범위를 훨씬 능가하고 있어 항공모함은 태평양에서 필수적인 요소가 되었다. 미국은 항공모함을 수십 척이나 건조하였고, 미국해군은 태평양에서 발생한 각 전투에서 포를 이용해 교전하기보다는 항공모함의 함재기를 이용하여 교전하였다. 태평양에서 발생한 주요해전은 모두 수상전투함의 함포 사정거리가 미치기 전에 항공기에 의해 결정되었다.

이탈리아는 지중해에서 항공모함의 전술적 중요성에 대한 교훈을 실감했다. 지중해에서 미국해군은 항상 방어작전이나 공세작전에 대비한 항공기를 갖추었다. 반면에 이탈리아 해군은 작전에 투입시킬 항공기의 보장을 전혀 신뢰할 수 없는 입장이었다. 그리하여 1941년 무솔리니는 2척의 대양여객선을 항공모함으로 개조하도록 명령하였으나, 시기가 너무 늦어 종전될 때까지 그 개조는 완료되지 못했다.

독일과 러시아전선에서는 항공력의 역할이 어떠했는지를 살펴보겠다. 발틱해에서는 어떤 중요한 작전을 수행할 만한 해군세력이 없었다. 뿐만 아니라 해상에서도 어떤 중요한 적대행위가 없었다. 때문에 해군항공에 관해서는 무시해도 좋을 것이다. 그러나 지상에서의 독일과 러시아는 새롭게 늘어난 전선을 공통으로 가지고 있었다.

프랑스가 신속한 작전에 의하여 굴복한 이후 독일과 러시아는 하나의 공동전선을 놓고 다투었다. 그러므로 두 교전국은 작전상 가장 긴급한 고려요소로서 양측이 각각 자국에 대한 영토침공을 방어하고 동시에 적국의 영토에 대한 침공을 추구하는 데 주안점을 두었다.

어느 한 측이 영토를 상실한다는 것은 곧 항공기지를 상실한다는 것을 의미하며, 결과적으로 항공력이 제로상태로 감소되는 것이다. 그러므로 독일과 러시아는 지상군의 전투능력을 향상시키는 항공지원에 대한 배려없이 항공력의 전략적 운용에만 우선순위를 두는 실수를 범하는 사태도 있었다. 그러나 독일·러시아 전역에서 항공력에 주어진 유일한 임무는 거의 직접 또는 간접으로 지상군과의 협력이었다.

초기국면에서 독일은 러시아의 영토 내부까지 깊숙이 침공할 수 있었다. 때문에 다소 유리한 입장에 있었다. 그러나 그렇다고 해서 러시아의 지속적인 전투능력을 침탈할 수 있을 정도로 깊숙하게 침공한 것은 아니었다. 러시아는 독일군이 모스크바·레닌그라드와 스탈린그라드를 침공할 때까지 적을 저지하지 못해 전쟁에서 완전히 패배할 것 같았다. 왜냐하면 이들 세 도시를 연결하는 전선의 배후에는 러시아의 전쟁수행 능력의 원천이 되는 경제의 중심지대가 있었기 때문이다.

이상 제2차 세계대전에 관해서 간단히 살펴본 결과 우리는 전쟁에서 승리를 결정하는 요소가 해군항공력을 포함한 해양력이었다는 사실을 새삼 깨닫지 않을 수 없다. 항공기는 해상에서 함정과 같은 의미에서의 전투무기로 간주된다. 필자는 40년 전부터 이러한 개념을 강조해 왔다.

사실 독일은 제1차 세계대전 때와 마찬가지로 외부세계와의 교통선을 차단당하여 전쟁수행 능력이 분쇄되어 패배했던 것이다. 또한 독일의 붕괴는 무엇보다 1941년부터 강화된 전략폭격으로 가속화되었다. 그리고 독일의 붕괴는 영토가 점령당할 때부터 기정사실화되어 돌이킬 수 없는 사태가 되었다. 이러한 사태는 연합국 측이 우세한 해군항공력의 보장 아래 제해권을 확보함으로써 가능했던 것이다. 이제 독일국민은 그들이 패배했다는 것을 믿지 않던 제1차 세계대전 당시와는 달리 실제로 패배했다는 사실을 스스로 시인할 수밖에 없었다.

일본은 해군과 해운력을 한꺼번에 상실하자 경제적으로 완전히 고갈되어 항복하였다. 일본의 항복은 원자폭탄*의 기습적인 사용에 의해 촉진되었으며, 원자폭탄을 사용한 미국은 대비능력을 갖추고 기다리던 일본영토에 굳이 군사적 침공을 감행하지 않아도 되었다. 그리하여 전쟁은 보병이 먼저 적의 땅을 밟은 가운데 종결되었으며,

일본의 점령은 순조롭게 진행되었다.

□※ 1945년 8월 6일 08:15시, 인류역사상 최초로 히로시마에 원자폭탄이 투하되어 그해 12월까지 약 14만여 명의 생명을 앗아갔다. 3일 후인 8월 9일, 나가사키에 두번째 원자폭탄이 투하되었다. 투하된 해의 사망자 수는 7만 4천 명, 부상자는 7만 5천여 명이었다. 태평양전쟁은 일본에 두 차례의 원자폭탄을 투하하여 그들의 무조건 항복을 받아냄으로써 종결되었다.

쉼터

3.
미래의 해전
Naval Warfare in the Future

　인류는 죽음에 이르는 역정을 걷고 있다. 인간의 극단적인 불안감이 만연한 것은 두 차례에 걸친 세계대전으로 인류가 수세기의 전란기를 거쳐 힘겹게 성취한 균형이 이렇다할 대체방안도 없이 완전히 파괴되었기 때문이다.
　사실상 양차 세계대전은 하나의 전쟁이 두 번에 걸쳐 발생한 것이라 볼 수 있다. 이 양차 세계대전으로 세계는 양대세력권을 형성하는 결과를 초래하였다. 말하자면 한쪽은 양 대양 사이에 놓여 마치 섬과 같다고 할 수 있고, 다른 한쪽은 대륙을 독차지한 것이다. 결코 재발해서는 안되겠지만 이러한 대전이 또다시 발발한다면 우리는 다시 한번 해양세력sea이 대륙세력land에 대항하여 투쟁하는 상황을 목격하게 될 것이다. 로마가 지중해의 제해권을 획득하여 제국을 건설한 이래, 투쟁은 늘 제해권을 향유한 측의 승리로 끝났다. 러시아 세력의 경이적인 부상에 대해서도 음미할 점이 있다. 이에 대하여 1924

년에 집필한 『해군전술에 관한 교훈Lessons in the Art of Naval Warfare』(제3권)에서 언급한 바 있는데, 이를 잠시 소개하면 다음과 같다.

> 러시아의 정치적 대격변으로 러시아해군은 가장 비참한 타격을 받았다. 왜냐하면 국내문제의 해결에 부심하던 공산정권은 막강한 육군을 창설할 필요성만 자각했기 때문이다. 그들은 강력한 육군을 유지하기 위해 온갖 노력을 경주했고 부패가 만연한 가운데서도 모든 희생을 감수하였다.
>
> 프롤레타리아 혁명의 초기단계에서 신정부는 다른 국가로부터 의심과 경멸에도 불구하고 폭력적인 정당을 격려하거나 공산주의 선전을 확산하는 등의 해외활동을 자제하였다. 이것은 레닌과 그의 추종자들이 유럽의 한 구석에서 전쟁에 지치고 안식을 찾고자 한 것으로서, 개념이 없고 국가의 전통마저 상실하여 수동적이며 무식한 대중으로 구성된 국가를 위해 강구할 수 있는 유일한 방어형태였다. 이와는 달리 프랑스는 권력의 정통성을 유지했을 뿐만 아니라, 국민의 교육수준도 높아 부르주아 혁명을 잘 방어하였다. 그리하여 프랑스는 강력한 개성을 지닌 나폴레옹의 영도력 아래 보수주의 국가에 맞서 공세를 취할 수 있었다.
>
> 러시아제국 해군의 전체함정은 7년 동안이나 항구에 방치된 상태였다. 그럼에도 불구하고 대부분의 함정은 혁명대열에 참여하였다. 당시의 함정은 손상과 퇴화가 심했지만, 오늘날의 러시아해군은 서서히 재건하고 있다. 이에 관해서는 나중에 다시 언급하겠다.
>
> 러시아는 폭력과 격렬한 혁명의 와류를 벗어나자마자 재건기에 들어갔다. 그리하여 러시아는 강력한 범슬라브 제국주의를 고취하는 외

교정책으로 복귀하는 한편 파괴적인 선전활동을 계속해 추구하였다. 그와 동시에 러시아는 군사력의 재건에도 관심을 전환하였다. 해군과 항공력에 대해서도 특별한 관심을 기울였다. 알려진 바와 같이 이들의 행동범위는 처음부터 국제적이었다.

러시아의 새로운 활동은 다음과 같은 행동을 통해 요란스럽게 표명되고 있다. 즉 중국에 대한 위협, 외국에 대한 적개심 고취, 일본에 대한 우호정책, 루마니아에 대한 위협, 발틱 제국에 대한 혁명적 야심, 영국에 대한 반감을 목표로 회교국가의 내부문제에 관여하려는 열망, 독일의 공업생산력에 가려진 민간항공과 산업의 거대한 발전 시도 등이 그것이다. 또한 1924년 로마에서 벌어진 군소 해군국의 해군회의에서 선언을 통해 러시아는 동부 지중해에서 어느 국가보다도 훨씬 더 강력한 함대를 유지할 권리를 보유한다고 주장하였다.

이처럼 러시아의 단호한 열망은 외형상으로 국제공산주의의 이론과는 모순되는 것처럼 보였다. 그러나 역사적으로 볼 때, 한 민족과 다른 민족과의 관계는 본래 불변의 경제적·인구통계적 그리고 정치적 요구에 기초를 두고 있어서 비록 정권이 바뀐다고 하더라도 그들 민족의 외교정책은 바뀌지 않는 것이 사실이다. 이러한 사실이야 말로 한 민족의 진정한 요구에 기초를 둔 격세유전적인 전통이라고 할 수 있으며, 그렇기 때문에 의지를 속박한다고 할 수 있다.

미래의 러시아는 제정러시아 때보다 한층 위험한 존재가 될 것이다. 그날은 슬라브 민족의 거센 물결이 주권의 의지에 의해서가 아니라, 대중적 조화에 따라 유럽 전역으로 전파될 때 구체적인 현실로 나타날지 모른다.

러시아가 루마니아에 대하여 위협을 가하고 터키의 신정부에 대한 지원을 제공한 것은 러시아 볼셰비키의 독수리가 그 날개를 지중해로 향하여 다시 한번 펼치려는 전조일 수 있다. 러시아의 새로운 아시아 정책은 레닌의 후계자들이 태평양을 망각하지 않았다는 점과 그들의 의도가 인도양에 있다는 것을 보여준다. 이러한 이유로 러시아 해군대표들은 로마회의에서 강력한 해군력을 유지하려는 자신들의 권리를 단호하게 주장했던 것이다.

1924년에 또 다른 저서를 통해 필자가 주장한 내용을 약술하면 다음과 같다.

파멸에 이르도록 위협한 구세기의 정치적 및 사회적 병폐를 극복하고 심각한 위기를 극복한 러시아는 최근 얼마간 타성에 의해 쇠약해진 상처를 치유하고 새로운 모습을 드러내기 시작했다. 러시아는 이제 낡은 부패를 용해시킨 공산주의로부터 점차적으로 아시아·지중해, 그리고 발틱해에 대한 야망을 재차 각성시키는, 매우 순수한 민족주의로 탈바꿈하고 있는 중이다. 현재는 그렇게 뚜렷하게 보이지 않을지도 모르지만 머지않아 현실로 나타날 것이다.

대사상가들의 모체이며 사상체계의 요람인 회교·불교 및 유교의 발상지인 아시아가 기나긴 휴면상태에서 벗어나 각성의 징조를 보여주고 있다는 것도 의심의 여지가 없다. 일부 국가는 터키와 같이 분명한 징조를 보이고 있는 반면에 인도와 같이 불투명하고 혼란한 상태에 있지만 의미심장한 신호를 보여주는 국가도 있다. 일본의 경우는 백인의 지배권을 위협하고 있고 중국의 경우는 간헐적이지만 매우 격동적인 징후를 보여주고 있다.

러시아 소용돌이치는 모든 약소국들의 이념과 운동을 주시하고 격려했고, 심지어 지원까지 하고 있다. 러시아는 이러한 약소국들의 운동이 윌슨주의로부터 자극을 받는 한편 앵글로-색슨 민족이 획득한 해양자유의 승리가 세계의 모든 자유를 얻지 못한 민족의 피의 대가로 얻어졌다는 것에 자극으로 야기된 것이라고 보았다.

1938년 6월 초 밀라노에서 국제정치연구학회의 주최로 국제정치 학술회의가 개최된 바 있었다. 이 회의에서 필자는 「아시아에서의 유럽열강의 이익」이라는 주제논문을 발표하였다. 이 주제를 통해 역설한 것은 유럽열강들에게 매우 중요한 공동이익 가운데 하나로서, 바로 아시아가 공산주의화되는 것을 막자는 것이었다.

또한 필자는 1946년 11월 23일 이탈리아의 신문 『기오날레 델라 세라』에 출판하기에는 다소 부적절했던 논문 한 편도 게재하였다. 「소란스러운 부조화」라는 제목의 논문에서 필자는 아제르바이잔을 둘러싼 러시아와 이란 사이의 분쟁에 관한 소견을 최초로 제기하였다. 이 분쟁은 훗날 냉전이라 불리는 사태를 야기시켰다.

끝으로 1947년 7월 13일 타란토에서 발행되는 신문인 『베세 델 포풀로』에 「불가능한 평화」라는 논문도 게재하였다.〔사실 논제는 「평화의 비극」이었으나, 인상적이지 못하다는 이유로 편집자가 필자의 동의도 없이 임의로 표제를 바꾸었다〕 이러한 필자의 견해는 모두 과거 30년간에 걸친 것으로서 오늘날 정치·이념적 상황을 야기시킨 매우 엄청난 사태의 진전에 관한 내용들이었다.

예언한 것일까? 정말 심각한 시대를 맞이하여 예언한다는 것은 정말로 하나의 모험일 것이다. 그러나 한 가지 사실만은 확실하다. 그것은 1946년 이래 우리가 겪고 있는 긴장된 정세가 막연하게 지속될 수 없다는 사실이다. 지금의 긴장된 이 상황이 평화적 협상에 의하거나 무력분쟁에 의하거나 간에 어떻게 해서든 안정되어져야 한다. 계시적인 파멸을 바라보면서 암담하게 위협을 받고 있는 우리는 극히 자제하는 사람 몇몇이 진정으로 분쟁을 극복하려는 의지를 발휘하고 또한 인간의 숭고한 결속이라는 이름으로 일정한 합의에 도달해 주기를 기원해 마지않는다.

필자는 이러한 시기가 도래할 수 있다고 본다. 예를 들면 그것은 다음과 같은 방법으로 제시될 수 있다.

오늘날 국제정치적 상황에 따라 분할된 양대진영은 각각의 국민들이 공공생활을 영위하는 데 있어 체제가 서로 다르고 개인이 누리는 사회생활의 관습도 같지 않다. 한쪽은 민주주의와 자유를 누리고 있다고 주장하며, 다른 쪽은 진보적이며 대중적이라고 주장한다. 민주주의가 국민들이 선출한 통치자에 의해 행사되는 국민에 의한 통제 또는 국민에 의한 권력을 의미하는 것이라면, 선거에서 선택의 자유가 없는 참된 민주주의는 존재하지 않는다는 것을 객관적으로 설명할 수 있어야 한다. 어쨌든 역사의 전환점에 서 있는 인간은 우리가 살아야 할 민주주의를 선택함에 있어서 양자택일을 해야 하는 기로에 서 있는 것이다.

너무나도 중요한 이 문제에 대해 다음과 같이 설명할 수 있을 것이다. 인간은 한 세기 동안 줄곧 급진적 방향으로 행동해 왔다. 인간의 모든 활동이 산업화되기 시작함에 따라 새로운 사회계급(노동계급)이 형성되었고, 그 세력은 갈수록 강화되었다. 소비재 생산자의 증대와 더불어 노동계급의 경제적 중요성이 증대되었으며, 또한 이들의 정치적 중요성도 함께 증대하였다. 현재 노동계급은 공공의 사업을 경영함에 있어 그들의 대표자를 통해서 자신들의 참여권을 자유롭게 주장하고 있다. 그렇지 못한 경우는, 러시아와 러시아의 영향권에 있는 국가에서 나타났듯이, 그들이 지배계급으로 등장하고 만다.

그러므로 우리는 서방세계에게 익숙한 진화론적인 방법을 통해 발전할 것인지, 아니면 막스-레닌주의 교리의 본질인 폭력적 방법 내지는 혁명적 방법에 의해 급진적 행동이 전세계로 확장하도록 방치해야 할 것인지를 결정해야 할 필요가 있다.

필자는 단시간 내에 매우 급진적인 방법으로 목표를 달성하려는 희망을 도출해내는 혁명적인 방법을 제외하고는 모두 정당하다고 본다. 동구의 볼셰비키 사상 즉 우리의 환경과 매우 다른 러시아의 특수한 상황에서 발생한 공산주의와 서구의 민주주의는 그 시작부터 다르다. 개인자본주의와 의회민주주의 그리고 개인의 자유를 존중하는 공동의 규범을 가진 우리 체제는 민주주의 사회를 건설한다는 목표를 지향하기 때문에, 가능한 한 비극적인 무력충돌을 통해 상대방을 대량학살하는 것은 피해야 한다.

그러나 본서의 목적은 정책 또는 정치적 예언을 논하는 데 있지 않고 군사적 사상을 정리하는 것이다. 그러므로 좀더 미래전의 구체적인 양상을 예견하는 데 집중하려고 한다. 물론 누구든 앞으로의 전쟁을 원하지 않을 것이다. 모두 전쟁을 두려워하고 또한 발발하지 않기를 기원한다. 그러나 우리는 전쟁의 병폐를 치유하고 가능한 한 전쟁을 예방하기 위해 전쟁이라는 것 자체를 필히 알아두지 않으면 안된다.

여기서 잠시 장기간 적용되어 온 교리에 대하여 다시 고찰해 보겠다. 미래전은 근본적으로 과거에 그랬던 것처럼 보병으로 무장한 군인에 의해 결정될 것이다. 말하자면 지상에서 행동하는 보병만이 적의 영토를 점령하고 탈취함으로써 전쟁에서 결정적인 역할을 수행한다는 것이다. 왜냐하면 인간은 지상에서 생존하기 때문이다.

우리가 가장 중요하다고 생각되는 것이 보병에게는 2차적인 것이다. 전략폭격기-장거리 폭격기라고 말하는 것이 적절할 것이다-는 적국의 산업능력을 감소시키고 적국의 국민사기를 저하시키고, 잠수함과 사략선은 적의 해운을 공격한다. 고정포병 또는 이동포병〔전차〕은 보병의 전진을 위해서 유리한 상황을 조성하며 게릴라는 적의 배후와 병참선을 교란한다.

이들 가운데 어떤 요소도 공중이나 해상 또는 애국적 전쟁을 독립적으로 수행할 수 없다. 제각기 갖가지 방법으로 보병의 결정적인 행동을 조장하는 데 종속한다. 제공권을 장악하기 위한 공중전·제해권을 획득하기 위한 해전, 적의 화력을 파괴하거나 감소시키는 포전 또는 전차전, 그리고 게릴라 활동 등의 교전이 비록 독립적인 형태로 수행될지라도 모든 행위와 각각의 고유의 계획은 보병의 작전상 요구에 의한 종속의 법칙에 따라 행동하는 것이다. 제공권·제해권 또는 지상에서의 어떠한 압도적인 작전은 모두 보병의 보급과 운송 그리고 방호를 지원하는 것이다. 따라서 해전·공중전·게릴라전 또는 탄도탄전은 전술적 방법에서 독립적으로 수행되지만 총체전략 overall strategy에서는 독립된 작전일 수 없다고 말하는 것이 정확한 표현일 것이다. 무엇보다 중요한 것은 이들 작전이 서로 간의 영향과 반응으로 매우 복잡하게 이루어지고 상호 의존한다는 점이다. 결론적으로 말해 "보병은 전투의 여왕이다"라는 옛 금언은 문자 그대로의 설명에 그치지 않고 보다 상징적인 의미를 주고 있으며, 계속된 타당성을 누리고 있다.

전쟁의 결정적인 요소로서 보병의 위치는 자연의 법칙에서 비롯된 것이다. 신은 인간에게 움직일 수 있는 발과 남을 공격하고 스스로 방어하는 데 필요한 팔을 주었고, 그리하여 인간을 지구상에 구속시켰다. 이런 자연적 도구를 사용한 최초의 전쟁은 카인과 아벨의 이야기에서 나타났다. 현명했던 당시의 인간은 그 때부터 자신의 팔 길이보다 더 긴 도구로 상대방을 공격하였다. 인간은 잇따라 돌·투창·화살·소총·대포·항공기 그리고 미사일이라는 도구를 이용하였다. 그러나 인간은 그의 주먹을 공간을 향해 내뻗는 상징에 지나지 않았다.

비슷한 방법으로 인간은 자기 발의 속력과 지구력을 증가시키기 위해 먼저 동물을 사용했고, 나중에는 기계적 수송수단을 사용하였다. 그러면서 인간은 대양과 공중에 투신하였다. 이러한 제반요소들은 인간 자신의 이동수단과 자연이 준 신체적 무기의 보조수단에 지나지 않았다. 인간은 항공기나 함선이 결정적인 요소가 되도록 하기 위하여 날개와 핀을 발명하지 않을 수 없었는지도 모른다. 마찬가지로 인간이 자연스럽게 사는 환경도 그 공중이나 해양일지 모른다.

함선과 항공기는 말할 것도 없이 보병의 결정적인 정복사업을 지원하는 데 크게 역할을 했다. 함선과 항공기의 결정적인 역할은 보병이 도보로 전진하거나 기계화 차량으로 이동하든, 해상으로부터 발진하거나 공수 또는 낙하산으로 투하되든 서로 다르지만 모두 중요했다.

투쟁의 기술적 국면은 과학기술에 의하여 유효해진 무기와 자원에 따라 좌우된다. 매우 권위있는 학자들을 포함해 많은 저자들은 미래전에는 대량 살상무기가 사용될 전망이 거의 없다고 확신한다. 그들의 주장은 1939~1945년 사이에 독가스가 사용되지 않았다는 사실을 근거로 삼았다. 그들이 이론적으로 설명하는 것과는 달리 필자는 제2차 세계대전에서 독가스가 사용되지 않은 이유가 이성을 가진 당국자나 사회의 인도주의적 감정에 의한 것이 아니라, 그것이 충분한 파괴력을 갖지 못했기 때문이라고 주장한다.

사실 제1차 세계대전 중 전선에서는 가스를 사용함으로써 기습의 효과가 달성되었지만, 그 후 가스전은 그 방어책이 비교적 용이하여 유효성이 상실되었다. 이러한 이유와 더불어 분명한 것은 산업시설을 회복할 수 없게끔 파괴하고, 건물을 파괴하는 데 필요한 폭발성 탄약이 노동자들을 질식시키는 독가스탄과 동일하지 않다는 점이다. 폭발성 탄약에 의해서도 많은 노동자는 죽게 될 것이다. 그 결과 정상적으로 취하는 인간의 행동도 온건한 감정의 소유자에게는 불쾌하게 나타날 것이다.

독가스의 사용에 관한 논리가 원자폭탄·방사성 구름 등에 적용될 수 없을 것이라는 가정은 성립될 수 있다. 이들 무기는 아주 고성능의 파괴력을 가지고 있으며, 매우 낮은 효율로 특징지어진 독가스와는 너무나도 상대적이다.

세균 역시 매우 위험한 무기로 간주된다. 왜냐하면 세균을 사용한 자가 설령 예방하고 치료한다고 하더라도 질병이 창궐할 수밖에 없고, 질병이 어디서 어떻게 전염되리라는 것을 안다고 하더라도 그것이 어떤 방향으로 어떻게 만연될 것인지를 알 수 없기 때문이다. 그러므로 필자는 한국전쟁Korean War(1950~1953)*에서 미군이 세균전을 수행하였다는 공산주의자들의 교활한 선전을 그대로 믿는 데는 많은 의문점이 있다고 생각한다. 오늘날 불행하게도 허위에 가득 찬 정치전과 무력전쟁·선전이 난무하는 이 시대에 살고 있는 우리는 무기가 누구보다 우리 자신을 겨냥하고 있고, 그것이 말할 수 없을 정도로 강력하다는 것을 인식해야 한다.

□* 미국을 세계의 경찰국가로서 역할하게 한 결정적인 계기는 바로 한국전쟁이었다. 제1차 세계대전 때에는 중간에 개입하였고, 제2차 세계대전 역시 1941년 12월 7일 일본이 진주만을 기습함으로써 개입하게 되었다.

적국을 교살하는 가공의 대상으로서 대량 살상무기의 사용을 고려할 때, 우리는 승리라는 최종목표의 달성에 유망하다는 결론을 이끌어내는 과정에서 이들 무기의 사용에 관해 신중의 신중을 기하지 않으면 안된다. 경험에 의하면 연령과 성별, 그리고 신분을 막론하고 모든 국민은 고난에 적응하고 인내하려는 능력을 가지고 있다. 이러한 능력이야말로 진정 영웅적인 불굴의 정신이다. 그러므로 이러한 능력은 전쟁상황에서 신뢰성있는 정신적 요소의 하나로 포함시켜야 할 것이다.

똑같은 전쟁을 대비하는 두 연합국 사이에도 공포가 가해지거나 공포를 견디는 가운데 균형의 한 형태가 설정된다는 사실은 별도로 하자. 다만 한 가지 사실은 홍수·지진 그리고 전염병과 같은 자연적 재난에 직면할 때, 우리 인간은 견실성과 불굴성을 깨닫게 될 것이라는 점이다. 처음의 두 가지 현상에 의한 효과는 원자폭탄의 효과와 비교될 수 있고, 세번째의 현상은 세균전의 효과에 대비시킬 수 있을 것이다.

1908년의 메시나 지진, 1923년에 일어난 일본의 대지진, 그밖에 최근 많은 국가를 강타했던 홍수와 화산의 폭발은 원자폭탄 100개의 파괴력에 필적한다. 그럼에도 불구하고 어떠한 좌절도 없이 재건하려는 의지를 보이고 불운해진 자기 자신을 체념하지도 않고 불행에 대한 슬픔의 눈물도 없이 인간은 정신적으로 재건에 착수하고 삶의 터전을 위하여 본질적인 애착으로 질주하였다. 따라서 메시나는 아직까지는 비록 위험한 곳이지만 얼마간 폐허를 딛고 재건되었으며, 일본 역시 파괴된 도시를 재건하였다. 홍수로 집이 송두리째 없어졌지만 주민들은 한 계절이 지나기 전에 침수된 들판으로 돌아가 곡식을 다시 옮겨심었다.

단 2발의 원자폭탄이 일본에게 강화를 요청하게 했다는 점에 대해서는 논의의 여지가 있을 것이다. 일본은 그 당시 이미 감당할 수 없는 한계에 도달해 있었으며, 방어대책이 마련되지 않은 가운데 가해진 신무기의 기습적인 사용으로 미군은 일본이 달리 취할 수밖에 없었던 방도보다 조금 빨리 항복하도록 촉구하였을 뿐이다.

그러나 오늘날 우리는 대량 살상무기에 대해서는 잘 알고 있지만 가장 큰 공포의 원인에 대해서는 모르고 있다. 이런 무기의 특성과 그 무기가 사용되는 방법에 대해 정통하면 할수록 우리는 현대전의 위험에 직면하여 보다 철저한 준비를 해야 할 것이다.

현재의 전쟁이 초토화 폭격임에도 불구하고 오래 끌고 있는 바와 같이, 미래전은 원자폭탄의 사용에도 불구하고 수년 동안 지속될 수 있다. 만약 전쟁이 발발한다면 두헤이론*의 극단적인 부분은 분명 거부당할 것이다. 여하튼 공포의 무기가 사용되든 또는 사용되지 않든 상관없이 민간인과 군은 비록 그들이 비정통적인 공격을 찬성하지 않고, 또한 그런 행위를 금지시킬 필요성을 갖는다고 하더라도, 일단 그러한 비정통적인 공격에 대항할 태세를 늘 갖춰야 할 것이다.

□*1910년 이탈리아 군사이론가 두헤(Giulio Douhet)가 「항공전략의 기초」라는 논문을 발표하기 전까지는 항공전략 사상이 구체적으로 나타나지 않았다. 두헤는 이 논문에서 "하늘을 정복하기 위해서는 적이 보유한 모든 비행수단을 공중, 작전기지 혹은 생산기지에서 격파해야 한다. 우리는 이런 사상에 익숙해야 하며, 우리 자신도 준비해야 한다"라는 항공사상을 역설했다.

지금의 세계전쟁을 볼 때 극히 비정통적인 공격은 더욱더 발발할 가능성이 많은 것으로 고려해야 한다. 왜냐하면 중립국 가운데 과거의 전쟁에서 적절한 영향력을 발휘했던 강력한 중립국이 앞으로는 더 이상 존재하지 않을 듯하기 때문이다. 제2차 세계대전 당시 중립국이 가졌던 경제적 능력이 교전국에 비해 상대적으로 약소하여 중립국은 발언권을 행사할 수 없었다. 최후의 강력한 중립국은 1917년 4월까지 중립을 지킨 미국이었다. 그러나 이제 당분간 이러한 중립국이 나타나기는 어려울 것이다.

미래의 분쟁에 관한 일반전략을 논함에 있어, 필자는 1948년 12월 『해양논평 Maritime Review』에 게재한 「공간의 증대와 전략적 사고」라는 논문의 마지막 절을 인용하고자 한다. 이 논문에서는 수세기에 걸쳐 공전의 넓은 공간에서 전쟁이 수행되었던 이유와 전쟁의 특성을 고찰하였다. 이 논문에 의하면 과거의 현상에서 나타난 근본적인 이유 가운데 하나는 과학기술의 발달과 더불어 전쟁도구가 이전에는 볼 수 없었던 거리와 저항력의 증대를 군사력에 제공한 점이다.

필자는 이 논문에서 제1차 세계대전을 '대륙의 전쟁', 제2차 세계대전을 '대륙간의 전쟁'으로 정의한 뒤에 제목을 '미래전의 예상: 전세계 공간의 전쟁'으로 붙인 마지막 절에서 다음과 같이 언급하였다.

다루고자 한 문제가 존재하지 않았거나 극히 발생할 가능성이 없었다는 것은 지상에서 이 부분을 축소할 수 있었다는 점에서 큰 위안이 될 것이다.

그러나 현세계의 정치적 상황이 매우 불안정하고 지난날의 동맹국이었던 관계가 이제는 무력투쟁에 호소하려는 위기에 처할 운명이다. 미래전은 그 양상이 무자비하게 전개될 뿐만 아니라, 그 결과도 파괴적이고 그 범위 또한 대륙 사이에 국한되지 않고 전세계적으로 확대될 것이다. 그렇기 때문에 어느 누구도 이와 같은 위기의 가능성으로부터 무관하다고 외면할 수 없게 되었다.

미래전은 그야말로 전세계를 전쟁의 소용돌이에 휩쓸리게 하고 말 것이며, 승자는 오로지 폐허가 된 세계를 지배하는 사태에 직면하게 될 것이다. 승리는 결국 너무나 많은 희생을 치루고 얻은 결과일 뿐이며, 설령 승자라 하더라도 세계적인 빈곤과 폐허로 암담한 결과를 맞이하게 될 것이다.

사실 우리는 다음과 같은 수단이 사용될 수 있음을 예견할 수 있다.

기존의 함정에 비하여 행동반경이 훨씬 넓고, 원자력에 의한 추진이 가능하다면 이를 이용한 여러 가지 유형의 함정;

잠수상태에서도 고속항진이 가능하며, 단일 추진기관을 장착하고 과거의 잠수함 못지않은 행동반경을 가진 잠수함;

다양한 종류의 미사일…;

항속거리와 수송능력이 증대한 고속전투기와 수송기;

적의 영토 내륙에 직접 대규모 상륙을 실시할 수 있는 공수부대와 공정부대;

제2차 세계대전 때보다 한층 효과적인 작전을 다양하게 수행할 수 있는 능력을 가진 철저하게 기계화된 육군;

지상과 수면 어느 곳을 불문하고 고도의 파괴력과 살상용 무기;

그리고 무선통신·조기경보·미사일 원격조종·장거리 미사일 요격 등등 다양한 목적을 가진 무선장비를 들 수 있다.

미래전은 이러한 수단들이 사용됨으로써 〔그림 1〕처럼 그 형태가 어떻게 전개될지 모른다. 우선 미국의 중앙을 통과하면서 동시에 러시아의 중앙을 통과하는 선(0°~180°)과 그리고 북미·러시아 및 동구권 국가 전부를 포함하고 전술한 선을 2등분하여 형성된 2개의 원형을 그릴 수 있다. 지구전에서 두 점 사이의 최단거리가 두 점을 연결하는 대권의 호상에 있다는 사실은 미국과 러시아가 왕복공격을 실행할 수 있는 최단항공로로 고려되는 것으로서, 북극대에 대한 각국의 각별한 관심과 이유를 설명해 준다.

미국에서는 이런 문제에 관한 많은 문헌들이 이미 발행된 상태이다. 우리는 철의 장막 뒤에서 진행되는 사태에 대해서는 알 수 없지만, 미국의 민주주의 체제 하에서 공공연하게, 그것도 책임있는 인물에 의해 발표되는 바와 같이, 이와 비슷한 이야기가 철의 장막 뒤에서도 고려되고 있으리라는 것을 가정할 수 있다.

또한 러시아가 미대륙에서 거의 모든 산업시설의 중심부가 되는 미국의 영토를 지향하는 것에 비하여, 미국은 알류산열도-알래스카-캐나다북부-그린란드-아이슬란드를 잇는 선을 따라 러시아 영토에 보다 근접한 체계적인 공군기지를 설치할 수 있을 것이다. 비행시간을 단축함으로써 미국은 러시아가 취할 수 있는 항공작전보다 강력하고 효과적인 항공작전을 수행할 수 있을 것이다.

더욱이 러시아가 대거 자리잡고 있는 대륙의 북반부는 모두 앵글로-색슨 국가 또는 그들의 점령지로 이루어진 궤도상에 배열된 국가들을 포함하고 있다. 또한 해군항공의 관점에서 러시아는 더욱 불리한 상황 아래 놓여 있다. 즉 러시아가 자유롭게 대양으로 진출할 수 있는 출구는 유일하게 서쪽의 북해와 연결되어 있으나, 북해는 기후적인 조건과 영국제도로 노출된 스칸디나비아-스피츠베르겐-아이슬란드 사이의 긴 해협을 통해 대서양과 연결되기 때문에 해군의 입장에서는

3. 미래의 해전 67

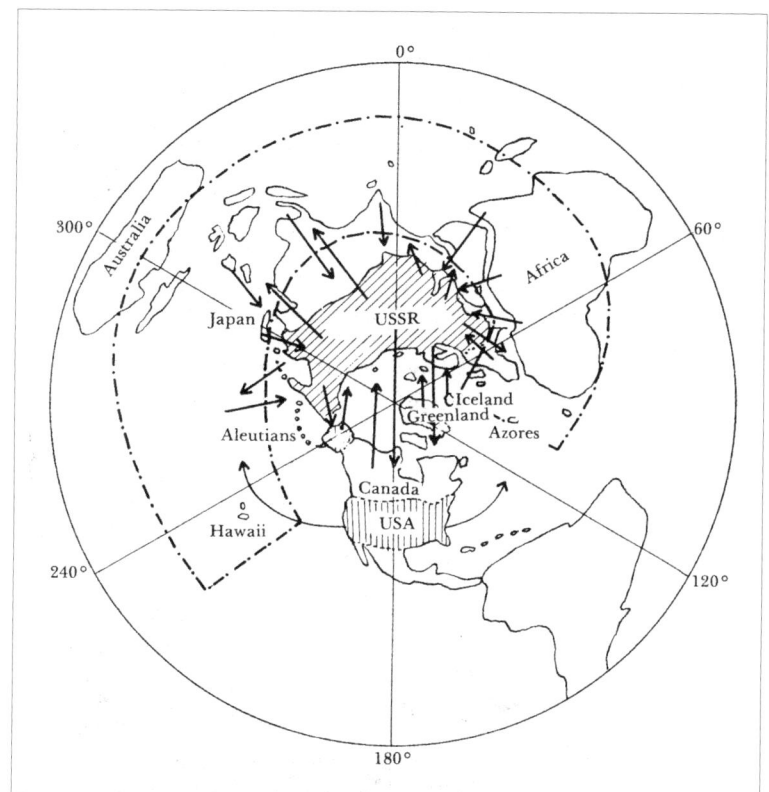

[그림 1]

거의 가치가 없다.

　한편 태평양으로 진출하기 위해 러시아가 연중 사용할 수 있는 연안항구는 거의 동해에 있는 블라디보스토크지만 이 곳은 동해의 협소한 해협을 통해서만 대양과 연결되는 내해와 같다. 여하튼 극동에서의 러시아의 입장은 이 지역에서 볼셰비키체제의 확산을 진행시키는 활동에 따라 좌우된다.

점선 내부는 공군 및 해군항공의 기지체제를 표시하는데, 이들은 러시아를 포위함으로써 거대한 전략적 봉쇄를 창출하는 효과를 준다. 그러나 이 효과는 순전히 유형적인 것이다. 현대전쟁에서 해군의 무형적인 수단 특히 항공초계의 설정이 가능하기 때문에 이 효과는 작전상 현실과 일치하지 않는다. 무기뿐만 아니라 주변의 상황과 항공기의 능력이 그런 효과의 실현을 불가능하게 만든다.

다른 한편으로 현실을 구성하는 요소는 실제적 또는 잠재적 능력이 있는 기지가 현존하느냐에 달려 있다. 즉 이들 기지는 러시아라는 대륙 전체를 지향하는 공격에서 북쪽으로부터 북해에 대한 위협이 가해지는 동안 서·남 및 동쪽으로부터의 공격을 감수하는 발진기지가 될 수 있다. 그러므로 여기서 작전상의 범위는 완성된 것이라고 할 수 있다.

이러한 상황 아래 러시아의 전략상의 문제는 독일이 과거에 직면했던 상황, 말하자면 포위를 돌파하고 중요한 적의 영토를 점진적으로 압박할 수 있는 유리한 위치를 선점하려고 기도한다는 면과 유사하다. 러시아의 경우는 공간의 규모가 훨씬 방대하다. 특히나 다음과 같은 차이점이 있다. 독일이 포위를 돌파하는 것은 근본적으로 경제적 필요성에 의한 것인 데 반해 러시아에게 있어 그것은 작전상의 능력을 증진시키는 문제일 것이다.

한동안 진행되고 난 뒤에 나타난 최종분석에 따르면, 냉전은 러시아가 자국의 영토로부터 가능한 한 멀리 있는 미국의 세력권을 유지시키고, 나아가 영토적 접근을 허용할 수 있는 국가들에게 정치-사회적 지배권을 장악하려는 러시아의 이익에 따라서 발단되었다. 그러나 미국의 이익은 이것과는 반대였다. 미국은 정치적 협정과 경제적 영향력을 통해 자국의 상업적 목적을 위하여 공항처럼 평화시에도 전개되는 전진기지와 병참시설의 사용을 보장받기를 원한다.

　무력분쟁이 발발한다면 아마도 첫 단계는 작전기지를 확보하고 이들 기지와 함께 기존기지를 강화할 수 있는 적절한 위치를 장악하는 작전이 수반될 것이다. 그러나 기지가 전방으로 전진하면 할수록 그 기지는 강력한 공격을 자주 받게 되어 더욱더 위약해질 것이다. 그러면 해군은 군대와 제반보급을 안전하게 수송하는 기본과업을 수행하기 시작할 것이다.

　한편 공군은 일단 기지를 장악하고 난 다음 해군 및 육군과 합동으로 기지를 보강하고 방어하는 과업을 수행할 것이다. 전략기지의 체계가 완성되면, 공군은 육군이 침공작전을 수행하도록 유리한 상황을 조성하기 위해 적국의 중추부에 대한 파괴작전을 이어서 할 것이다. 이 작전은 개전과 동시에 개시될 수도 있다.

　또한 전방을 보호하는 상태에서 해상 또는 공중을 통해 최단기지로부터 대양을 횡단하는 수송작전이 재개될 것이다. 더욱이 함정과 항공기는 유도무기의 이동발사대로서의 역할을 수행할 것이다. 3군의 작전 가운데 어느 것이 유력할 것인가 하는 문제는 예측하기 곤란하다. 하지만 분명한 것은 3군이 각각 타군에게 제공하는 지원 작전은 단시일의 작전계획 아래 집행되어야 한다는 점이다.

　적국에 맞서 먼저 세력을 집중하는 교전국이 승자가 될 것이다. 만약 러시아가 미국의 해양력보다 훨씬 우세한 해양력을 건설할 수 없다면, 그리고 공중으로 집중공격을 가할 능력과 해상을 통하여 미국영토에 육군을 상륙시킬 수 없다면, 러시아는 방어전을 수행할 수밖에 없을 것이며, 결국에는 전쟁에 패배하고 말 것이다. 러시아는 여전히 지리적·전략적 위치, 해상전투력 그리고 대양에서의 해전과 대양을 횡단하는 대규모 원정의 경험이 미국보다 다소 열등하다는 사실을 인정하고 있다.

무기의 파괴력과 그 사용가능 빈도 그리고 인도주의적 운용원칙을 고려하지 않고 이들 무기를 사용하려는 의지는 오늘날의 시점에서는 판단할 수 없지만 언제든 전쟁에서 치명적인 영향을 줄 수 있는 요소들이다. 그러나 이것이 지리적 차원에까지 영향력을 발휘하지는 못할 것이다.

작전을 어떻게 전개할 것인가 하는 가설을 발표하려는 시도는 많은 억측을 자아낼 우려가 있다. 우리는 웰즈문체의 공상적 작품이나 바이워터의 소설과 같은 현실의 기대와는 전혀 다른 작품을 쓸 위험을 범할지도 모른다.

필자는 유럽에 관한 한 가지 견해만으로 감히 설명해 보려 한다. 유럽은 한 가지 또는 두 가지 상황-중립국이 될 것인가, 그렇지 않으면 교전국이 될 것인가-에서 정치적 관점에 따라 자신의 진로를 모색해야 할지도 모른다. 군사적 관점에서나 지리적 위치를 고려해 볼 때, 유럽은 자신의 정치적 의지와는 상관없이 러시아군에게 점령당할 수도 있고, 그렇지 않을 수도 있다. 또한 유럽은 러시아에 완강하게 대항하여 자신을 방어할 수도 있고, 러시아에 굴복할 수도 있으며, 러시아 편에 서서 싸우거나 그렇지 않고 러시아에 대항하여 싸워야 할지도 모른다.

어찌되었든 유럽이 스스로 중립을 선언한다고 하더라도 교전국이 유럽의 중립에 대해 관심을 갖지 않는 한, 유럽은 결국 전장이 되고 말 것이다. 다소 유망하지만 타당성을 알 수 없는, 이 가설을 무시하더라도 유럽이 미국과 동맹을 맺는다면, 유럽은 미국이 자신들을 해방시키려고 개입할 때까지는 스스로를 돌보지 않을 수 없다. 종국적으로는 유럽 문명의 마지막 보루가 파괴되는 결과에 이를 것이다. 이러한 결과는 과거 이탈리아와 프랑스가 해방을 맞는 동안 경험한 것보다 훨씬 더 광대한 지역에 걸쳐 매우 파괴적인 결과로 나타날 것이다. 반면 유럽이 러시아와 동맹을 맺는다면, 유럽이 미국무기의 정당한 표적이 될 것임은 뻔한 일일 것이다.

이런 가공할 전쟁을 치른 인류가 거의 생존할 수 없다는 것은 확실하다. 그리고 생존자라 할지라도 온갖 종류의 방사선에 끊임없이 노출되고 이상신경과 정신적 부조화로부터 고통을 겪지 않을 것이라고 어느 누가 장담할 수 있겠는가? 그러므로 우리는 인간이 더욱 불행해지지 않도록 가능한 한 모든 노력을 기울여야 할 것이다.

전세계가 그야말로 하나의 전선이 될 전체공간의 전쟁은 이로 인해 인간의 육체적 및 정신적 능력이 극히 부상당하기 때문에, 어쩌면 앞으로 수세기 동안 인간끼리 더 이상 싸울 수도 없는, 마지막 전쟁이 될지 모른다.

이러한 체제 속에서 전통적 의미의 해상전투는 전개되지 않을 수도 있다. 핵의 위협 때문에 함정은 극히 넓게 분리된 진형으로 항해하지 않을 수 없을 것이다. 실제로 가장 중요한 원칙은 분산되고 말 것이다. 서방 연합국 측만 해상교통로를 유지할 필요가 있어 해상전투는 동구권이 주로 항공기와 잠수함으로 공격할 수 있는 해상교통로를 둘러싸고 전개될 것이다.

현대화된 함정으로 러시아해군이 자국의 함대를 급격하게 증강시킬 것이 뻔하다. 그러나 러시아가 자국의 함대가 갇혀 있다고 자각하고 있는 이상 그 좁은 해역 밖에 있는 전략적 위치를 점령하는 데 성공하지 않는 한, 그 때까지 러시아 함정을 해군전대전naval squadron warfare을 수행하기 위해 운용하기보다 사략활동을 수행하기 위하여 유럽을 신속하게 성공적으로 점령하지 않는 한, 러시아는 그와 같은 전략적 위치를 쉽게 점령할 수 없을 것 같다.

프랑스의 위대한 지적 사상가이자 저술가인 가스텍스 제독은 1955년 2월 『국방평론National Defense Review』에 발표된 논문을 통해 인류의 미래에 관한 또 다른 가능성을 다음과 같이 놀라운 식견으로 공식화하였다. 장기적인 정치-심리적 발전에 의해 속박되어 있었기 때문에 1955년에는 결코 예상할 수 없었지만, 가스텍스가 말한 가능성은 중국의 영향권 아래에 있는 아시아의 위협적인 태도에 직면한 러시아가 아시아적 위협보다는 유럽적인 감정을 갖고 보다 서구세계에 접근하려는 행동을 보일 것이라는 점이다. 또한 러시아는 칭기즈칸과 그의 후계자 그리고 티무르제국과 오스만제국 시대에 그러했던 것처럼, 아시아의 공격에 대항하여 유럽의 방어를 재구성하려고 할 것이다. 15년이 경과한 오늘의 시점에서 가스텍스가 말한 그 가능성은 여전히 실현될 가능성이 있다.

이처럼 경우에 따라서는 전략적 상황이 전혀 판이한 양상으로 전개될 수도 있다. 따라서 필자는 거대한 미로에 봉착한 것과 같이 혼란을 맞게 되느니 차라리 침묵을 지키고 깊은 이념에 잠기는 것이 좋겠다는 생각마저 들 때가 있다. 그러나 우리 시대의 전략의 본질에 관한 기본사항이라고 생각되는 몇 가지 사상을 피력하는 자유를 택하고자 한다. 일부는 이미 언급한 내용과 불가피하게 중복된다.

1) 항공기가 전투에 등장하기 이전에는 육상전략(and strategy)과 해상전략(sea strategy)을 각각 구분해서 생각하는 것이 그다지 어렵지 않았다. 두 전략은 각각 고유의 영역을 가지고 있었다. 두 영역은 하나의 선, 즉 해안선을 통해 접촉하였다. 이 해안선에서 육군과 해군은 오늘날 상륙작전으로 표현하는 그런 종류의 작전을 수행하기 위해 상봉하였다.

육군과 해군은 정책결정과 군사기술이 결합된 대전략(grand strategy)에 대해 이미 이론을 통해 인식했고, 또한 실제 적용상에서는 전투교리를 정립할 필요성에 대해 자각하지 못하였다. 참모장교들은 각각 전혀 다른 별개의 교육과정을 통해 훈련을 받은 결과, 육군과 해군은 최소한의 소양과 교리상의 접촉만 있었을 뿐 서로는 상대방을 이해하지 못했다.

라이트 형제가 세상을 놀라게 할 때까지 모든 학자·이론가·정치가와 군인의 사고방식은 의문의 여지가 없는 이론, 기반이 확고한 원칙과 근거가 충분한 규칙에 의해서 뒷받침되는 오랜 경험을 방패삼아 안일하게 정착하고 있었다. 제트항공기·미사일과 원자폭탄은 이들의 사고방식을 한꺼번에 일소시켜 버렸다.

예를 들면 공중이 육지와 해상을 단 하나의 작전구역으로 묶었기 때문에 육지와 해상을 더 이상 분리시켜 생각할 필요가 없게 되었다. 말하자면 공중 그 자체가 촉매작용을 한 셈이다. 그리고 항공기와 미사일의 존재로 인하여 해상 또는 육상의 전선도 더 이상 홀로 존재하지 않는다. 따라서 육상의 지리적 전략과 해상의 지리적 전략도 더 이상 존재하지 못한다. 다만 충실하고 통합된 전략교리를 공식화하고 통합참모를 훈련시킬 전체로서의 지리를 고려할 필요가 제기되었다. 같은 논리가 전술에서도 적용되었다. 전술분야는 항공력에 의해 가장 지배적인 영향을 받았다.

필자가 보기에 정치·군사사상이 전도된 것은 주로 항공기의 항속거리 증대로 인해 기인되고, 채 한 생애도 안되는 기간에 성취된 것으로 보인다. 우리가 익히 아는 바와 같이 거리는 전쟁도구의 전략적 능력을 결정하는 요소이며, 이에 반해 속력과 무장은 전술적 능력을 결정하는 요소이다.

이제 거리는 너무 증대되었기 때문에 우리에게는 또다시 파국이 올 경우 이 지구는 하나의 전장이 된다는 것을 알아야 한다. 결국 전·후방을 구분할 수 없는 상황이 된다는 것이다. 이른바 항공기와 미사일에 어떠한 것도 미칠 수 있기 때문에 사실상 전 세계가 하나의 전장이 될 수밖에 없는 것이다.

모든 작전이 하나의 거대한 전장 내에서 수행될 것이다. 인간이 지상에 생존하는 관계로 육지는 결정적인 영역이 될 것이며, 해양은 그 활동범위가 최대한 확대될 것이다. 공중은 육지와 해양을 제압하고 뒤덮을 것이다.

　2) 그렇다면 해양은 어떠한 기능을 보유하는가? 이 문제에 대한 해답을 다음에서 찾고자 한다.

　세계는 두 개의 거대한 국가군으로 분리되어 있다. 즉 양측은 북대서양조약기구NATO를 결성하고 있는 15개 연합국과 공산주의 국가로 나누어져 각각의 정치적 종속의 형태가 다르다. 그리고 양측 지지자들도 따로 있다. 서방측은 구성국들이 전세계에 분산되어 있어 경제적·군사적 측면에서 해상교통로의 확보는 사활적인 문제가 된다. 반면에 공산측은 해상교통로에 거의 의존하지 않는다. 광대한 대륙권을 형성하고 있는 공산 측에게 해군은 단지 어떠한 방법으로든 서방측의 교통로를 방해할 수 있는 대상일 뿐이다.

　서방측은 해상에서는 함정과 항공기를 이용하고, 육상에서는 영토와 항만체계의 방호를 위해 지원할 수 있는 모든 요소를 이용하는 적극적인 방어를 취함으로써 해상교통로를 방해하려는 공산 측의 기도에 반격을 가할 수 있다. 즉 공격을 발진하려는 기지-특히 항공기와 미사일 기지-에 대한 공격을 가하거나 아니면 원거리와 분산의 이점을 이용한 방어를 취할 수 있다.

　지구를 관찰함으로써 다음과 같은 연상도 가능할 것이다.

① 태평양·대서양과 인도양은 무엇보다 대륙을 연결하는 광대한 통로로 고려되지 않을 수 없다.

② 두 대륙의 북쪽 해안을 따라 경계를 이루는 북해는 한 대륙으로부

터 다른 대륙으로 향하는 최단항공로를 제공한다.

③ 남극대륙의 주변 해역은 50°~70°S에서 평행으로 지구를 일주한다. 그러므로 이 해역은 르뽀띠에르Lepotier 제독이 1957년 2월『국방평론』에 발표한 논문에서 "광대한 대양 사이 그리고 대륙 사이를 연결하는 기지"라고 설명한 것처럼 그 사용이 가능하다. 현재 세계의 정치-전략적 상황 아래 이 해역은 매우 한랭하지만 온난한 3대양과 연결되어 공산권이 점령하고 있는 작전기지로부터 멀리 떨어진 해상교통로를 이룬다.

④ 3대양은 거대한 반도에 의해 완전히 또는 부분적으로 분산되어 있다. 즉 태평양 사이로 미주대륙이 뻗어 있고 남대서양과 인도양 사이에는 아프리카가, 그리고 인도양과 남태평양 사이에는 오세아니아주가 놓여 있다. 여기서 중요한 것은 접촉한 남쪽 대양에서 작전할 수 있는 해군기지와 무엇보다 공군기지가 반도의 요지에 신중하게 선택적으로 자리잡고 있다는 점이다.

⑤ 대서양은 태평양과 인도양의 경우보다 대륙으로 깊숙이 들어와 있다. 특히 유럽의 해양은 대륙에 부속된 것처럼 간주될 정도로 깊이 유입되어 있다.

⑥ 가장 중요한 해양은 말할 것도 없이 지중해라고 할 수 있다. 그러나 지중해는 아주 위험한 경우를 제외하고는 전쟁시에 사용할 수 있는 보급선이 아니다. 그보다는 서방측의 전초기지로 고려해야 한다는 점을 주지할 필요가 있다.

3) 국가 사이의 지정학적인 경계선은 전략을 수립하는 기초로 간주될 수 없다. 지정학적 경계선과 일치하지 않는 다른 종류의 경계선도

고려되어야 하는데, 이를 정신적 경계선이라고 할 수 있다. 이러한 경계선은 두 개의 국가 군에 각각 상대집단의 우세한 정치-사회적 이념을 확신하는 상당수의 국민이 있다는 사실에서 연유된다. 예를 들면 서방측에서도 공산주의자들이 많고 동구권에도 자유와 민주주의를 갈망하는 국민이 많다.

    이러한 상황은 외부전쟁과 복합되는 내전의 원인이 될 수 있다. 정신적 경계선은 유동적이고 지리적 지도상에 나타날 수 없는 이유 때문에 내전의 매우 심각한 원인으로 연계되고, 심지어 통제가 곤란하고 예측이 불가능하게 되는 결과를 초래할 수 있다.

78 세계사 속의 해전

쉼터

제2편
노선시대
The Age of Oared Ships

쉼터

4.
함선의 특성
Ship Characteristics

1. 공학적 특성과 구조

역사가들에 주장에 따르면 노선시대는 살라미스해전Battle of Salamis (480 B.C.)부터 레판토해전Battle of Lepanto(A.D. 1571)까지로 분류된다. 이 시대의 함선이 보여주는 두 가지 기본적인 특성은 추진장치가 현측에 있었다는 점과 공격무기가 함수에 설치되어 있었다는 점이다.

여기서는 그리스-페르시아 전쟁, 즉 극적인 살라미스해전이 있기 이전에 해상에서 활동한 노선에 대해서는 언급하지 않겠다. 왜냐하면 이 시대 이전의 해군건설에 대한 학술적인 자료는 단지 고대 그리스 문화 이전의 벽화·판화 또는 조각을 통해서만 추론이 가능할 뿐이고, 그리스와 페르시아 사이의 투쟁기간에 처음으로 해양력도 국가 사이의 충돌에서 하나의 요소로 작용되었기 때문이다. 이 시기에는 그리스의 3단노선trireme이 등장했는데, 이것이 로마의 3단노선으로 이어졌고 그 후 비잔틴제국에 의해서도 채택되었다.

3단노선에는 양현에 각각 포개진 3개의 노 젓는 자리가 있었으나 노수가 어떻게 배치되어 있었는지는 정확하게 판단할 수 없다. 노수는 노가 배열된 것처럼 사람들은 각각 다른 열 위에 자리잡고 있는 3열의 노 젓는 자리에 앉아 있었거나 그렇지 않으면 현측으로부터 함선의 중앙을 향하여 위로 경사진 1열의 노 젓는 자리에 앉아 있었을 것이다. 이 책에서는 이에 관한 고고학자·역사가 또는 공학자 사이의 오랜 논쟁은 관심의 대상이 아니다. 다만 기억해 두어야 할 중요한 사항은 현측에 몇 미터나 돌출한 추진장치들은 방해물이었다는 점이다.〔그림 2 참조〕

3단노선은 고대군함의 표준형이었다. 그러나 이보다 크거나 작은 갖가지 형태의 군함들이 있었다. 이들은 노 젓는 자리의 열이 판별의 기준이었다. 즉 1단노선uniremes·2단노선biremes·4단노선quadriremes·5단노선quinqueremes 등이 있었으며, 전쟁에 사용된 최대의 함선으로는 10단노선까지 있었다. 종합적으로 이들 함선은 모두〔물론 1단노선은 제외하고〕다단노선polyremes으로 불렸다.

여러 학자들이 기술한 척도를 평균해 보면 3단노선은 길이가 36~40미터, 폭은 거의 6미터에 이르고, 흘수도 1미터가 조금 넘었다는 것을 알 수 있다. 3단노선에는 약 200명이 승선하였는데, 전투원은 40명에 지나지 않았다. 닻과 타 그리고 소수의 보조돛을 운용하는 등 함상에서 직무를 수행하는 데 필요한 승조원 약간 명을 제외하고는 모두

4. 함선의 특성   83

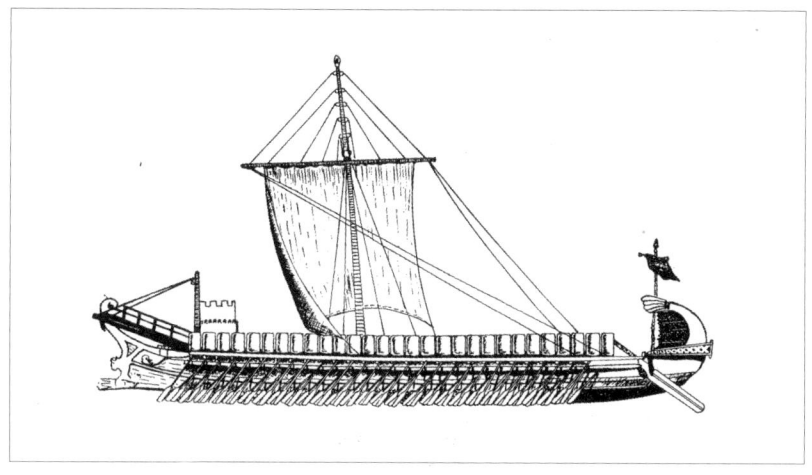

[그림 2]

가 노수였다.

　3단노선은 대략 130톤이라는 비교적 작은 배수톤수여서 외해에서는 장기간의 항해능력을 갖추지 못했다. 이들 함선은 연안으로부터 멀리 벗어난 해상에서 폭풍우를 극복하기에는 부적절했을 뿐만 아니라, 장기간의 항해를 위해 필요한 보급품을 수송할 수도 없었다. 그러므로 로마가 카르타고를 공격할 계획을 세웠을 때 그들은 훨씬 큰 대형의 함선을 건조하지 않을 수 없었다.

　로마는 카르타고가 서부 및 중부 지중해의 제해권을 장악하고 이를 유지하기 위해 사용한 5단노선과 그와 유사한 함선만 가지고서도 지중해의 제해권을 쟁취하고 아프리카 대륙에 원정하려는 대망을 가질 수 있었다. 5단노선은 길이가 70미터, 폭이 8미터, 배수톤수가 400~500톤에 달한 것으로 추정되고 있다. 승조원은 300명의 노수와

100~120명의 전투원으로 구성되었다.

포에니전쟁Punic Wars[※] 이후 로마는 시리아왕국이 한때 경쟁자로서 등장한 것을 제외하고는 해상에서 이렇다 할 경쟁자가 없었다. 때문에 다단노선과 같이 최대의 공격력을 갖춘 함선을 더 이상 보유할 필요가 없었다. 다만 해적으로부터 통상해운에 대한 위협만 있었을 뿐이다.

□※ 기원전 264년부터 146년 사이에 세 차례에 걸쳐 일어난 로마와 카르타고 사이의 전쟁을 말한다. 이 전쟁은 고대에 있어서 세계대전의 양상을 띠었다. 민족적인 시련을 극복한 로마가 일개 도시국가에서 지중해 세계 전체를 통치하는 세계제국으로 발돋움하는 전환점이 된 전쟁이다.

그리하여 로마는 이들 해적과 대적하기 위해 아드리아해를 횡단하는 일리리아 해적이 사용하던 1단노선의 모형을 본떠서 개량시켰다. 그 결과로 리버니움이라는 함선이 등장하였다. 리버니움은 노 젓는 자리가 1열이며 3단노선보다 가볍고 기동성이 우수하여 속력도 빨랐다. 3단노선의 최대속력은 6노트에 달했지만, 리버니움은 약 8노트의 속력을 유지할 수 있었다.

로마제국이 몰락하자 비잔틴제국이 그 선박 건조기술을 이어받았다. 그러나 비잔틴제국의 항해에 관한 요구는 로마제국의 경우와는 달랐다. 지중해 중부에 위치하지 못한 비잔티움은 리버니움보다 대형이며 내해성을 가진 반면 양호한 기동성을 갖출 수 있는 함선이 필요했다. 드로몬드라고 불린 이 새로운 형태의 함선은 길이가 50~60미터, 양현에 각각 2열로 배치된 50개의 노를 가진 2단노선이었다.

드로몬드는 구식 3단노선과 거의 같은 수의 인원을 수송하였다. 3단 노선인 리버니움은 하나의 사각형 보조범을 장치하였으나, 드로몬드의 범은 처음에 2개의 마스트에 사각범이 장비되었다가 그 후 조종하기 쉬운 3각범 또는 대형 3각범이 갖추어질 때까지 발전을 계속하였다.

여기서 '보조범'이라고 설명한 것은 이들 노선이 정상적인 상태에서도 노에 의해 추진했고 전투시에도 오로지 노만 사용했기 때문이다. 범은 전술적 접촉시에 필수적인 노수들의 기력을 보존하기 위해 풍향이 유리한 경우이거나 항해시에 사용되었다. 색구의 조작이 미숙했기 때문에 바람을 정면으로 받으며 항해하는 것은 당시로서는 불가능하였다. 비록 풍상을 향해 거슬러 올라갈 수 있을 정도로 범 자체가 완전하더라도 방향을 결정하는 도구가 불충분했기 때문에 침로를 조정하고 위치를 계산한다는 것은 빈번한 변침 때문에 불가능했다.

8~9세기경 지중해에서 활동한 군함으로는 드로몬드 외에 아치란디아라고 하는 보다 소형이면서도 속력이 빠른 함선이 있었다. 이 노선은 노 젓는 자리가 1열이었으며, 정찰과 감시임무와 기타 보조적인 역할을 한꺼번에 수행하였다. 또한 드로몬드와 매우 유사한 함선으로 판플리오라는 것도 있었는데, 이 함선은 특히 수송목적을 위해 사용되었다.

갤리는 9세기 말에 출현하였다. 갤리는 중세 군함의 대표적인 표준형이었으며, 범선이 이미 출현하여 명성을 떨쳤던 시기인 레판토해전 때까지 지중해 전역에서 활약하였다.

다음은 갤리에 관한 프라카롤리Aldo Fraccaroli의 기술을 인용한 것이다.

낮고 날씬한 함선은 길이가 40~50미터, 폭이 5미터(그러므로 폭에 비해 길이가 매우 길었다), 흘수는 낮았으며 2미터를 넘지 않았다. 함수부터 함미까지 가지런히 이어진 함상에는 선연판gunwale capping이라는 사각형의 판이 설치되었다. 이 판은 선체보다 조금 짧고 폭이 넓었기 때문에 현측 밖으로 튀어 나왔고 노좌가 세로로 설치된 침목이나 선연판의 세로 부분에 설치되어 있어 노수들의 활동에는 방해가 되지 않았다.

전부갑판은 2계단으로 구조를 이루었고 여기에 포대가 설치되었다. 전투시 수병들의 일부가 배치되는 후갑판에는 갑판실이 설치되어 있었는데, 이곳에는 함선의 지휘소와 타기도 있었으며, 갤리 함장과 기타 장교들의 숙소도 함께 있었다. 노수들은 현측의 두꺼운 판자 때문에 적의 공격으로부터 보호받았다. 파비세이드라고 부르는 이 판자는 침목에 단단히 고정되어 있어 병사들을 위한 방패역할을 해주었다.

일부 갤리에서는 각 노에 1명의 노수가 배치되었다. 이 경우 각각 3명의 노수를 수용하는 노 젓는 자리가 대각선으로 자리를 잡았을 것으로 추정된다. 이러한 갤리에는 대부분 156~180명의 노수가 있었으며, 모두 200~300명의 인원이 승선하였다. 그러나 널리 사용되던 갤리선에서는 각 노에 3~7명의 노수가 배치되었다. 이러한 갤리는 1510년대에 와서 각 노에 1명이 배치되는 갤리로 대체되었다. 이들 갤리의 대부분은 1열의 노 젓는 자리에 30개의 노가 있었으며, 약 300명의 노수를 포함해 모두 400명 이상의 인원이 승선하였다.

노가 놓이는 노좌는 대칭으로 배열되지는 않았다. 좌현의 노 젓는 열에서는 함수로부터 1/3이 되는 곳에 1개의 노가 빠졌는데 이 곳은 소형보트의 자리였다. 그리고 우현에는 2/3가 되는 곳에 1개의 노가 빠졌는데 이 곳에는 취사장이 있었다. 노수의 노 젓는 자리 사이로 함수부터 함미에 이르는 통로가 설치되었다. 이 통로는 갑판 위로 1미터 솟아 있고 폭이 2미터였으며, 한쪽 끝에서 반대편 쪽으로 통할 수 있고, 각각의 노 젓는 자리로 출입할 수 있도록 설치되었다. 통로의 밑판자가 움직일 수 있게 설치되어 그 밑에 범·천막·여분의 마스트를 보관할 수 있었다.

정상적인 항해시에는 1분에 20회씩 노를 저었고, 한번 노를 저으면 9미터 정도 전진하였으므로, 갤리는 시속 6노트의 속력을 낼 수 있었다. 전투시에는 1분에 30회의 노를 저었기 때문에 9노트로 증속할 수 있었다. 백병전을 하기 위해 접근할 때에는 10노트 또는 그 이상의 속력을 낼 수 있었다.

대부분의 갤리는 노 외에 대형 삼각범을 사용하는 마스트 2개를 장비했다. 정찰·초계·명령의 전달 및 정보의 전파 등의 임무를 수행하기 위해 갤리엇·해적 갤리fusta와 같은, 보다 소형이며 날씬한 종류의 함선이 여럿 등장하였다. 갤리엇과 해적 갤리는 로마의 리버니움 갤리와 같은 1단노선으로 양현에 각각 20개 정도의 노를 가졌으며, 80~100명의 승조원이 있었다.

이미 언급한 것처럼 전투용 함선 외에도 라운드선이라는 화물선이 있었다. 이 화물선은 선체가 짧고 폭이 넓은 선박으로, 여분의 무기와 식량을 적재했다. 라운드 선의 주요 추진수단은 범이었으나 바람에 용이하지 못해 다단노선을 따라다닐 수 없을 때에는 라운드선이 다단노선에 예인되었다.

지금까지 노선시대 함선의 공학적인 특성과 항해특성을 고찰했다. 이제부터 노선시대 해군이 사용한 무기에 대해 살펴보고자 한다.

2. 무 장

본장 서문에서 노선의 경우에 그 공격무기가 함수에 배치되어 있었다는 것과 노가 방해적 요소가 되었다는 것을 이미 언급한 바 있다. 노선에 탑재한 공격무기는 탑승한 전투원들이 육상전투에서 사용한 동일한 무기와 방법으로 전투에 돌입할 수 있도록 함으로써 미리 적의 함선을 파괴할 목적을 갖고 있었다. 사실 함대는 공격무기를 사용하지 않으면서도 적의 함선을 많이 격침시키고 다시 복구할 수 없도록 파괴하였다. 그리하여 적의 잔여함선이 도주할 수밖에 없게 하였다. 그러자 승리는 전투원의 수 또는 용맹성에서 적을 압도할 수 있는 측의 함대에 돌아갔다.

화기가 발명되기 이전에는 함선의 기본무기는 함수에 부착된 돌출부였다. 3단노선의 경우 이 돌출부는 흘수선 바로 아래 부착되어 있었다. 동·철 또는 금속판으로 감싼 단단한 나무로 된 돌출부는 삼

4. 함선의 특성   89

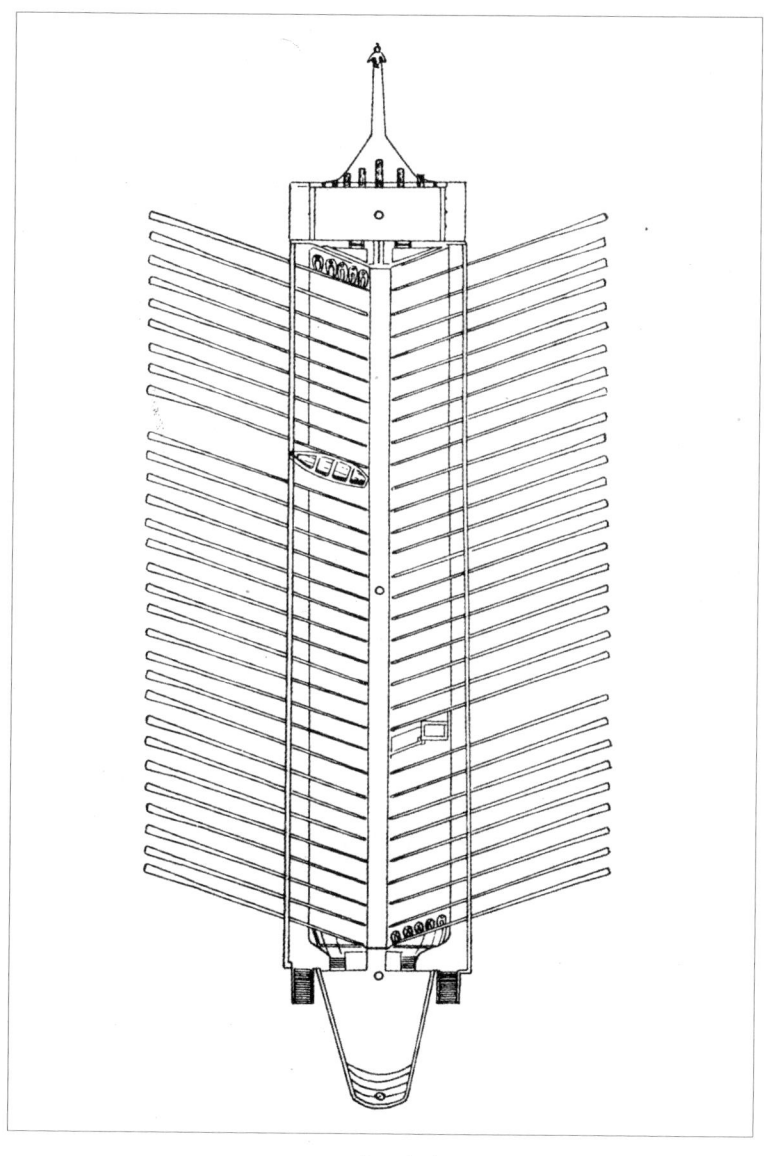

[그림 3]

각추 또는 원추형의 돌출부였다. 로마 함선 가운데는 창 모양을 한 것도 많았다. 뱃전으로 그다지 많이 튀어나오지는 않았지만 동물의 머리를 상징한 프로엠블레온이라는 제2의 돌출부도 있었다. 제2의 돌출부는 함선의 뱃부리가 너무 깊이 박혀 침몰하는 적함과 함께 침몰하는 위험을 방어할 목적이었다.

보치노Michele Vocino는 갤리에 대하여 다음과 같이 기술하였다.

갤리의 함수는 갑판 높이도 길고 점점 뾰족해져 끝이 아주 날카로웠다. 끝을 이렇게 예리하게 한 목적은 충각으로 적 갤리의 현측판과 노, 파비세이드를 동파하기 위한 것이었다. 이 돌출부는 뱃부리라고 불리었다. 이 돌출부는 로마 함선의 뱃부리와는 매우 차이가 있었으나 적함의 상층 구조물보다는 함선의 수면 아랫부분에 파공을 내기 위해 흘수선 밑에 부착되었다. 그후 포의 사용과 더불어 백병전 전술이 사라진 뒤로는 뱃부리가 제1사장bowsprit으로 역할하였다.

충각이라는 개념에 합당하게 고안된 이런 전투무기 외에도 당시의 함선은 갖가지 형태의 전투장비를 갖추었다. 여러 가지 무기가 통용되었으나 모든 무기가 다 치명적인 손상은 준 것은 아니었다. 그럼에도 불구하고 충각 또는 백병전이 수행되기 전에 적의 함선을 파괴한다는 개념에 그 취지를 두었다. 이것은 활 또는 쇠뇌의 원리를 이용해 발사되는 탄도를 가진 무기들이었고, 묵직한 돌 또는 방화장치가 발사되었다. 비잔틴 시대의 함선은 함수와 현측에 설치된 관을 통해 발사되는 그리스 화염Greek Fire이라 불리는 방사용 혼합용액이 사용되었다. 이것이 오늘날 화염방사기의 기원이 되었다.

다음으로 적함을 충각한 뒤 걸어잡기 위한 것으로서 긴 막대기에 달린 갈고리와 체인 끝에 부착된 갈고리가 있다. 백병전이 임박하면 돌핀이라는 것을 사용하기도 하였다. 이것은 금속체로 된 돌고래 머리모양의 무거운 들보로서 적함의 현측을 파괴할 목적으로 야드의 맨 끝에서 떨어지게 만든 것이다.

보다 특수한 장치로는 두일리우스 Gaius Duilius 집정관 시대에 로마인이 고안하고 그들만이 사용했다는 커브스라는 장치가 있었다. 이것은 기원전 260년 카르타고와 밀레해전에서 처음 사용되었다. 커브스는 함수에 설치되어 좌우로 회전할 수 있는 도교渡橋의 한 유형이었으며, 끝에 철로 된 단단한 갈고리가 붙어 있었다. 이것이 적함에 가로질러 놓여지면서 갈고리 구실을 하였는데, 이 위를 통해 로마 병사들이 적함에 날렵하게 뛰어오를 수 있었다. 그러자 해상전투는 곧 육상전투의 형태로 전환되었다. 폴리비우스가 언급했듯이, 이런 전투에서는 로마 병사들이 카르타고 병사들에 비해 훨씬 숙련되어 있었다.

함선에 탑재된 화기가 처음으로 사용된 해전은 지에리크지해전 Battle of Zierikzee(1304)이었다. 이 해전에서 제노아군의 그리말디 제독은 플란더즈군을 격퇴하였다. 당시 제노아군은 스피링필드라는 무기를 장비하였는데, 이 무기는 발사력이 다른 투석기보다 강력하지는 않았지만 다루기가 쉬웠다.

그 후 대포가 널리 사용되었다. 갤리는 모두 대포로 무장하였다.

장착된 5문의 대포는 용골과 평행으로 함수발사대에 설치되었다. 이 대포는 선회가 불가능하여 포를 조준하기 위해서는 함수가 적함을 향해야 했다. 그 가운데 중앙의 대포는 50파운드의 포탄을 발사하였다. 그보다 작은 양측의 대포는 부포demicannon로 불렸다. 통로의 맨 끝에 설치된 중앙의 대포는 함수포bow chasher로 명명되었다.

이제 갈레아스에 관한 것을 언급함으로써 지금까지 소개한 내용을 간략히 결론짓겠다. 갈레아스는 다단노선에서 전장범선full-rigged ship 으로 전환되는 과정에서 출현한 대표적인 함선이었다. 다음은 프라 카롤리가 갈레아스에 대해 설명한 내용이다.

대형 갤리 또는 상업용 갤리라는 것이 있었다. 이 선박은 군용 갤러와 비슷하지만 상업해운을 목적으로 건조되어 폭이 넓은 배였다. 이 선박으로부터 갈레아스가 유래되었고, 갈레아스는 노선시대의 군함에서 범선시대의 군함으로 전환되는 과정을 상징하는 함선이었다.

처음 등장당시 갈레아스는 비록 소형이며 저속이었으나 갤리보다 중무장을 하였다. 그 후 갈레아스는 선체의 길이가 70미터로 늘어났고, 승조원도 1,200명이나 되었다.[승조원은 450~500명의 노수: 노의 길이가 15미터를 넘어 각 노에는 7명 이상의 인원이 필요하였으며, 350~400명의 병사와 약 40명 정도의 포요원 그리고 함장과 참모들로 구성되었다]

갈레아스는 대형 삼각범용과 전부갑판 및 후부갑판에 3개의 마스트를 장비한 중무장 함선으로 전위를 형성하는 데 적합하게 설계되었다. 즉 전열에서 싸우기보다는 적함을 공격할 때 선봉역할을 한 것이다. 무장은 프랑스인 건조자의 의도에 따라 배치되었다. 그는 1410년경에 현측에서 포를 발사할 수 있도록 포문을 만들었다. 대형 갈레아스는 갑판 수대로 포대를 3열로 배치했고, 총 36문의 대포와 64문 투석기를 갖추었다.

그러므로 갤리와는 달리 갈레아스는 건현이 매우 높았으며 노좌가 있는 갑판은 포대가 설치된 갑판보다 낮았다.

94   세계사 속의 해전

쉼터

5. 전 술
Tactics

1. 진형과 기동술

고대에서 가장 단순하고 유지하기 쉬운 진형은 종렬진column 또는 line ahead이었다. 이 진형은 종대와 비슷한 진형이다. 종렬진은 항해를 위해서는 가장 편리한 진형이지만 충각 또는 함수에서 무기를 발사하거나 함수에 전사를 배치하는 함선과의 전투를 위해서는 부적절한 진형이다. 전투를 위한 기본진형은 모든 함선의 함수가 일제히 적을 향해 돌진할 수 있는 횡렬진line abreast이 되지 않으면 안된다.

횡렬진으로부터 다음의 몇 가지 진형이 파생되었다.〔그림 4참조〕

오목초승달진(concave crescent) : 양익이 적과 가장 접근한 진형.
볼록초승달진(convex crescent) : 중앙의 함선이 적과 가장 근접한 진형.
쐐기진(wedge) : 정점이 적을 향해 돌진하는 진형.

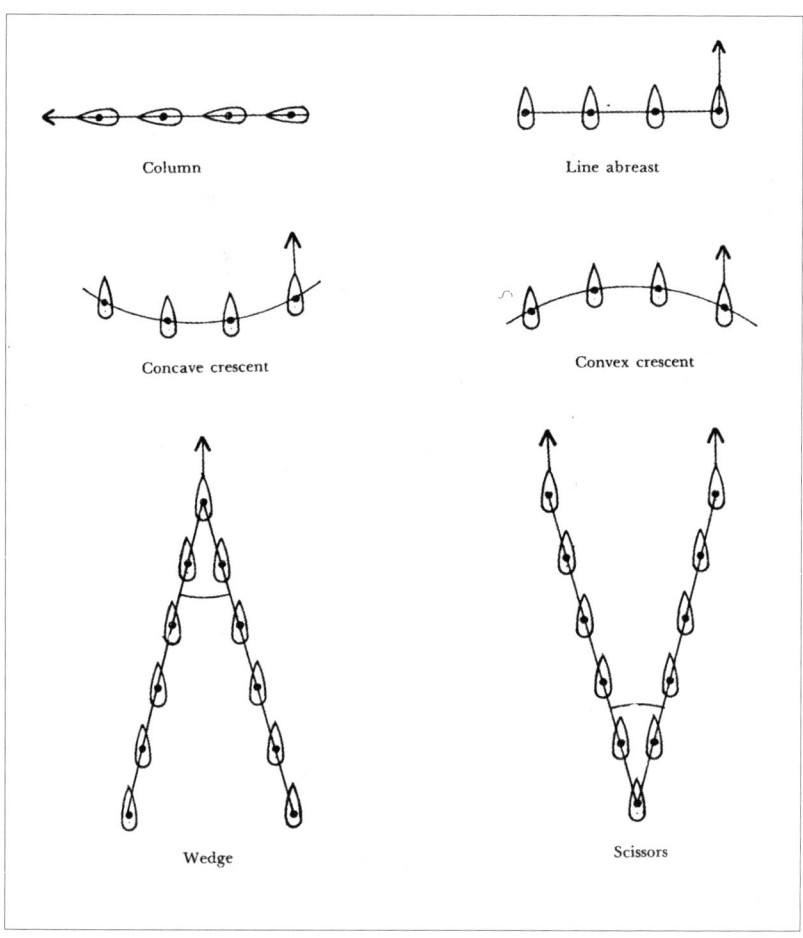

[그림 4]

가위진(scissors) : V자 진형으로 정점이 적으로부터 멀리 떨어져 있고, 양익이 적을 향해 뻗친 진형.

다수의 전대가 관련될 때, 함선은 전투를 위해 여러 열로 전개하여 다른 전대를 증원할 수도 있었다. 이 때 각 열은 동일한 진형으로 전개할 수도 있었고, 때로는 전부에서 일반적으로 곡선을 채택하는 서로 다른 진형으로 전개할 수도 있었다.

또 다른 전투진형으로는 1개 전대가 다른 전대의 중심에 위치하는 원형진이었다. 이 원형진은 그리스와 페르시아 사이에 있었던 아르테미시움해전Battle of Artemisium(480 B.C.), 아테네와 펠로폰네소스의 나우팍투스해전Battle of Naupactus(429 B.C.)과 제노아 베니스 사이의 두라조해전Battle of Durazzo(A.D.1081)에서 채택되었다.

기동에 관해서는 사실 믿을 만한 자료가 없다. 그래서 어느 한 진형에서 다른 진형으로 전환할 때 어떤 기동을 취했는지는 확실하지 않다. 그러나 다음과 같은 두 가지 방식이 폭넓게 사용될 수밖에 없었으리라 본다. 하나는 종렬진에서 횡렬진으로 전환하거나 횡렬진에서 종렬진으로 전환할 때 90°의 일제회전을 하는 기동이고, 다른 하나는 진형의 방향을 바꾸기 위한 종전wheeling을 사용했을 것이라는 점이다. 이 두 가지 기동에 추가하여 각 함선이 선두함의 항로를 따라 변침하는 종진기동column movement 또는 후속기동evolution in succession도 사용되었다.[그림 5 참조]

90° 일제회전보다 더 많은 각도로 이루어진 기동 또는 전투의 필요성에 따라 90°보다 크거나 작은 각도로 행한 일제회전도 있었다. 180°가 최대로 회전할 수 있는 각도이며, 이 회전은 원래의 진로와는 정반대 방향을 취한다는 의미였다.

신호체계가 미숙한 상태여서 신호의 신뢰성은 기함의 기동에 따

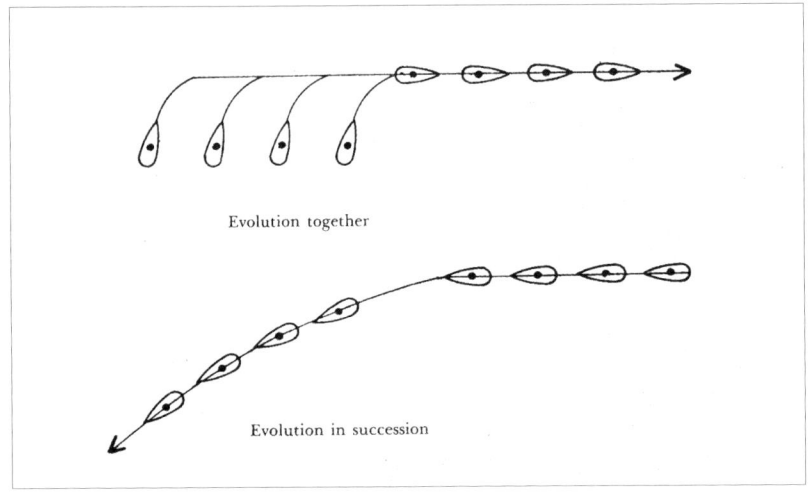

[그림 5]

라 행동하는 지휘관들의 협동노력 여하에 달려 있었다.

2. 전술개념

당시에는 함선의 공격무기가 함수에 집중되어 있었다. 때문에 대적하고 있는 해군은 함수가 적을 향하도록 하면서 전투에 돌입하려고 집중하였다. 일단 이러한 기선을 제압한 함대가 전술적으로 유리했던 것이다. 한편 바람이나 파도가 제법 있는 경우에는 적의 풍상 쪽에 위치하는 것이 좀더 유리하였다. 그럴 경우에 함수가 바람과 파도를 향함으로써 발생하는 불편과 속력의 손실없이 바람을 따라 공격할 수 있었다.

다음으로 연안항해를 주로 하던 당시의 경우다. 이 때는 노선 사이의 전투가 대부분 해안 가까이에서 발생하였다. 전투에 임하는 함대는 자신의 측방을 갑·사주 및 해변과 같은 자연적 장애에 근접시켜 전개함으로써 또 다른 전술적 이점을 취할 수 있었다. 이렇게 하면 포위하려는 적의 기도로부터 가급적 방호할 수 있었기 때문이다.

대적하는 적 함대는 서로서로 접근하면서 앞서 언급한 전술적 이점을 어느 쪽이 먼저 하나 또는 그 이상을 취할 수 있는지를 경쟁하였다. 대적하는 두 함대는 대부분 기동 또는 반대기동을 실시한 결과에 따라-자연적 장애나 양측 지휘관의 상반된 획기적인 전술이 없다면-각각 상대방과 평행되는 선상에 횡렬진, 오목초승달진 대 볼록초승달진 또는 쐐기진 대 가위진으로 전개하였다.

가령 대규모의 전개는 같은 규모의 적진에 대항하여 다음과 같이 직진하는 전개방식을 채택하였다. 본대가 적의 중앙을 타격하는 순간 적을 포위할 수 있는 두 개의 분산된 양익을 형성하기 위해 여분의 함선으로 두 개의 반쪽 가위진을 중앙선의 양단에 배치하였다. 그렇지 않으면 절호의 순간에 백병전에 투입하거나, 적의 아주 취약한 부분에 치명적인 일격을 가할 수 있는 예비대로 사용할 목적으로 둔 여분의 함선으로 제2선을 형성하였다. 이런 예비대의 개념은 소규모 전대에서도 유용하였다. 예비대의 운용은 적 진형의 일부분에 대해 우세를 확보하고, 나아가 적을 혼란시키는 유일한 방책이었다.

비록 노선 사이의 일반적인 전투양상인 백병전에 앞서 병사들을 투입하기 위해서는 무엇보다 충각이 선행되어야 했지만, 그와 같은 접촉을 달성하는 방법은 각 지휘관의 작전 양상에 따라 크게 달랐다. 각 단위부대가 전투를 위해 전개하면 노수들이 적진에 돌진하고 적을 분리시켜 혼란에 빠뜨리고자 사력을 다하는 동안 두 전대가 접근하였다. 당시에는 지휘관의 기동능력과 개인적 용기가 함선 사이의 전투 또는 함선집단 사이의 전투에서 적을 격파하는 데 크게 기여하였고, 나아가 그것은 전투결과에 중대한 영향력을 미쳤다.

일반적으로 당시의 각 함선은 적의 선체를 충각하여 적함을 침몰시키려던 데 반해 적의 충각을 피하는 것도 마찬가지로 중요하였다. 각 함선은 충각과 백병전이 일어나기 전에 각자의 투석무기 - 쇠뇌와 포 - 의 사정거리 안에 들어오면, 먼저 적함을 손상시키려고 이들 무기를 서로서로 발사하였다. 상대함이 충각되었든 되지 않았든 상관없이 어느 전투에서든 백병전이 최후의 국면이 되었다.

3단노선의 충각기술은 갤리의 경우와는 달랐다. 3단노선은 적함의 선체에 파공을 내려고 노력하였고, 갤리는 적함의 현측판과 노를 파괴하려고 시도하였다. 이를 위해 3단노선은 적함의 현측에 가능한 한 직각으로 충각을 가하지 않으면 안되었다. 반면 갤리는 적함의 노를 가능한 한 많이 부수기 위해 경사진 각도로 충격을 가하는 것이 유리했다.

백병전이 임박하면 전투는 병사들이 떠맡았다. 병사들은 일단 화살·투창·화승총 등을 발사한 뒤 마침내 칼 따위를 사용하는 백병

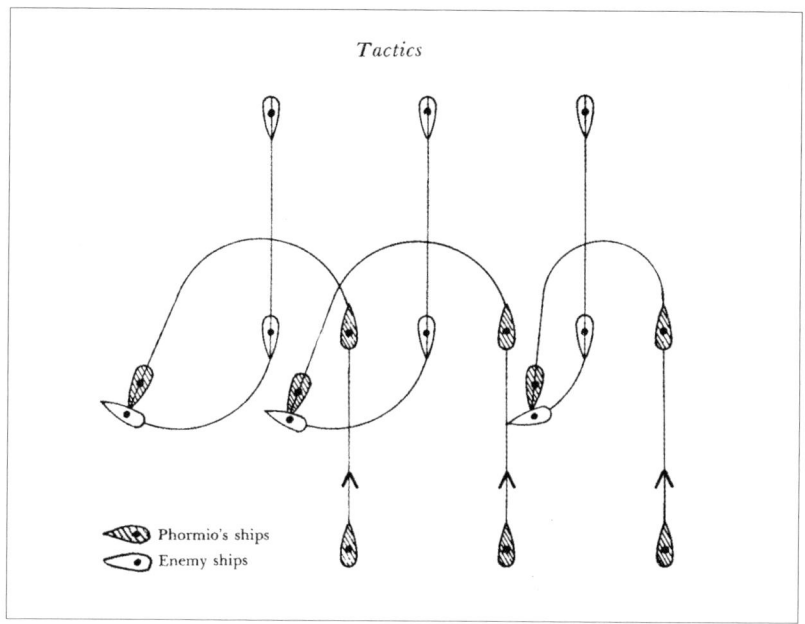

[그림 6] 포르미오의 도치기동

전에 투입되었다. 이들의 활약은 어떤 전투에서든 최후의 결과를 만들었다.

아테네함대 사령관인 포르미오Phormio가 다수의 함선이 동시에 반대방향으로 회전하는 특수한 전술기동을 구상했다. 포르미오는 적의 의표를 찌르는 이러한 기동으로 여러 전투에서 승리를 거두었다. 그리스에서는 이 기동을 도치기동anastrophe 또는 선회기동wheeling movement 이라 불렀다.〔그림 6 참조〕

아테네의 3단노선의 기동성이 적함보다 뛰어나다는 이점을 이용해 포르미오는 진형을 단순하고도 조종이 쉽게 유지하였다. 그리하여 적 진형 속 함선 사이로 과감하게 뚫고 들어가 방향을 전환한 뒤 적함을 충각하기 위해 돌진했다. 포르미오의 기동에 의해 기습당한 적함은 함수 대 함수의 상태를 만들기 위하여 방향을 전환하려고 했다. 그러나 그 때는 이미 포르미오의 함선들이 함수를 반대방향으로 전환하고 난 뒤였다. 때문에 적함은 고작 90° 일제회전을 집행할 수 있는 여유밖에 없었다. 이를 놓치지 않은 포르미오의 함선은 적함의 현측을 충각할 수 있었다.

6.
해전연구
Illustrative Battles

　이 시대에 발생한 해전에 관한 해전연구는 역사적으로나 전술적으로 중요한 3개의 해전을 고찰함으로써 소기의 목적을 달성할 수 있으리라 본다. 미온네서스해전·쿠르졸라해전 및 레판토해전의 전례가 그것이다.

　미온네서스해전은 열세한 측이 그의 세력을 배진 내의 한 곳에 집중시켜 적을 공격함으로써 승리를 거둔 해전이었다. 쿠르졸라해전은 전투의 결정적인 시기와 장소에 투입할 수 있는 예비대를 자신의 공격부대에 남겨둔 채로 성공을 거둔 고전적인 해전이었다. 또한 레판토해전은 노선시대 최후의 해전이자 가장 복잡했던 대해전이었다.

　여기서는 모든 해전을 상세히 살필 수 없다. 그래서 우선 이들 세 해전의 상황에 대해 설명하고자 한다. 이렇게 하는 것이 해전의 일반적 특성과 전술개념을 이끌어 내려는 이 책의 집필 목적과 일치할 수 있기 때문이다.

1. 미온네서스해전 Battle of Myonnesus 또는 Batte of Teos(190B.C.)

이 해전은 로마군이 시리아의 대왕이라 일컫는 안티오커스 3세 Antiochus III에 맞서 투쟁하던 기간에 발생한 세번째 해전이자 최후의 해전이다. 기원전 190년에 발생한 이 해전을 통해 로마는 에게해에서 확고한 해상통제권을 장악하였다.

고대 리디아는 사모스해협과 치오스해협 사이에 있는 소아시아 연안에 위치하여 북쪽에서 남쪽으로 열린 두 개의 만과 접하고 있었다. 그 하나가 코라카곶과 미온네서스곶 사이에 있는 테오스만이고, 다른 하나는 미온네서스곶과 사모스해협 사이에 있는 에페서스만이다.

기원전 191~192년 겨울 코라카곶 근해와 시대 근해에서 발발한 여러 해전을 통해 소아시아 주변해역의 통제권을 획득한 로마군은 이곳 해안에 상륙할 준비를 하고 있었다. 한편 안티오코스 역시 상실한 해상통제권을 회복하고 로마군의 상륙을 방해하고자 시리아함대를 증강하고 있었다.

로마의 동맹군이었던 페르가뭄 Pergamum의 왕 유메네스 2세 Eumenes II는 휘하의 함대를 보유하고 있었다. 시리아 전대의 사령관인 로도스의 망명자 폴릭세니다스 Polyxenidas는 로마 전대가 유메네스 전대와 합류하기 전에 전투를 하려고 갈망하였다. 그는 6척의 6단노선과 2

척의 7단노선을 포함한 89척의 전함대를 지휘하여 에페서스를 출항하였다. 미온네서스곶을 돌아 로마의 해군세력이 집결한 테오스를 기습하려는 목적으로 그는 테오스를 향하였다.

로마군의 연합세력은 80척으로 구성되어 있었다. 그 가운데 22척은 유다마스 장군의 지휘 아래 있는 로도스 전대였다. 마침 시리아 함대가 접근한다는 정보가 로마군의 선두에서 해상으로 진출하려던 레질러스Regillus 제독에게 통보되고, 또한 로도스 전대 역시 항구를 출항한 상태여서 시리아군의 기습은 성공하지 못했다.

전투는 다음과 같은 초기의 상황으로부터 전개되었다. 로마의 함선은 횡렬진을 형성한 상황에서 함수가 외해를 향해, 다시 말해 적함을 향해 있었다. 레질러스는 맨 오른쪽에 위치했고, 로도스함선은 로마 진형의 훨씬 뒤 오른쪽에 위치해 있었다. 시리아 함선은 단종렬진으로 로마 전대의 진형보다 훨씬 더 긴 진형을 이루었으며[89척 대 58척], 로마 전대의 우익을 측면으로 포위하기 위해 맹렬히 전진하였다.[그림 7 참조]

그러나 폴릭세니다스의 의도를 미리 간파한 유다마스는 휘하의 함선 22척을 재빨리 전진시켜 적이 위협하던 방향에서 수적인 우세를 확보함과 동시에 로마의 진형을 포위하려던 시리아 측의 기도를 방해하였다. 그리고 과감하게 시리아 진형의 선두함을 공격하였다. 한편 로마 함선은 적함의 중앙을 돌파한 다음 남쪽으로 분산된 적을 측면으로 포위하였다.

맹렬한 전투 끝에 시리아 측은 총 42척의 함선을 잃었다. 그 가운

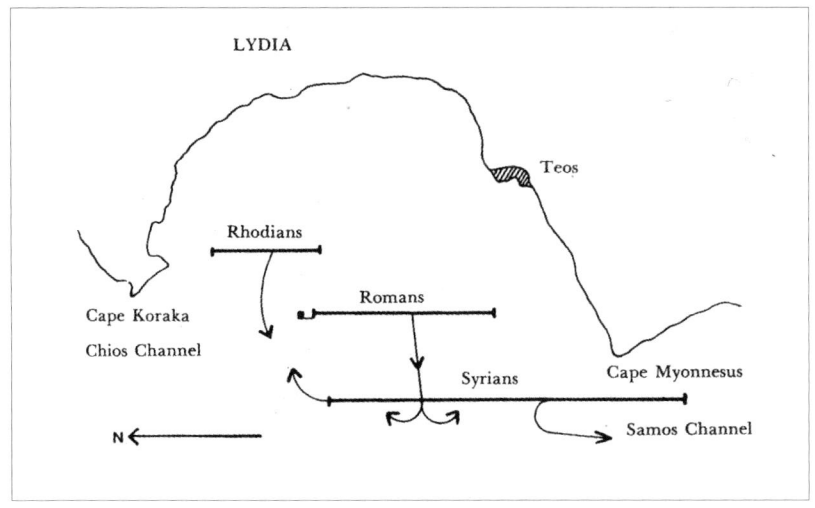

[그림 7] 미온네서스해전

데서 13척은 로마 함선에 나포되었고, 나머지는 화염에 싸였거나 침몰되었다. 로마 측에서는 3척의 함선만 상실하고 몇 척만 손상당하는 데 그쳤다. 폴릭세니다스가 괴멸적인 패배를 당한 것은 대부분 종렬진을 후미에 두었기 때문이다. 그래서 그는 전투에 참여할 기회조차 없던 나머지 함선을 이끌고 황급히 달아났다.

소실된 시리아 함선은 기습적인 책략에 의해 희생된 것이다. 로마 함선의 일부는 함수가 불타는 것을 그대로 방치한 채 공격했다. 그러나 불이 붙는 것을 두려워 한 시리아 함선은 충각하려던 기도를 포기했다. 그 결과 시리아 함선은 결국 충각을 당했고 불태워진 것이다.

이것은 시리아 함선이 막대한 손실 겪은 부분적인 원인에 지나지 않았다. 그보다 로마군이 전술적으로 크게 성공한 데에는 몇 가지 요인이 더 있었다. 즉 로마군의 우익을 포위하려는 폴릭세니다스의 탁월한 책략을 좌절시킬 때 유다마스가 이용한 속력, 로도스 전대의 지원을 받으며 의도된 장소에서 수적인 우세를 획득하면서 적의 진형을 돌파하고 적을 포위한 로마 전대의 결정적인 행동과 전투원들이 보여준 용맹성, 그리고 지휘관들의 뛰어난 기동능력 등이 그런 성공을 거두게 한 요인들이었다. 가보티G. Gavotti 제독은 미욘네서스 해전을 고찰한 뒤 이렇게 말했다.

포위된 세력을 도울 수 있는 적의 함선이 도착하기 전에 우세한 세력으로 적 세력의 일부분을 압도한다는 것은 늘 모든 전술개념의 기초가 되는 동시에 승리를 보증하는 첩경이며, 앞으로도 이 원칙은 변함이 없을 것이다.

주지하는 바와 같이 이런 원칙에 가장 정통한 인물은 바로 해상에서는 넬슨이었으며, 육상에서는 나폴레옹이었다.

2 쿠르졸라해전 Battle of Cruzola(1298)

가보티는 쿠르졸라해전에 대해 다음과 같이 기술하였다.〔그림 8 참조〕 1298년 9월 8일에 발생한 이 해전은 전술적 관점에서 노선시대 해

108 세계사 속의 해전

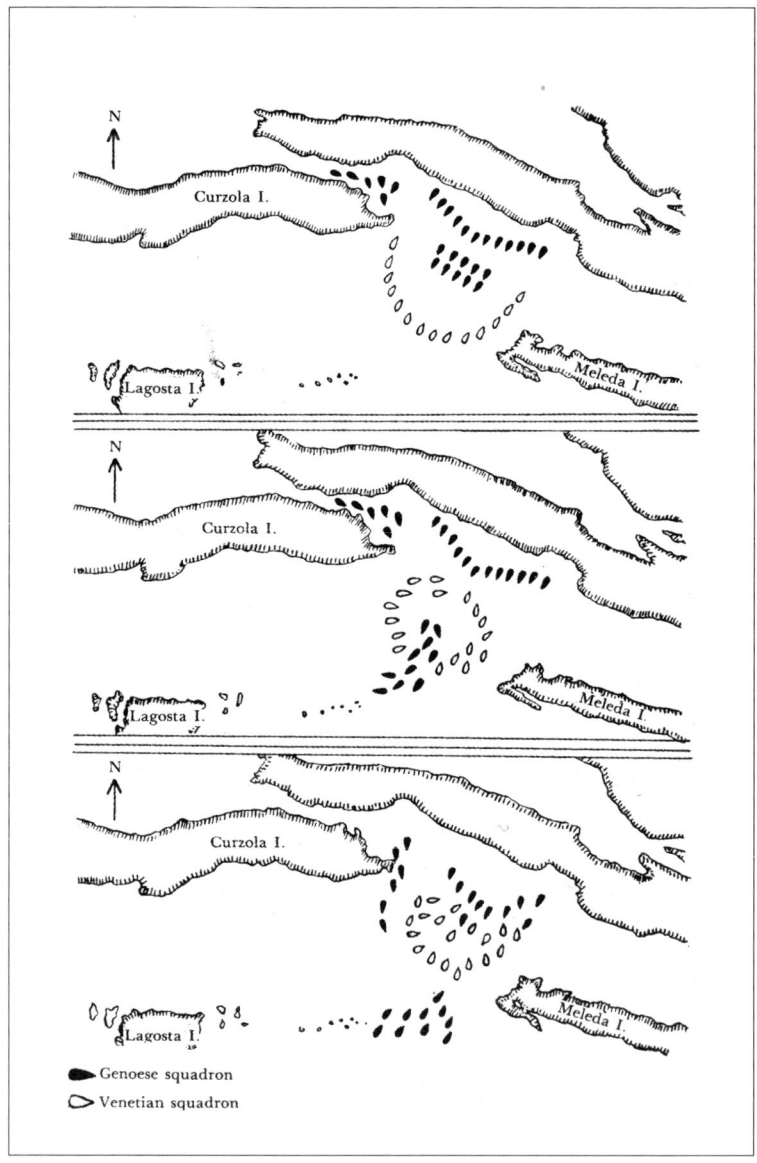

[그림 8] 쿠르졸라해전

전 가운데 중요한 해전의 하나다. 이 해전으로 제노아 해군과 제노아의 젊은 제독인 도리아는 아주 영광된 날을 맞이하였다.

　베니스 해군은 단돌로Andrea Dandolo가 지휘하는 96척의 갤리선으로 구성되었다. 이에 반해 제노아 해군은 76척을 보유하였다. 수적인 열세에도 불구하고 멜로리아해전Battle of Meloria(1284)과 그의 조상 오베르토 도리아Oberto Doria의 전술을 염두에 둔 람바 도리아는 15척의 함선을 별도로 분산시켰고, 유독 자신의 신호에 의해서만 교전에 응하도록 명령했다. 제노아함대는 적을 공격하려고 전진할 때 육지에서 해상으로 불어오는 바람의 이점을 이용하도록 갤리의 함미를 해안을 향해 배치하였다.

　한편 베니스함대는 오목 초승달진을 형성하였다. 10척의 갤리로 구성된 제노아함대의 전위는 대담하게 적진을 향해 공격함으로써 적의 전투진형을 분리시켰다. 이 전위 전대는 비록 포위되기는 하였지만, 베니스 진형의 일부를 혼란에 빠뜨리게 하는 데 성공하여 초전에 기선을 잡았다. 이러한 성공의 이면에는 최초의 공격을 선도한 도리아의 아들이 희생되는 대가가 뒤따랐다.

　대기하고 있던 제노아 함선들은 육지로부터 세차게 불어오는 바람을 등에 지고 혼란에 빠진 베니스함대로 돌진하였다. 그런 뒤 맹렬한 백병전을 전개하였다. 제노아함대는 함선의 전부갑판에서 끓는 기름과 모래가 뒤섞인 생선조각을 퍼부었다. 이 혼합물은 바람을 따라 베니스 해군의 눈에 날아들어 갔고, 이로 인해 베니스군의 행동은 마비되었다. 절정의 순간을 맞이한 도리아는 예비대로 편성해

둔 15척의 갤리에게 미리 약속한 신호를 보냈다. 이에 따라 예비대는 붕괴되기 시작한 베니스함대의 측면과 배후에서 날카로운 공격을 가함으로써 승리를 쟁취했다.

이 해전에서 베니스 함선 가운데 84척이 항복했고, 나머지 12척은 도주하였다. 그리고 7,400명이 포로로 잡혔고, 1만 명이 전사하였다. 이에 반해 제노아함대는 600명이 전사하였다. 쿠르졸라해전에서는 베니스 갤리가 단 한 척도 침몰하지 않았지만, 멜로리아해전에서는 제노아함대가 피사의 갤리 6척을 침몰시켰다. 대승을 거둔 도리아는 항해하기에 부적합한 베니스 함선 66척을 쿠르졸라 해안에서 불태워 버렸다. 나머지 18척은 포로를 승선시켜 본국으로 송환하였는데, 이 가운데는 단돌로와 마르코 폴로가 포함되어 있었다. 자신의 패배에 부끄러움을 참을 수 없던 단돌로는 자신을 가둔 갤리 마스트에 머리를 부딪쳐 자살했다.

도리아 제독은 이 해전에서 세 가지 책략을 강구하여 승리를 거두었다. 육지로부터 불어오는 세찬 바람의 이점을 이용했고 신속하게 적을 공격함과 동시에 포위되는 것을 피하기 위하여 함선의 후미를 향해 함선을 배치하였다. 그리고 베니스함대의 오목 초승달진을 돌파하였으며, 함선들이 적의 진형에 도달하자 방향을 반대로 전환시켜 또다시 포위된 적함들을 공격하였다. 또한 전투가 절정에 달했을 때 15척의 예비함선을 전투에 참가시켜 방향감각을 상실한 적함들을 공격하였다. 그 결과 도리아는 동시에 3면에서 적을 공격하였다. 멜로리아해전에서처럼 이 해전에서도 예비세력은 승패의 결정적

요소가 되었다.

3. 레판토해전 Battle of Lepanto(1571)

　　1571년 10월 7일 기독교연맹 해군이 터키함대와 대결한 레판토해전은 지중해에서의 터키의 우세에 종지부를 찍었다. 모든 도서관에 레판토해전에 관한 기록이 비치되어 있으나, 저자마다 대항세력에 관한 계산과 사실에 관한 설명들에 대해 각기 다른 의견을 제시하고 있다. 그러나 일반적으로 말해 참가세력의 비율에 관해서는 그다지 큰 차이는 없다. 그리고 이 해전에 관한 요약된 해설도 많지만 그 실제성에 있어서나 정확성에 있어서만 서로 다를 뿐이다. 이에 필자는 프라카롤리의 『통나무 배 시대부터 항공모함 시대까지 From the Pirogue to the Aircraft Carrier』라는 저서를 근거로 보충 설명함으로써 여기에 대해 언급하고자 한다.〔그림 9 참조〕

　　기독교연맹의 후원 아래 베니스〔갤리 105척, 갈레아스 6척, 갤리엇 10척〕·교황·사보이 Savoy·제노아·몰타·나폴리·스페인〔갤리 31척, 갤리엇 20척〕, 그리고 여러 이탈리아의 귀족들은 각각 함선과 인원을 제공하였다. 돈 존 Don John of Austria 사령관이 지휘하는 기독교연맹의 세력으로는 갤리 209척, 갈레아스 6척, 화물선 30척과 병사 2만 8천 명, 승조원 1만 2,920명, 노수 4만 3,500명 그리고 대포 1,815문이 동원되었다.

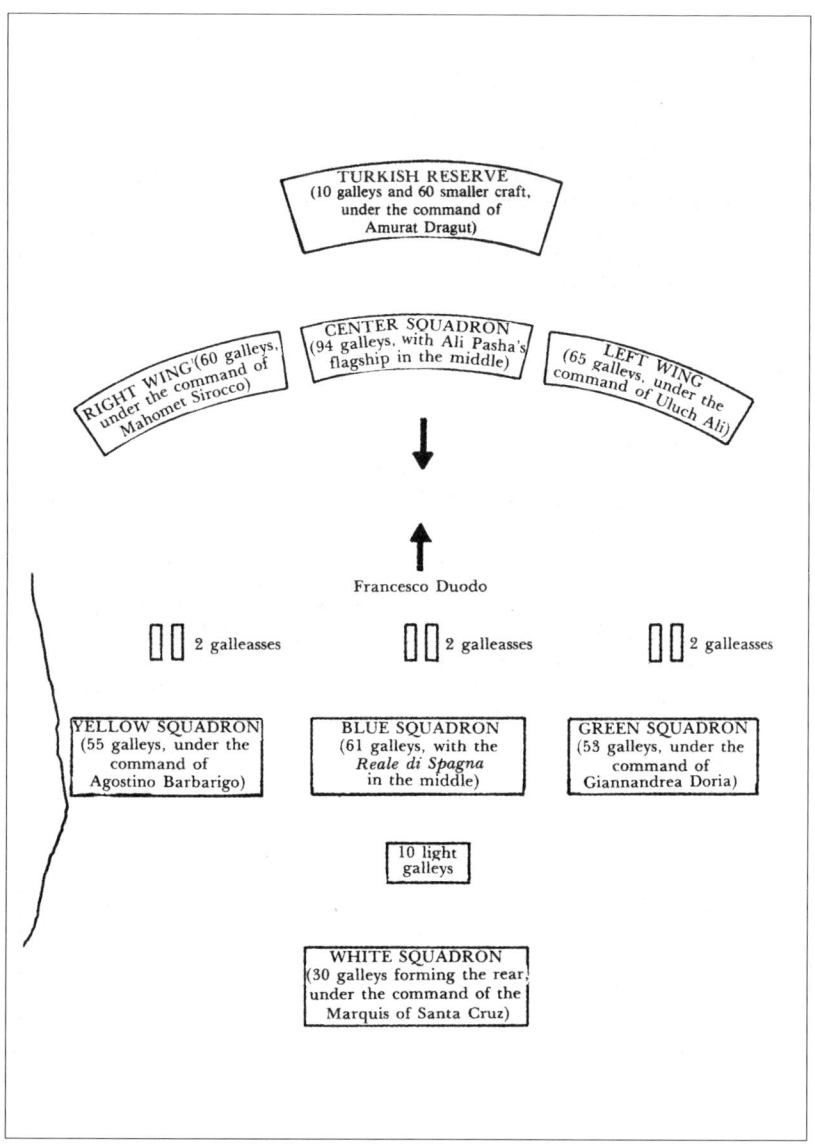

[그림 9] 레판토해전

이에 맞선 터키 측에서는 229척의 터키 갤리와 60척의 소형함선이 알리 파샤의 지휘 아래 집결하였다. 터키함대의 병력은 병사 3만 4천 명, 승조원 1만 3천 명, 노수 4만 1천 명으로, 기독교 측보다는 약간 우세했으나 대포는 750문에 불과하였다.

돈 존은 전대의 주력을 횡렬진으로 전개하고 깃발의 색에 따라 지정한 3개의 전대로 편성했다. 중앙에는 61척의 갤리로 구성된 청색전대를 배치시켰다. 여기에는 돈 존의 기함인 레알 디 스파냐*Reale di Spagna*, 교황의 기함, 사보이의 기함, 베니스의 기함 및 제노아의 기함이 배속되었다. 우측에는 도리아의 지휘 아래 53척의 강력한 갤리로 구성된 녹색전대가 전개하였다. 좌측에는 바르바리고가 지휘하는 황색전대가 배치되었는데, 이 전대는 베니스의 함선이 주력을 이룬 55척의 갤리로 구성되었다.

각 전대의 갤리들은 매우 밀집된 진형 내에서도 행동할 수 있도록 명령받았는데, 인접한 갤리와의 사이에는 겨우 노를 저을 수 있는 정도의 여유밖에 없었다. 전대 사이의 간격도 75미터에 불과했다. 6척의 갈레아스가 두우도의 지휘 아래 2척씩 3개 전대로 편성되어 각 전대의 전위를 형성하였다. 10척의 경갤리가 5척의 기함을 지원하기 위해 후미에 배치되었으며, 1마일 후방에는 30척의 갤리로 구성된 백색전대가 후위전대를 맡았다.

터키 전대 역시 3개의 전대와 1개의 예비대로 편성되었다. 중앙전대는 94척의 갤리와 함께 총사령관인 알리 파샤가 맡았다. 알렉산드리아의 지사인 마호메트 시로코가 지휘하는 우익은 60척의 갤리로 구성되었다. 좌익은 알제리아의 왕 울루치 알리의 지휘 아래 65척의 갤리로 배치되었다. 알리 파샤 전대의 후방에 배치된 예비대는 10척의 갤리와 60척의 소형함선으로 구성되었고, 아무라트 드라구트의 지휘 아래 있었다.

10월 7일 오전, 전투준비를 한 두 함대가 북쪽으로부터 남쪽으로 진형을 전개하였다. 기독교함대는 서쪽에, 터키함대는 동쪽에 각각 위치하며 대기하였다. 기독교 함대는 적이 포위하는 것을 곤란하게 하기 위해 좌익을 연안 가까이 배치해 두었다.

시원하게 부는 남동풍은 터키함대에게 유리했다. 수적으로 우세하여 승리를 확신한 알리 파샤는 기독교 함대의 중앙을 공격하기로 결심하였으며, 그와 동시에 시로코 전대의 일부를 이용해 기독교 중앙전대의 좌익을 포위하려 하였다. 터키갤리들은 모두 돛을 이용하여 기독교연맹 전대를 향해 전진하였다. 기독교 측 함선들은 운율에 맞추어 노를 저어 바람을 따라 이는 잔물결을 헤치며 서서히 접근하였다.

그런데 갑자기 남동풍이 멈추자 터키 함선들의 돛은 더 이상 바람을 이용할 수 없었다. 때문에 속력이 늦추어지면서 방향을 잃고 정지상태에 빠졌다. 정오가 가까워질 무렵 이번에는 기독교 함대에게 유리한 서풍이 잔잔하게 불기 시작하였다. 마지막으로 전열을 확인한 돈 존은 병사들을 격려하고 전투태세를 다시 갖추도록 명령하였다.

중앙에 위치한 청색전대는 완벽하게 전개를 완료하였으며, 좌측의 황색전대도 전개를 마쳤다. 그러나 우측에 위치한 도리아 전대의 갤리들은 다른 전대로부터 너무 떨어져 기동하였다. 이것은 마치 제노아의 제독이 현장을 탈출하려는 기도처럼 보였다.

그 때 알리 파샤는 원거리에서 돈 존의 갤리에게 포격을 개시함으로써 도전하였다. 돈 존도 즉시 응전하며 이교도를 향해 포효했다. 마호메트교의 녹색기가 신선한 서풍을 받으며 화려하게 펄럭였다.

한편 교황이 하사한 진홍색의 대형기가 레알 디 스파냐함의 마스트에 게양되자 모든 기독교 제후들의 기는 하강되었다. 그러자 무릎을 꿇은 병사들은 일제히 진홍색 깃발의 지휘를 받게 되었다. 이 때 대기하던 각 전대는 서로 상대방을 향해 접근하였다. 그러자 노를 사용하지 않을 수 없게 된 터키 함선들은 빠른 속도로 노를 저었다. 그들이 기대한 승리를 획득하기 위해 노를 빠르게 저으면 저을수록 그들은 두우도의 갈레아스에 그만큼 빨리 접근하고 있었다.

그처럼 거대하고 강력한 함선을 만난 적이 없던 터키 함선들은 진형을 바꾸어 갈레아스와 멀리 떨어지려고 노력하였다. 그러나 그러한 노력에도 불구하고 그들은 갈레아스로가 내뿜는 가공할 포격으로 손상을 입었고, 그 후 기독교 측 갤리들과 충돌할 수밖에 없었다. 이 때는 이미 전술적 기동이 더 이상 소용없었으며, 해상전투는 지상전투를 방불케 하는 양상으로 바뀌었다.

전투는 갤리 현측판의 총알, 함수발사대 그리고 통로를 통해 발사되는 화살·화승총·검과 단검 등의 무기가 난무한 가운데 전개되었다. 매우 격렬한 백병전이 기함 사이에서 전개되었다. 알리 파샤의 기함은 돈 존의 레알 디 스파냐함과 접전하였으며, 돈 존의 기함을 지원하기 위해 접근한 교황의 기함은 터키기함을 공격하였다. 알리 파샤를 지원하는 페르타우의 기함은 교황의 기함을 공격하였다. 그러자 기독교 함대와 터키함대의 기타 갤리들도 그들의 기함을 지원하기 위해 필사적으로 싸웠다.

격렬한 전투가 끝난 뒤, 알리 파샤의 기함은 나포되었다. 마호메트교의 녹색기가 강하되고 그 자리에 십자기가 게양되었다. 그런 동안 베니스인 바르바리고Barbarigo가 지휘하는 황색전대는 터키 전대의 우익과 격렬한 전투를 전개하였다. 그들은 마침내 자신들이 겪은 배반과 대학살에 대한 복수의 기회를 맞이하였다. 마호메트 시로코 전대의 갤리 15척과 다수의 소형함선들이 자신들을 포위하려고 한다는 것을 간파한 바르바리고는 거꾸로 일단의 휘하 갤리들을 대동하고 적진을 향해 돌진하였다. 바르바리고의 공격은 너무도 격렬하여 터키 함선들은 육지 쪽으로 도주하였다.

그러나 시로코는 난전에 가담하지 않은 38척의 갤리와 함께 바르바리고의 기함을 나포하려고 시도하였지만 두 차례 모두 격퇴당하고 말았다. 제3차 공격 때 화살이 바르바리고의 눈을 명중하였다. 지휘관의 치명상으로 기함의 병사들은 구심점을 잃었지만 다른 베니스의 동료 갤리들이 전력을 기울여 끝내 시로코의 갤리들을 굴복시켰다.

우익을 제외하고는 모든 전황이 기독교 측에 유리하게 전개되었다. 우익인 도리아 전대는 이상한 기동을 집행한 결과, 전투에서 멀리 이탈해 있었다. 이로 인해 울루치 알리Uluch Ali가 40척의 함선을 이끌고 도주하게 만든 결과를 낳았다. 그러나 이 방면에서도 기독교 함대의 용맹성이 유감없이 발휘되었다. 몰타의 기함을 포함하여 베니스 함선 11척과 사보이 함선 1척 등 이탈리아 갤리 17척은 위치를 고수하라는 도리아의 명령에 굴복하고 울루치 알리 전대의 퇴각을 차단하려고 시도하였다. 우익에서의 전투에서 기독교 측은 1천 명의 인원과 12척의 갤리를 잃었다.

그 고귀한 희생은 헛되지 않았다. 25척의 터키 갤리가 심한 손상을 입게 되자 이들을 구하려던 울루치 알리는 기독교연맹의 함선들이 동료함선을 지원하기 위하여 도착하자 전의를 포기할 수밖에 없었다.

이 해전은 기독교연맹의 완승으로 끝났다. 이로써 터키해군은 다시는 재기할 수 없게 되었다. 알리 파샤 휘하의 229척 갤리 가운데 8척이 소실 또는 침몰하였고, 117척이 나포되었다. 60척의 소형함선 중에는 27척이 침몰하였으며, 13척이 나포되었다. 울리치 알리를 제외하고 알리 파샤를 비롯한 모든 터키 지휘관들이 병사와 승조원 4만 명과 함께 전사하였다. 그리고 8천 명이 포로가 되었으며, 터키 함선에서 노수로 쇠사슬에 묶여 있던 1만 명의 기독교인 포로가 자유를 되찾게 되었다. 한편 기독교연맹은 용맹한 지휘관인 바르바리고를 포함해 7,656명의 전사자가 나왔고, 7,784명이 부상당했다.

참가한 세력의 규모나 역사적인 결과의 중요성에 있어서 매우 감명적인 레판토해전은 사실 기동전투라기보다 충각전투였다. 그 후

포의 발달과 더불어 구조가 가볍고 인간과 노에 의해 추진되는 노선은 노로 조종하기에는 무겁고 강력한 함선으로 대치되지 않을 수 없었다. 그러므로 레판토해전은 한편으로는 노선시대의 종말을 의미하였다. 노선은 점차 사라져 갔다. 노선을 최후로 사용한 것은 19세기 초까지 북아프리카 연안에서 활동하던 지중해의 바르바리 해적이었다.

비록 1638년까지 제노아만에서 노선 사이의 전투가 있었다고는 하지만, 범선의 확고한 우월성은 1590년에 지브롤터 근해의 해전에서 입증되었다. 이 때 10척의 영국범선은 12척의 스페인 대형 갤리에 일제사격에 가해 함교를 대파하고 선체 몇 군데를 관통시켰다. 그러자 스페인 갤리는 전투력을 상실하고 말았다.

제3편
범선시대
The Age of Sail

쉼터

7.
함선의 특성
Ship Characteristics

1. 공학적 특성과 구조

　16세기 지리상의 대발견 이후 시작된 범선시대의 해양력이란 관점에서 볼 때, 돛에 의한 추진은 많은 제한이 있었지만 오랜 기간 상선해운에 이용되었다. 범선의 활동은 스페인·포르투갈·영국·프랑스 그리고 네덜란드 사이에 있었던 제국 사이의 경쟁시대에 절정을 이루었다. 1805년에 발생한 트라팔가해전은 범선시대의 대미를 장식하는 최후의 빛나는 해전이었다. 기계적 추진이 널리 사용되기 시작한 19세기 중엽으로 접어들면서 돛에 의한 단독 추진방식은 차차 사라졌다. 처음에는 증기가 돛의 보조용으로 사용되었으나 급속한 발전을 거듭하며 선박의 유일한 추진장치가 되었다.
　범선전투함의 주요한 공학적 및 구조상의 특성은 다음과 같다. 첫째로 추진장치는 선수에서 선미에 이르는 함선의 축을 따라 배치된 일련의 수직 마스트와 선수 쪽으로 기울어진 하나의 제1사장에 의해 지지되는 범장으로 구성되었다. 둘째로 무장은 현측 또는 함선의 방파벽을 따라 설치되었는데, 이는 무기를 선수에 배치하고 추진장치가 현측에 있던 노선시대의 함선과는 정반대였다.

범선의 세번째 특성은 연료없이 무제한으로 사용할 수 있는 추진력에 의한 뛰어난 항속능력이었다. 잘 썩지 않는 식료품을 저장할 수 있는 충분한 공간을 가진 범선은 몇 개월 동안 쉬지 않고 항해할 수 있었다. 순풍·역풍 때로는 미풍을 받으면서 범선은 하루에 평균 50마일을 항해하였다.

비록 짧은 기간이었지만 무척 화려한 생애를 지녔던 범선을 생각할 때, 우리로 하여금 훌륭한 전장범선full-rigged ships과 경쾌한 프리깃함, 국기와 신호기가 휘날리는 모습, 그리고 적선에 접근할 때 용맹성을 보여주는 듯한 사관들의 금빛 번쩍이는 정복을 떠올리게 한다.

전장범선이란 우수한 군함 또는 전열함을 지칭하였다. 선체가 높고 매우 튼튼하게 건조된 전장범선은 흘수가 깊고 두터운 방파벽과 강력한 무장을 갖추었다. 때문에 혹심한 폭풍우를 이겨내고 전투에서 적의 맹렬한 공격에도 견뎠을 뿐만 아니라, 적에게 빗발치듯 포탄을 발사할 수 있는 능력까지 갖추었다.

전장범선은 선체의 길이가 흘수선에서 50~60미터, 길이가 70~75미터, 최대폭이 15미터였다. 19세기에 접어들어 이들 함선의 배수톤수는 2,200톤부터 최대 5,000톤까지 이르렀다. 선체는 횡단벽에 의해 여러 구역으로 분리되었다. 갑판의 층수에 따라 함선의 등급이 정해졌다. 갑판의 층수는 1층부터 3층까지였으며, 이에 따라 함선이 무장한 포대의 수도 결정되었다. 제1급의 함선은 3층갑판과 함께 이에 상응하는 많은 포대를 보유하였고, 제2급·제3급 함선은 각각 2층갑판과 단층갑판으로 구성되었다.

흥미로운 점은 이들 선체의 길이가 폭이 넓고 많은 노를 가졌던 노선의 길이와 같았다는 것이다. 이처럼 선체의 길이가 정해진 이유는 말할 것도 없이 함선을 목재로 건조함에 있어 선수와 선미에 이르는 종심의 강도와 선체 강도가 희생되지 않도록 배려한 결과였다.

돛은 4개의 마스트에 올려졌다. 마스트의 명칭은 선수부터 선미까지 다르게 명명되었다. 즉 제1사장 bowsprit[항해 중에 함선을 안정시키는 3각돛을 지탱하고, 선수미의 균형을 조절한다]·전장 foremast·주장 mainmast 및 후장 mizzenmast이 그것이다. 돛은 3각돛과 3각돛의 효과를 고르게 분산하려고 후장의 기부에 부착시킨 사다리꼴의 세로돛과 그것을 개장한 대형 3각돛을 제외하고 모두 4각돛이었다. 16세기부터 18세기에 이르는 동안 1개의 마스트에 돛이 2개였던 것이 점차 3개·4개 심지어 5개로 늘어났다. 그러자 돛을 지지하기 위한 돛 가름대의 수도 증가했다. 돛이 이렇게 세분된 것은 몇 가지 고심 때문이었다.

첫째로 돛이 너무 무거워지는 것과 마스트의 증가에 따라 조종하기가 더욱 어려워지는 것을 막아주었다. 둘째로 바람의 힘을 보다 정확하게 받도록 돛의 균형을 잡을 수 있게 하였다. 셋째로 여분의 돛을 폭풍우나 전투에 의해 손상된 돛과 교환작업시 정확히 교체하는 데 용이하게 하였다.

전장범선 외에 프리깃함·코르벳함·브리건틴·커터정, 그리고 포함 등과 같이 보다 소형전투함의 발전도 따랐다. 프리깃함과 코르벳함은 전장범선처럼 범장을 하였으나, 전장범선에 비해 선체가 날렵하고 속력도 빨랐다. 브리건틴함은 후장이 없었으며, 커터정은 하나의 마스트에 대형의 세로돛과 3각돛을 갖추었다. 이 세로돛은 소형의 사각형으로 끝이 날리게끔 한 돛이었다.

포함은 3개의 마스트, 예컨대 제1사장·주장 및 후장을 갖추었다. 일반적으로 주장에는 4각돛을 달았고, 후장에는 대형 3각돛 또는 세로돛을 달았다. 이들 함선의 배수톤수는 대형 프리깃함이 2,500톤, 커터정과 포함 가운데 소형이 100~200톤에 이르는 등 다양했다.

이들 함선들은 보조임무용으로 운용되었다. 프리깃함과 코르벳함이 정찰, 사략선과 해적선의 추격, 그리고 선단의 방호에 운용되었다면, 브리건틴함과 커터정은 감시·초계·통신전달 등의 임무에, 그리고 포함은 연안전투에 각각 운용되었다. 당시 함선의 무장을 살피기에 앞서 전장범선의 발전에 관해 먼저 살펴보자.

노선시대에는 주요 추진수단으로 돛을 사용한 라운드선이 군사 수송과 상선해운을 도맡았다. 이들 화물선은 몇 가지 범주로 구분되었다. 그 가운데 지중해의 캐러벨, 그리고 대양용인 코그와 캐럭이 포함되었다. 코그는 북유럽에서, 캐럭은 포르투갈에서 각각 발전시킨 선박이었다. 이런 유형의 선박들은 모두 선수와 선미에 돌출된 높은 구조물을 갖추었다. 선수의 돌출부는 승선을 용이하게 하고, 선미의 그것은 숙소와 선박의 지휘 및 조종을 위한 공간을 제공함과 동시에 높은 구조물 자체가 훌륭한 방벽의 역할을 하였다.

캐러벨은 소형선박에 불과했다. 선체가 크고 튼튼한 대양용 선박은 사략선과 해적선의 공격을 방어할 수 있는 포를 장착했다. 대형 캐럭선은 배수톤수가 2천 톤에 달하는 것도 있었다. 어떤 것은 코그선보다 훨씬 대형이었다.

몰타의 기사The Knights of Malta로 불린 캐럭선은 기억해 둘 만한 선박이다. 6층갑판으로 구성된 이 함선은 배수톤수가 3천 톤이었고, 선원과 병사를 포함해 700명의 인원을 탑승시켰으며, 50문의 대포와 기타 작은 무기들로 장착되었다. 또한 이 함선은 방호용으로 흘수선 아래까지 연장된 아연판을 방파벽에 덧붙였다. 따라서 이 함선은 현대 장갑함의 진정한 선구자라고 할 수 있다.

북유럽과 지중해 사이의 통상활동과 선박건조는 상호보완적인 영향관계였다. 그로 인해 갤리온이 등장하였다. 갤리온은 상당량의 상품을 수송했을 뿐 아니라, 괄목할 만한 전투력도 갖추었다. 캐럭선과 코그선에 비하면 선체가 약간 짧고, 갤리선보다는 폭이 조금 좁았다. 제1사장에 추가하여 3개 또는 4개의 마스트에 돛을 설치한 갤리온은 갤리보다 속력이 빨랐다. 무장이 뛰어난 갤리온은 코그선이나 캐럭선과 선단을 이루었을 때, 자신을 방어하는 것은 물론이고 이들 선박들까지 방호할 능력을 갖추었다.

갤리온은 선체가 매우 높고 흘수선에서의 폭도 주갑판의 폭에 비하여 넓었으며, 높은 선수루와 선미루를 두루 갖추었다. 그러나 갤리온은 기동성이 매우 부족했고, 선체의 높이에 비해 흘수가 적절하지 못해 안정성 면에서 만족스럽지 못했다.

15세기와 16세기에 이르러 전성기에 달한 갤리온으로부터 전장범선이 파생했다. 그 결과로 제일 먼저 등장한 2척의 함선은 1638년에 취역한 프랑스의 라 꾸론느*La Couronne*함과 영국의 로얄 서버린*Royal Sovereign*함이었다.

이들 함선은 제1사장 외에 3개의 마스트를 가졌다. 마스트 꼭대기에 1개의 4각돛과 1개의 대형 3각돛을 올린 후장을 제외하고, 마스트마다에는 3개의 4각돛이 올려졌다. 이들 함선은 그 후 선박의 내해성·기동성 및 뛰어난 선체균형을 위한 발전과정에서 결정적인 단계를 이루는 상징적인 존재였다. 매우 높은 선수루 자리에는 제한된 구조물이 들어섰다.〔이것도 19세기 전반기에 이르러 완전히 사라졌다〕라 꾸론느의 배수톤수는 약 2,200톤이었으며, 3층갑판인 로얄 서버린은 약 1,700톤에 달했다. 라 꾸론느의 주장 높이만 하더라도 확실히 해수면에서 최소한 72미터에 달했다. 이 두 전장범선의 구조는 범주군함과 수송선의 발전과정의 분기점이었다.

2. 무 장

범주군함에서는 제1사장이 충각을 위한 부리로서 기능을 할 수 없었기에 유일한 무기는 대포였다. 대포가 함선의 전투력을 제압하지 못하면 노선시대처럼 화승총과 칼을 가진 병사들이 대기하고 있다가 근접거리에 들어오면 발포하거나 백병전으로 승부를 가렸다.

대포는 발사되는 포탄의 무게에 따라 등급이 정해졌다. 예를 들면 36파운드 포는 36파운드 무게의 포탄을 발사하는 포를 말한다. 갑판이 여러 층인 함선에서는 가장 무거운 대포가 최하층 갑판에 설치되었고 가장 가벼운 것은 최상층 갑판에 설치되었다. 가벼운 무기 가운데 일부는 선수루에 설치되었으며, 또 다른 일부는 주갑판상에 적절히 배치되었다.

영국의 첫번째 전장범선인 로얄 서버린함과 트라팔가해전 당시 넬슨의 영예로운 기함 빅토리Victory함의 무장은 다음과 같았다. 로얄 서버린함은 캐논cannon(40파운드 포; 177mm)·데미캐논demicannon(34파운드 포; 154mm)·컬버린culverin(18파운드 포; 128mm)·데미컬버린demiculverin (10파운드 포; 110mm)·세이커saker(6파운드 포; 76mm) 등 여러 종류의 대포 112문을 보유하였다.

빅토리함은 하층갑판상에 32파운드 포 30문, 중갑판상에 24파운드 포 28문, 주갑판상에 12파운드 포 30문, 선미루에 12파운드 포 14문 그리고 선수루에 68파운드 포인 캐로네이드를 각각 배치하였다. 이 배는 2층의 포대를 가진 제2급 함선이었다.

철포탄이 제작되기 시작한 15세기까지 탄약은 돌로 된 포탄이었다. 원형포탄이 적에게 실질적인 손상을 입히지 못했다는 것은 경험을 통해 입증되었다. 작은 탄약은 전장범선의 두터운 방파벽을 꿰뚫지 못하고, 큰 포탄은 구멍만을 남겼다. 때문에 구멍 크기에 맞는 마개로 보수가 쉬웠다.

경첩에 함께 연결된 반탄half-shot과 체인에 연결된 연쇄탄은 같이 화로에서 가열된 적열탄red-hot shot으로 사용되었다. 이러한 포탄은 적함의 돛을 찢고 색구를 자르며 마스트와 돛 가름대를 손상 또는 파괴하였다. 포도탄이 실용화되기도 하였다. 현대전에서도 사용되는 유산탄과 비슷한 작은 탄알을 넣은 탄약통이 발사되었는데, 이는 병사를 살상하는 데 사용되었다. 또한 작은 돌을 발사하기 위한 투석기도 주갑판 위에 설치되었다.

바퀴가 달린 목재포가는 포가 발사된 뒤 후퇴할 때마다 이를 복귀시키는 역할을 하였다. 이로 인해 포의 발사속도가 늦어졌다. 조준수단이 조잡했고 포탄을 준비하고 장약을 장전하는 정확성이 결여되어 포의 명중률은 부정확하였다. 어느 측이 적에게 손상을 가할 기회를 갖기를 원할 경우 포의 최대사정거리보다 훨씬 가까운 근접거리에서 싸워야 했다.

또 다른 종류의 포탄으로는 폭탄이 사용되었다. 이것은 적색화약으로 만든 것으로서 발사순간에 점화되는 도화선에 의해 점화되는 공동탄이었다. 이 폭탄을 사용하는 것은 위험이 뒤따랐다. 때문에 전열함에서는 이 폭탄을 그렇게 많이 사용하지 않았다. 반면에 포함에서 주로 탄약으로 사용했고, 전장이 있던 자리에 설치된 2~4문의 박격포 포대에서 발사되었다. 고각으로 발사되는 이 폭탄은 성벽을 넘어 날아갈 수 있어서 적함의 갑판상이나 요새의 내부를 향해 빗발치듯 상대방을 공격하고 파괴했다.

8.
전 술
Tactics

1. 진형과 기동술

이 논제에 관한 보다 깊이 있는 연구를 원하는 독자에게는 1899년에 발간된 가보티 제독의 저서 『해군기동술의 역사 History of Naval Evolutions』를 권하고 싶다. 가보티는 이 저서에서 범선의 기동술에 관해 130쪽 이상을 할애하였다. 다만 한 가지 유의할 점은 그의 기술방식이 매우 서술적이라는 점이다.

노선시대에는 전혀 고려되지 않던 바람 때문에 진형 내에서 함선의 위치를 자유롭게 유지하기 어려웠다.* 이에 따라 기동문제를 보다 철저하게 연구할 필요성이 대두되었다. 16세기의 비과학적 경험주의는 다양한 전문기술의 체계적인 연구로 밀려났다. 이런 연구 결과는 범선해군에 의해 점진적으로 채택된 규칙과 규정으로 귀착되었다. 특히 기동문제의 해결에 정통한 프랑스인의 전문기술은 점차 널리 활용된 수학적 해석기법을 적용함으로써 훨씬 더 정확해졌다.

　※ 노선시대에는 함선들이 노가 닿을 정도로 함선과 함선 사이가 가까이 위치했지만, 범선시대에 와서는 바람이 기동력을 좌우했기 때문에 함선들 사이의 거리와 간격이 100m 정도를 유지했다.

전대 내의 함선들이 기동할 때 기함이나 향도함을 기준으로 행동해야 할 규범을 만들기 위해서는 역학을 이용할 필요가 있었다. 역학이란 다름 아닌 공간과 시간 사이의 관계를 다룬 학문이다.

과학적 사고는 이미 사용하고 있는 방법을 보다 완벽하게 해줄 뿐만 아니라, 더 나아가 새로운 방법도 모색하게 한다. 그 결과 함선이 최단시간에 가장 쉽게 기동할 수 있는 방법을 선택할 수 있게 되었다. 사람들이 범선역학이라고 부르는 분야에 관한 참고문헌의 계보에 대해 가보티는 다음과 같이 간략히 기술하였다.

판테라Pantero Pantera가 『해군함대The Naval Fleet』를 저술한 1614년부터 루이 14세 시대 때 전대의 종군신부인 오스뜨Paul Hoste가 『해군기동술에 관한 논고Treaties on Naval Evolution』를 발간한 1697년까지 해군기동술은 급속히 발전하였다. 그 후에도 많은 발전이 있었고, 범선해군이 완전히 사라질 때까지의 과정을 다룬 논문들이 출간되었다. 그러나 그 모두는 오스뜨 논문의 복사판에 지나지 않았다.

1673년 요크 대공Duke of York이 발간한 신호에 관한 저서가 일부 출간되기는 했지만, 이를 제외하면 1614년부터 1697년까지 함대의 진형 및 기동술에 관한 뛰어난 저서는 나오지 않았다. 그러므로 오스뜨의 논문은 이 분야에 있어서, 그리고 17세기 말까지 해군에 의해 범선기동술의 발전과정을 개괄한 저서로는 지금까지 알려진 것 가운데는 가장 오래된 것이었다.

오스뜨의 작품은 이 분야에 관한 모든 연구의 출발점이었다. 그와 동시에 이 저서는 그 후 다소 개편된 저서들, 이른바 모로그Morogues(1763)·살라자르Salazar·도르빌리에d'Orvilliers·니외일Nieuil·당블리몽d'Amblimont, 그리고 첫 증기선이 바다를 누비던 1839년에 나온 쇼빠르Chopart의 저서들이 출간될 수 있게 만든 시발점이었다.

본론에 들어가기에 앞서 기동술에 관해 명백히 정의해 두고자 한다. 기동술이란 항해 또는 전투를 하기 위하여 최적이라고 생각하는 방법으로 제독이 휘하의 부대를 운용하고자 할 때, 그 제독의 의도에 부응하는 수단이다. 그러므로 기동술이란 축 또는 향도로 지정된 단위부대를 기준으로 다른 단위부대에 의해 집행되는 일련의 운동 또는 기동인 것이다. 전술기동tactical maneuvers은 적에게 자신의 무기를 최대한 사용하는 것을 보장할 목적으로 적을 축으로 이용해서 집행되는 운동이다. 범주군함들의 항해 및 전술적 운용에 관한 원리를 이해하기 위해서는 왜 바람을 거슬러 가도록 돛을 편 함선이 다른 함선의 전개에 기준이 되어야 했는지를 이해할 필요가 있다.

돛을 옆으로 편다는 것은 바람이 불어오는 쪽을 향해 항해한다는 것을 의미한다. 다시 말해서 돛이 허용할 수 있는 한도까지 바람을 받고 항해한다는 것이다. 그 한계는 바람과 용골선, 즉 선수미 방향의 형성각을 이등분하는 선을 따라 돛 가름대가 놓일 때까지다. 돛 가름대에 달린 가로돛과 용골이 형성할 수 있는 최소각은 약 32°30'

이기 때문에 가능한 한 최적의 상태에서 항해해야 하며, 침로를 풍상과 65° 정도의 각을 유지해야 한다. 그러므로 돛을 편 함선은 엄격하게 풍상에 따라 좌우되고, 바람과 65°의 각을 이루는 공간상에서의 함선과는 상대방위선이다.

돛을 편 상태로 함선이 전개하면 그 함선은 항해 또는 전투목적을 충족시킬 수 있는 침로로 항진할 수 있다. 즉 바람을 받으면서 항해할 경우 함선은 종렬진을 형성하였다. 바람에 대한 함선의 침로각이 넓어지면 각 함선은 사열진을 형성하였다. 따라서 그 각이 90°에 이르면 함선들은 횡렬진을 형성하는 상태가 되었다. 그 각은 함선이 선미에서 바람을 받아 각 함선이 후방함선의 후방을 따라 항해할 때까지 확장된다.

그 뒤 바람에 대한 회전rotation이 계속 이어지면, 함선은 반대편 현측에서 바람을 받게 되는데, 그렇게 되면 함선은 반대편의 돛을 편 선상에 놓이게 되었다. 이것은 바람을 맞는 처음의 상태와 대칭 되는 상태가 된다. 함선이 첫 돛을 편 선상에서 반대편의 돛을 편 선상으로 전환하는 기동을 시도하여 선수가 바람 쪽으로 전환할 때를 가리켜 태킹tacking이라 불렀고, 선미가 바람 쪽으로 전환하는 경우를 웨어링wearing이라 불렀다.

상대방 적은 다음 세 가지 상황 속 한 상황에 놓일 것이다.〔그림 10 참조〕 즉 바람방향을 기준으로 2등분하여 130° 구역에 놓이거나 돛을 편 선의 연장선에 있거나, 아니면 수평선상의 나머지 230° 구역 안에 놓일 수밖에 없을 것이다.

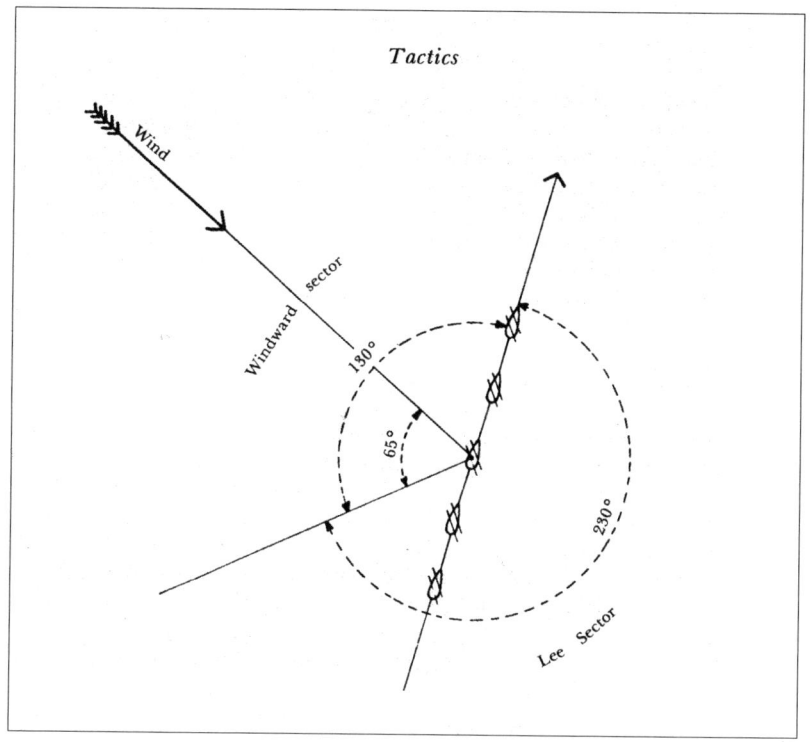

[그림 10]

첫번째 경우는 바람방향을 거슬러 전진하지 않으면 적에게 접근하는 것이 불가능하다. 두번째 경우는 함선이 굳이 바람을 거슬러 전진하지 않아도 돛을 편 선상에 충분히 종렬진을 형성할 수 있는 좋은 위치이다. 세번째 경우는 전투를 수행하기 위해 적절한 침로를 따라 적에게 접근하는 것이 가능한 위치이다.

하지만 적도 분명히 수동적으로 기다리고만 있지는 않을 것이다. 적이 전투를 감행할 수도 있고, 시간을 벌고자 할 수도 있다. 그렇지 않으면 전투를 피하려고 할 수도 있다. 또한 적은 아군의 돛을 편 선에 평행으로 전개하거나, 아니면 반대방향의 돛을 편 선상에 전개할 수도 있다. 그러므로 이 경우에는 적과 아군이 130°의 각을 이룬다.

함선의 현측에 배치된 모든 포를 최대한 활용해 전투하려면 모든 함선이 적의 종렬진과 평행되는 종렬진을 이루어야 할 것이다. 가장 유리한 종렬진은 돛을 편 선상에서 바람을 등지고 가장 많이 비스듬히 유지하는 것이다.* 이 초기진형에서 바람과의 각도는 65°을 훨씬 넘는 각도로 종렬진을 형성하는 것이 불가능하다. 그러므로 이미 돛을 편 선상에 전개된 함선은 최적의 전투상황을 차지했다고 볼 수 있고, 바람 때문에 자신의 방위가 구애받지 않아 모든 함선이 단순한 회전을 통해 종렬진을 형성할 수 있었다. 그렇기 때문에 바람 방향과 무관한 노선의 기본 전술진형은 횡렬진이었다.

*선수로부터 좌우 65°에서 바람을 받는 것을 의미한다.

이에 반해 범주함선의 기본 전술진형은 어떠한 상황이든 침로와는 또 다른 방위인 바람 방향에 따라 결정되는 돛을 편 선을 따라 형성되었다. 적과 함포전을 이룰 때의 기본진형은 종렬진이고 통상적으로 돛을 편 선상의 종렬진과 일치하였다.

이제부터 언급하려는 것은 −보다 명쾌한 해설일 수 있기를 바라지만− 진형의 변경·변침 또는 구역 내에서 진형을 회전시키기 위해 기동을 적용하는 운동학적 기술에 관한 사항이다. 이러한 기술에 관한 사항은 종합적으로 논하겠다. 그러나 그것은 순전히 항해용어, 그것도 구식용어와 사고를 명확히 하는 데 별로 도움이 되지도 않을 뿐더러 지루한 설명일 수도 있는 수학공식을 억지로 주입하는 것일지 염려된다.

쐐기진·오목초승달진·볼록초승달진이 범주함선에는 더 이상 적용할 수 없어서 사라졌다는 것은 충분히 납득할 수 있을 것이다. 가위진은 대칭이 되는 두 돛을 편 선상에서 함선을 전개하는 각진 angled formation이 되었다. 한 선상의 함선들은 종렬진으로 항해하고, 또 다른 선상의 함선들은 상대방위 65°의 사열진을 형성하여 종렬진의 함선과 같이 항해할 수 있도록 하며 같은 침로를 유지한다.

각 진에서 집행할 수 있는 주요기동에 관해 예를 들어 고찰해 보겠다. 무엇보다 이 진형은 분명 인접한 2개 군으로 분리된 함대의 함선에게 유리한 점을 제공한다. 2개의 함선군은 각각 두 개의 돛을 편 선상에 진형을 형성하는데, 마찬가지로 적도 두 개의 돛을 편 선을 사용할 수 있다. 적을 발견한 뒤에, 그리고 적이 그들의 돛을 편 선상에 전개한 것이 관측되면, 모든 함선은 적의 종렬진과 평행되는 종렬진으로 전개하였다.

만약 적이 돛을 편 선 A방향으로 전개한다면, 기동은 아주 간단했다.[그림 11 참조] B선상의 함선들은 종렬진을 이루기 위해 선미가 풍상을 향하도록 하면서 일제회전을 했고, 그 후 선두함선의 항로를 따라 항진한 다음 차례로 A선에 있는 후미함선의 후방에 정렬하였다. 돛을 편 선 B상에 종렬진을 취해야 한다면, 몇 가지 방법으로 기동을 시도할 수 있었다. 여기서는 세 가지 방법만 제시하겠다. 편리상 양측 진형의 길이가 같고 함선이 각각 8척이라는 전제를 두고 설명

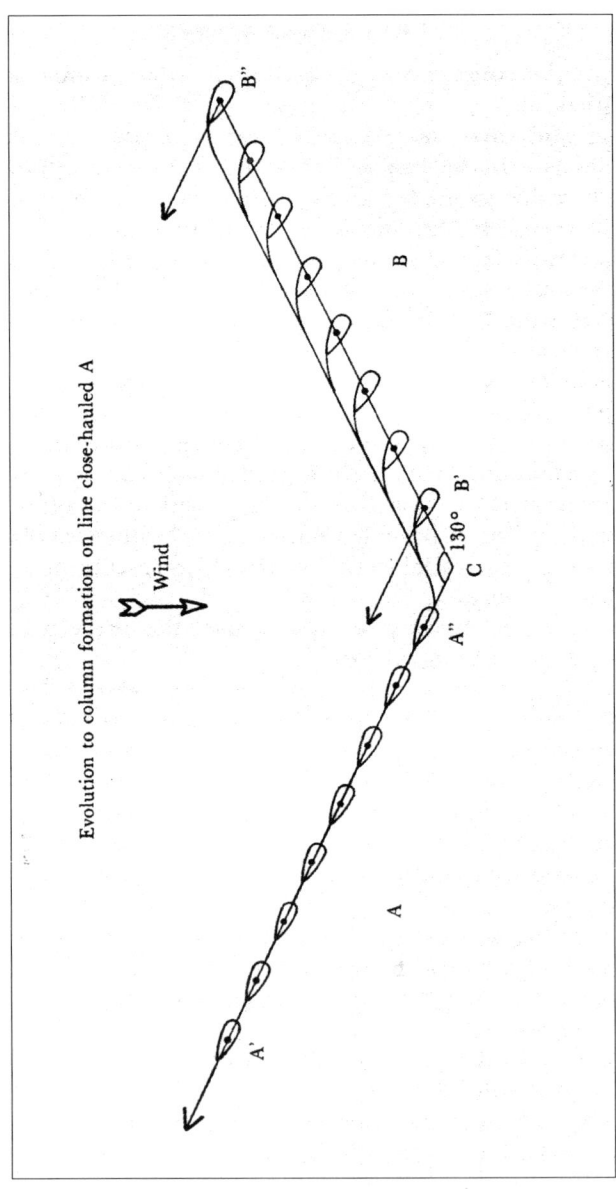

[그림 11] 돛을 편 선 A에 종렬진을 형성하기 위한 기동

하겠다.

〔예 1〕: A선상에 있는 모든 함선이 선수로 바람을 받으며 일제회전을 감행하고, B선과 평행이 되는 돛을 편 선을 취한다. 잠시 후-여전히 일제회전 상태에 있다-A'와 B"가 만나는 선과 평행되게 침로를 취한다. A선의 함선들이 최초에 회전하는 순간 B선의 함선들도 선수로 바람을 받으며 일제회전을 실시하고 선수가 B"을 향하도록 종렬진을 형성하면서 각자의 침로를 계속 유지한다. B선에 제일 먼저 도착하는 함선은 주행거리가 가장 짧은 A"가 되며, 가장 긴 주행거리를 가진 A'가 가장 늦게 도착한다.〔그림 12 참조〕

모든 함선이 속력을 바꾸지 않고 기동을 수행하도록 각 함선은 종렬진을 이루는 위치에 도착하면 선행하는 함선과 100미터의 거리를 유지해야 한다. C의 각은 130°이며, 현재 함선의 침로와 두 개의 돛을 편 선에 의해 생기는 각은 모두 닮은꼴인 이등변삼각형이 된다. 그 한 변의 길이는 다른 두 변의 길이에 비해 1.8배가 된다. 이것은 인접한 두 함선의 침로가 만드는 길이의 차이를 의미하며, 정점에서부터 최단함선의 거리는 180미터이다.

각 함선 사이의 거리는 100미터로 유지되고 있고 정점에서부터 첫번째 함선까지의 거리는 100미터이다. 따라서 이미 한 함선이 B'B"상의 종렬진 후미에 들어선 뒤에 이 선상에서 100미터를 항해했을 때 최초진형에서 선행한 함선은 새로운 돛을 편 선상에서 다른 함선을 자선의 정선수에 두고 80미터 거리를 갖게 된다. 따라서 이론적

138 세계사 속의 해전

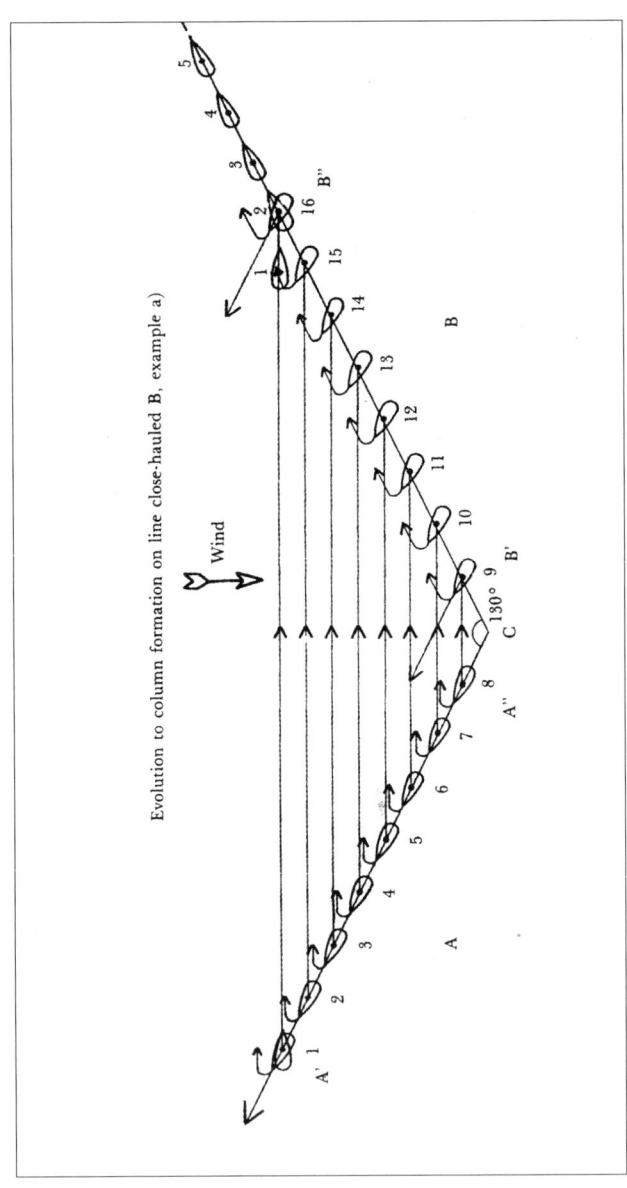

[그림 12] 돛을 편 선 B에 종렬진을 형성하기 위한 기동 : [예 1]

으로 함선 사이의 충돌의 위험은 없다.

　이쯤에서 이론적 설명을 마치고 실제적인 문제를 살펴보겠다. 실제로 기동하는 데 있어서 A선의 모든 함선이 과도기적 침로상을 주행하는 동안 정횡보다 후미에서 바람을 받아 B선상의 함선보다 빨리 기동할 수 있다. 때문에 돛을 축소시킬 필요가 있었다. 그밖에도 기동상의 차이, 기동이 집행되는 순간 함선이 범할 수 있는 실수, 함선 사이의 침로 및 속력의 불가피한 차이 등으로 인해 각 지휘관들은 돛과 침로를 적절히 조정하지 않으면 안되었다. 기동이 완료되면 종렬진의 선두였던 A´의 함선은 최후미 함선으로 바뀐다는 점도 유의해야 한다.

　[예 2] : A선의 모든 함선은 바람을 선수로 받지 않고 선미로 받으며 일제회전을 하여 16점을 변침한 뒤에 B선 함선의 후미를 향해 종렬진을 형성한다. 그 동안 B선의 함선들은 바람을 선수에서 받으며 일제회전을 해서 돛을 편 선을 따라 종렬진을 형성한다. 이 기동의 결과 또한 A선 함선의 서열과는 역순으로 바뀐다.[그림 13 참조]

　[예 3] : A선의 선두함은 바람을 선수로 받으며 회전하고, [예 1]의 경우처럼 침로를 따라 주행한다. 후속함들은 그 항적을 따라 진행한 다음 A´에 도착하면 바람을 선수로 받으며 회전하고 A´ B˝침로상에 종렬진을 형성한다.[그림 14 참조]

　이 때 B선의 함선들은 A´함선의 회전과 동시에 바람을 선수로 받으며 일제회전을 집행하면 돛을 편 선상에 종렬진을 형성할 수 있

140 세계사 속의 해전

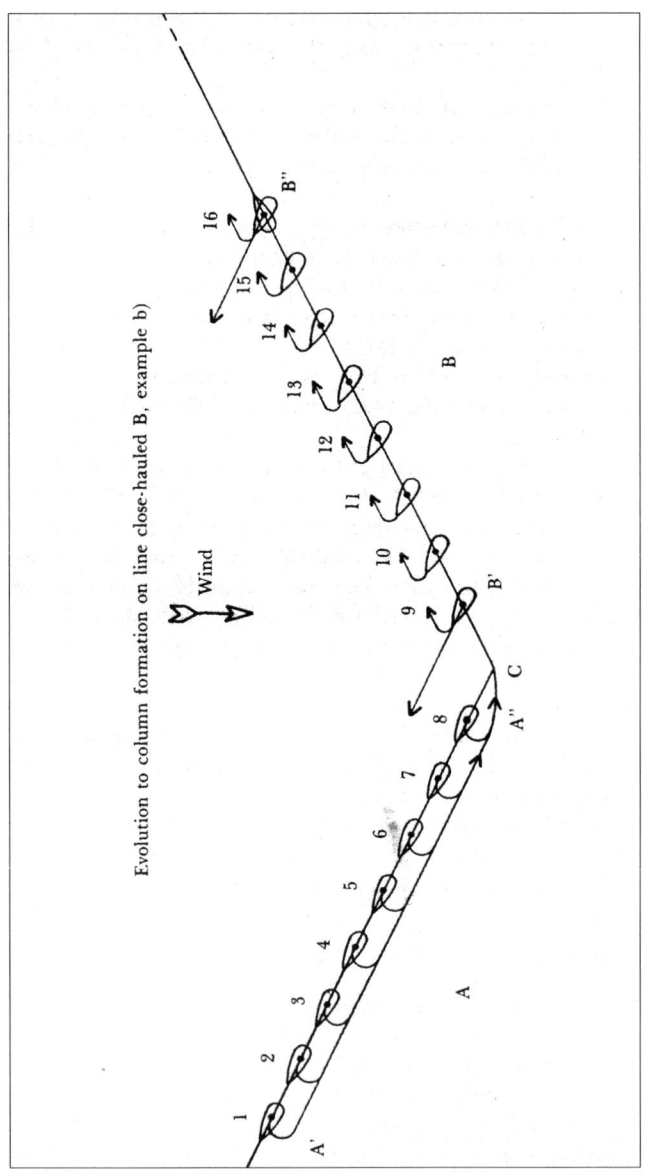

[그림 13] 돛을 편 선 B에 종렬진을 형성하기 위한 기동 : [예 2]

8. 전 술 141

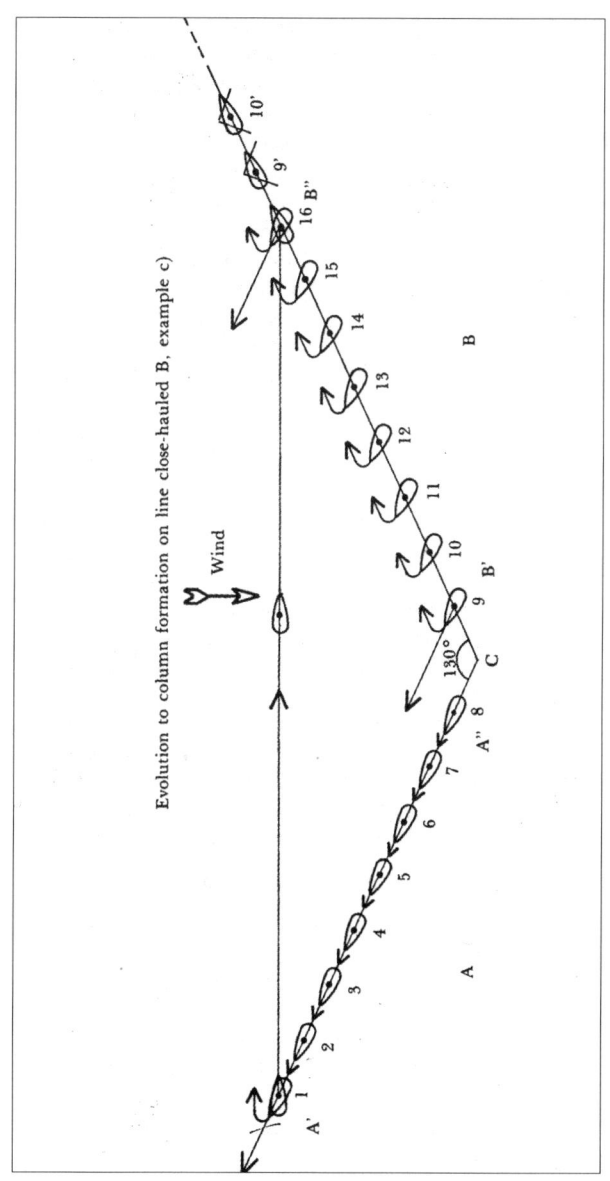

[그림 14] 돛을 편 선 B에 종렬진을 형성하기 위한 기동 : [예 3]

다. 이 경우 진형의 길이는 700미터여서 B′의 함선이 B″에 도착하였을 때, A′의 함선은 아직 740미터나 멀리 떨어진 거리에 놓인다. 〔모든 함선의 속력이 동일하다고 가정할 때〕 그러므로 A′함선이 B′함선의 후방 100미터에 놓인 상태로 A선의 함선들이 B선상에 진형을 유지하기 위해서는 B선의 함선들이 돛을 축소시켜 감속하거나 일정시간 동안 실제적인 행동을 하지 않고 그대로 진행할 필요가 있다.

대체방안은 B선의 함선들이 최초침로를 따라 그대로 진행한 다음, A′B″침로를 따라 A′함선이 선도하는 종렬진과 충분히 접근했다고 판단될 때 선수로 바람을 받으며 일제회전을 집행하는 것이다. 이때 일제회전의 집행명령은 일단 후미함〔즉 B′의 함선〕에서 신호할 수 있는데, 이는 이 함선만이 A′함선과 충돌없이 선수로 바람을 받으며 회전할 시기를 결정할 수 있기 때문이다.

어떤 경우든 A선 함선의 서열은 새로운 진형으로 바뀌어도 변하지 않는다.

지금까지 설명한 기동을 집행하는 데 있어서, 훌륭한 신호체계가 요구될 수밖에 없었다는 것은 쉽게 이해할 수 있을 것이다. 범선시대에는 기류신호체계가 채택되었으며, 이 신호체계는 알파벳 문자기와 0~9까지의 숫자기가 구성될 때까지 계속해 개선되었다. 야간에는 갖가지 조합을 이룬 색등이 사용되었다. 이 체계는 증기추진 해군에 그대로 이어져 지금도 여전히 사용되며, 무선전신과 무선신호와 함께 통합적으로 사용되고 있다.

2. 전술개념

　범선시대에는 함대가 항해할 때에나 적과 전술적인 접촉을 유지하는 동안, 흔히 전술적으로 전위·주력부대 및 후위로 구성된 3개의 전대로 분산되었다. 일반적으로 함대사령관commander-in-chief이 주력부대main body를 직접 지휘하였으며, 2명의 제독vice admiral과 rear admiral이 각각 전위van와 후위rear지휘관으로 임명되었다.

　이렇게 부대를 분할시키는 목적은 함대가 전투시에 보다 융통성과 적응성을 발휘할 수 있고, 더욱 활기차게 기동할 수 있도록 하기 위함이었다. 함대사령관은 전함대에 보내는 신호송신에 직접 관여하지는 않았다. 다만 직속부대와 휘하 제독들에게만 송신했다. 함대의 규모가 너무 큰 경우에는 2~3개의 소부대[일반적으로 프리깃함 및 코르벳함]와 전함선을 관측할 수 있는 풍상에 위치하였다. 이들의 역할은 모든 함선이 신속하게 신호를 수신할 수 있도록 중계하는 것이었다.

　앞에서 언급한 바와 같이 기본적인 전술목표는 포의 선회조종이 매우 제한되거나 자유로웠기 때문에 적 함선과 거의 정횡 [즉 자신의 선수미선과 직각]이 되도록 기동하는 데 있었다. 다만 선수 및 선미에 설치된 몇몇 포만이 좌우가 아닌 전후로 사격할 수 있었다. 포의 제한된 사정거리와 무엇보다 사격의 부정확성으로 효과적인 현측사격을 하려면 적선과의 거리를 수백 미터가 아닌 수십 미터까지 접근시켜야 했다. 전투를 하기 위한 접근 자체가 기동과 역기동의 경기였다. 두 적대자는 서로 어떻게 하든 적보다 먼저 적의 침로가 자기 측 함선의 현측에 오도록 한 뒤 먼저 사격하기를 원했다. 이런 기동만이 적으로부터 동일한 반격을 받지 않고 적에게 모든 포로 사격할 수 있었다.

이러한 단계에서 대적한 두 사령관이 지닌 항해술의 기술경쟁은 마치 요트경기에 임하는 보트 선장들의 기술경쟁에 비유할 수 있다. 그러나 그것은 요트보다 규모가 크고 보다 복잡한 상황 아래 전개되었다. 요트경기에서의 선장은 결승점에 누가 먼저 도달하려고만 노력할 뿐이다. 이에 반해 범선 사이의 전투에서 양측 사령관은 대규모 집단의 함선으로 집행하는 보다 숙련된 기동과 역기동을 전개하며 적에게 필사적인 일격을 가하기 위해 전력을 다한다.

실제로 범주항해술에는 복잡하며 수많은 경험이 요구되었다. 돛이 제한을 받지 않는 침로를 유지하려면 수평선상과 약 2/3가 기울어져야 한다.(두 개의 돛을 편 선은 약 130°도 각이 제한받는 구역이다) 최단침로라고 해서 꼭 유리했던 것만은 아니다. 회전시에 함선이 시간이 걸렸다. 때문에 여러 차례의 단거리 회전은 거리의 합이 곱절이 되는 장거리 회전보다 거리가 짧았다. 그러나 여러 번 단거리로 회전하는 것보다 장거리로 두 번에 걸쳐 회전하는 것이 오히려 더 빨랐다.

당시에는 누가 먼저 적에게 종사raking fire를 가할 수 있느냐에 따라 포술의 이점을 누렸다. 만약에 당시의 무기가 오늘날과 같은 사정거리를 가진 포였다면, 전열의 모든 함선은 적 전열의 모든 함선에 종사를 가할 수 있었을 것이다. 그러나 무기의 제한된 사정거리 때문에 당시의 전투양상은 함선 대 함선의 각개전투에 그쳤다.

　종사에 적합한 유리한 전술적 위치를 차지하기 위해 'T자 씌우기 T-ing' · '모자씌우기capping' 또는 'T자로 가로지르기crossing the T' 등의 전술이 널리 알려졌다. 어느 한 함선이 적의 전선을 뚫고 통과하는 데 성공한다면, 그 함선은 통과하면서 양현 측으로 일제회전을 가함과 동시에 적의 두 함선을 향해 종사를 가할 수 있었다.

　일반적으로 전투는 두 개의 평행선으로 전개되었다. 그 결과 1 : 1로 싸우는 각개함선의 무용에 의해서 승리가 좌우되었다. 만약 백병전이 벌어지게 되면 함선은 통상 자함의 제1사장을 적 함선의 색구에 단단히 걸기 위해 충돌하여 백병전을 감행하였다.

　돌발사태를 예측할 수 없는 전투에는 기동명령을 신속하게 전달하고 질서정연한 종렬진을 유지하는 것이 그리 쉽지 않았다. 특히 100여 척 또는 그 이상의 함선이 관련될 경우에는 더욱 곤란하였다. 그러므로 세월이 흐름에 따라 전대를 구성하던 함선의 수가 점차 감소되었고, 돛을 편 선에 입각해 종렬진을 전개하는 것이 유리하다고 여겼던 지휘관들은 인습적인 전투계획에서 벗어나 새로운 전술을 창안하였다. 로드니 · 쉬프랑 · 호우 및 넬슨과 같은 해군사령관들은 상황마다 융통성있게 대처함으로써 전술상의 규칙이라는 경직성에서 탈피하여 승리를 거둘 수 있었다.

　적에 맞서 풍상에 위치하는 것은 전술적으로 상당히 유리했다. 사실 풍상에 위치한 측이 230°의 모든 유리한 구역에서 공격각을 취할 수 있었다. 반면에 풍하에서 돛을 편 선 사이의 구역에 놓여 상대방에게 접근할 수 없는 위치에 처한 적은 전투를 지연시키거나 달아날 수밖에 없었다. 더욱이 풍상 쪽에서 항진하는 함선은 바람을 받고 항해하는 적선보다 속력면에서도 유리하였다.

그러나 바람은 믿을 수 없는 속성을 지니고 있었다. 가끔 풍상이 돌변하여 함선은 침로를 유지하기 위해 그 때마다 돛을 조절하지 않을 수 없었다. 때로는 전혀 침로를 유지하기 힘들 정도의 방해도 받았다. 또한 풍상의 변화는 230° 구역을 졸지에 전환시키는 원인이 되기도 하였다. 이로 인해 힘겹게 노력하며 획득한, 상대적으로 유리했던 전술적인 위치가 뒤바뀌기도 하였다.

그런가 하면 바람이 갑자기 불지 않을 때도 있었다. 이리하여 양측의 함대는 수천 미터, 때로는 수백 미터의 거리를 두고 조용한 상태로 표류하지 않으면 안되었다. 양측은 오로지 바람이 불어오기만을 기다리며 서로를 바라보고, 심지어 서로의 인사와 예의를 신사적으로 교환하기도 하였다. 이러한 심리적 요소들은 오늘날의 우리들로서는 상상하기 힘든 상황이다.

결론적으로 말해 우리 세대는 범선시대에 해상에서 국익을 옹호하기 위해 함선들을 지휘했던 인물들을 존경하지 않을 수 없다. 그들은 실제로 바람이 부는 대로 행동했으나, 누구보다 풍력을 잘 이용한 탁월한 자질, 남다른 신체적 인내력, 뛰어난 전문적 자격과 전술적 직관력을 갖춘 사람들이었다.

범선시대의 지휘관들은 전해상을 누비며 자신의 독창력에 의해 행동했다. 때로는 몇 개월에 걸친 항해로 시의적절한 지시와 정보를 받지 못하였을 뿐만 아니라, 상급자로부터 한 마디의 위안도 받지 못한 채 책임만 엄숙하게 받아들였다는 사실을 깊이 자각한다면, 우리는 그들에 대해 솟구치는 감탄을 금할 수 없다. 오늘날의 해상지휘관들은 지상 및 공중지휘관들과 마찬가지로 사령부와의 직접 통신을 통해 통신을 유지한다. 통신은 하나의 관점에서는 문제를 단순하게 하는 반면에 다른 관점에서는 문제를 복잡하게 만든다. 여기서 이러한 사항에 관해 언급하기란 적절하지 못하다. 논지를 너무 벗어날 우려가 있어 이에 대해서는 다음 기회로 미루고자 한다.

148 세계사 속의 해전

쉼터

9.
해전연구
Illustrative Battles

  필자는 범선시대에 발생했던 수많은 해전 가운데 범선시대 전술의 기본적인 특징을 정립하는데 충족시킬 만한 해전의 사례로 다음 다섯 가지를 선택하였다.

  로웨스토프트해전은 전투 중 종렬진을 유지한다는 원칙을 엄격하게 적용하면서 병항전을 전개한 해전 가운데 하나다. 코로만델해전과 실론해전은 적 진형의 일부를 집중공격한 전례다. 세인트빈센트해전은 한 지휘관의 기선제압으로 주도된 해전이었고, 트라팔가해전은 적의 전열을 돌파한 대표적인 전례라 할 수 있다.

1. 로웨스토프트해전 Battle of Lowestoft(1665)

  1665년에 발생한 이 해전은 영란전쟁* 기간에 있어 가장 치열했던

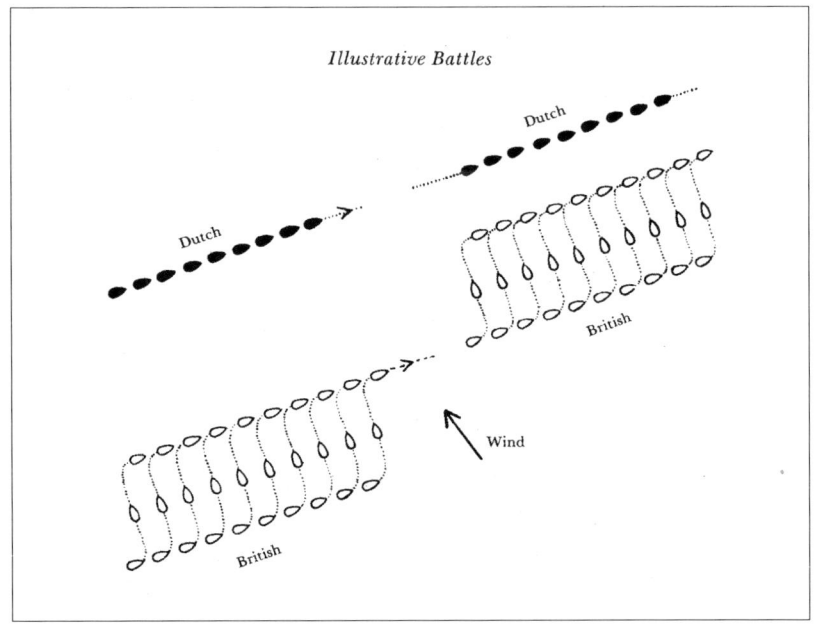

[그림 15] 로웨스토프트해전

해전 가운데 하나다.〔그림 15 참조〕 전투에 임한 양측 함대는 각각 100척 가량의 함선으로 구성되었다. 영국함대는 요크 대공Duke of York이 지휘하였고, 네덜란드함대는 오프담Opdam 제독의 지휘 아래 있었다.

> ※ 17세기 식민지 쟁탈을 둘러싸고 영국과 네덜란드가 세 차례에 걸쳐 싸운 전쟁을 말한다. 이 전쟁은 1651년 영국의 항해조례의 발표를 계기로 일어났으나, 세 차례 모두 네덜란드가 패하여 영국이 해상통제권을 장악하게 되었다.

풍상의 위치를 선점한 요크 대공은 오프담 제독이 영국함대의 유리한 위치의 획득을 저지하려고 노력했음에도 불구하고 유리한 위치를 끝까지 지키는 데 성공하였다. 영국함대는 네덜란드함대의 종렬진과 평행이 되는 종렬진으로 전개하였고, 요크 대공은 두 차례에 걸친 90° 회전을 두 번에 성공적으로 감행함으로써 적을 압박하였다.

첫번째 기동에서 요크 대공은 영국함선에게 포격을 가하려던 적의 원거리 포 사정거리와 평행이 되는 돛을 편 선상에 진형을 형성하였다. 그리고 두번째 기동을 전개하여 근거리 유효 사정거리를 유지하면서 포를 발사했는데, 그 결과 교전의 결정적인 단계에서 주도권을 장악하였다.

두 번에 걸친 2회의 90° 회전(1회는 접근하기 위해서였고, 1회는 종렬진으로 전개하기 위함이었다)을 정확하게 집행하였다. 이것은 요크 대공과 휘하 함장들의 우수한 기동력, 서로의 원만한 협조, 그리고 신호송달의 신속성을 의미했다.

오프담은 풍상의 위치를 차지하려던 계획이 수포로 돌아가자 재빨리 자함을 영국함대에 접근시키면서 대항하였다. 오프담 휘하의 함선 4척은 영국의 기함에게 맹렬한 공격을 가하기 위해 오프담의 기동을 따라 했다. 바로 그 때부터 평행으로 달리던 두 돛을 편 선상을 따라 전투가 전개되었다. 그러나 각각의 함정 사이에는 엄격한 행동의 통제력이 더 이상 발휘되지 못하였다.

그 때 네덜란드함대의 차석지휘관 코르테나 제독이 전사했다. 그러자 코르테나가 탔던 기함의 승조원들은 낙심과 공포에 사로잡혀 전열의 유지를 포기하고 자함을 전열에서 이탈시키고 말았다. 네덜란드함대의 전열에 돌파구가 생기자 영국함대의 차석지휘관인 샌드위치 경은 이를 돌파하면서 적진형을 분산시켜 혼란을 가중시켰다.

잠시 후 오프담의 기함도 탄약고가 폭발하여 화염에 휩싸이고 말았다. 둘로 쪼개진 네덜란드 함선은 영국화공선fire-ship의 공격으로 수척이 화염에 휩싸였고 일대 타격을 받았다. 발화성 혼합물을 실은 이들 화공선은 적함의 현측으로 접근해 점화물질로 적함에 불을 지를 목적으로 승선한 몇 명의 용감한 병사들에 의하여 조종되었다. 이들 화공선은 함대가 항해하는 동안 혼자 힘으로 함선을 따라 항해하거나 다른 함선에 의해 예인되었다.

저녁 무렵 홀로 네덜란드 함선을 구조한 트롬프Cronelius Tromp* 제독이 패배한 네덜란드 함선을 수습하여 본국으로 안전하게 귀환시켰다. 이 해전에서 네덜란드 함선 22척이 격침되었다.

* 네덜란드 해군 마틴 트롬프Martin Tromp(1597~1653) 제독의 아들이다.

2. 코로만델해전Battle of Coromandale(1782)과 실론해전Battle of Ceylon(1782)

코로만델해전은 1782년 2월 16일과 17일에 코로만델 근해에서 쉬프랑 제독의 지휘 아래 프랑스 전대와 휴즈 제독이 이끄는 영국 전대 사이에서 발생하였다.[그림 16 참조] 이 해전은 양측의 대규모 전대가 참가한 해전이 아니었다. 각각 11척의 함선으로 구성된 소규모 해상세력에 의해 전개되었다. 프랑스 전대는 16척으로 구성된 상선단

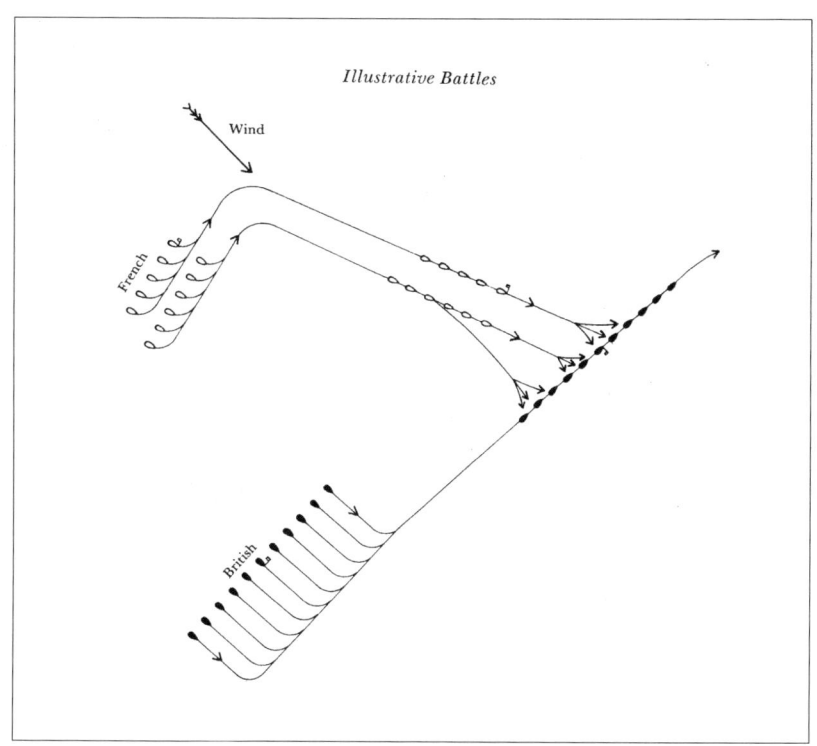

[그림 16] 코로만델해전

을 방호할 임무를 맡고 있었다. 이러한 임무수행을 위해 쉬프랑Suffren
은 가능한 한 선단을 은밀히 기동하지 않을 수 없는 상황이었다.

　2월 16일 휴즈가 프랑스선단을 공격하려고 했으나, 쉬프랑이 신속
하고 단호한 반격을 가하여 휴즈의 시도는 좌절되었다. 바로 다음 날
아침 쉬프랑은 사후방에서 바람을 받으며 횡렬진으로 항진하던 영국
전대와 만났다. 풍상에 위치한 쉬프랑은 복횡렬진으로 영국 전대를
향해 접근하였다. 그러자 영국 전대는 전투진형을 갖추려고 좌현으로

일제회전을 실시한 뒤 바람과 직각이 되는 종렬진을 형성하였다.

쉬프랑은 휘하함선에게 복종렬진을 형성하라고 명령을 하달했다. 그 후 바람을 사후방에서 받으면서 영국 전대의 전열 중앙을 향해 돌진하였다. 그러는 동안 풍상쪽 종렬진의 전함선과 풍하쪽 종렬진의 선두함이 영국 전대의 전열 중앙에 위치한 기함과 기함 근처에 있는 함선을 향해 화력을 집중하였다. 풍하 쪽 종렬진의 나머지 함선들은 영국 전대의 후위를 공격하였다.

바람이 약한 탓에 영국 전대의 전위는 후위를 지원하기 위하여 회전할 수 없는 상황이었다. 그러자 쉬프랑은 8척으로 영국세력의 주력을 구성한 5척과 교전할 수 있었다. 이처럼 유리한 상황이었음에도 웬일인지 쉬프랑은 압도적인 승리를 획득할 공격은 시도하지 않았다. 심각한 부상을 입은 그는 휴즈 전대를 추격하는 것만으로 만족해 했다.

그 해 4월 12일 실론섬 근해에서 두 전대 사이에 또 다른 해전이 일어났다. 당시 휴즈 전대는 좌현선수에서 바람을 받으며 돛을 편 선을 따라 항해 중이었다. 사후방에서 바람을 받고 횡렬진으로 전진하던 쉬프랑은 4척만으로 구성된 영국 전대의 전위를 공격하려고 좌익에 있던 5척의 함선을 투입하였다. 한편 그는 휘하의 나머지 7척의 함선에게 3척 밖에 안되는 영국 전대의 중앙을 공격하라고 명령하였다. 나머지 4척의 함선으로 이루어진 영국 전대의 후위는 미처 가담할 틈이 없었다. 또다시 쉬프랑은 적을 도주시키는 것으로 끝냈다.

혹자는 프랑스 제독의 기동술과 전술적 재능을 인정하지 않을는지 모른다. 우리는 그가 적 진형의 일부분에 대해 세력을 집중함으로써 획득한 초기의 전술적 이점을 적극적으로 활용하기를 계속해서 거부한 점에 대해 의구심을 가질 수 있다. 그러나 우리는 그가 제한된 몇 척의 함선만 보유하고 있었다는 점을 명심해야 한다.

본국에서 멀리 떨어져 있었고, 소실된 함선을 쉽게 대체할 수 없었던 쉬프랑 제독으로서는 무엇보다 세력을 보유하는 것이 불가피했던 것이다. 전력을 다해 싸우는 전투는 확실히 적에게 손실을 가할 수 있으나, 그것으로 인해 그에게 주어진 임무를 완성하지 못할 정도의 수준으로 자신의 세력이 감소되는 손실을 당할 우려도 있었기 때문이다. 그의 행동은 무엇보다 항구에 머물러 있지 않으면서도 해상을 소해하는 현존함대Fleet-in Being의 좋은 예가 될 것이다.

3. 세인트빈센트해전Battle of Saint Vincent(1797)

세인트빈센트해전은 해전 후 곧바로 전략적인 영향이 나타났다는 점과 넬슨의 용맹성이 유감없이 발휘되었다는 점에서 유명하다. 이 해전은 트라팔가해전과 함께 수많은 전략가들이 논평했던 해전이다. 이 해전에 관해서는 마한A.T. Mahan이 『넬슨의 생애The Life of Nelson』라는 그의 두 권의 저서를 통해 매우 상세하고 믿을 만하게 기술하였다. 앞서 나온 넬슨전기로는 1948년 제임스Sir W.M. James 제독의 저술이 있다. 짧지만 이 저서의 내용은 훌륭하다.

본서의 취지를 고수하기 위해 필자는 넬슨을 비롯한 영국해군의 지휘관들과 승조원들의 탁월한 영웅적 행동에 대해서는 언급하지 않겠다. 대신 중요한 전술적 국면에 대해서는 빠뜨리지 않을 것이다. 다만 넬슨의 영웅적 행위 가운데서 잊을 수 없는 하나는 넬슨이 선미루의 창문을 통해 스페인의 산 니콜라스San Nicolas함에 직접 뛰어들어 적함을 제압한 다음 객실로 돌입하여 항복의 증표로 스페인 장교의 검을 접수하는 동안 넬슨의 부하인 수병들이 스페인 제독을 타기 근처에서 살해한 사례이다.

1797년 2월 14일 여명에 코르도바 제독의 지휘 아래 있던 스페인 전대는 서남서풍을 적당히 받으며 동남동으로 항해 중이었다. 그러나 스페인 전대의 함선 27척이 야간에 다소 무질서한 진형을 이루며 두 개의 함선군으로 분리된 채로 항해하고 있었다. 즉 21척은 풍상 쪽에 위치했으며 나머지 6척은 풍하 쪽에 위치해 첫 함선군과 7마일 정도의 거리를 두고 있었다.

15척의 함선으로 구성된 강력한 영국 전대는 저비스Jervis 제독의 지휘 아래 좁은 간격의 복종렬진을 이루어 남진하고 있었다. 저비스의 기함 빅토리Victory함은 우측종렬진의 제7번함에 위치했으며, 트로우브리지Troubridge가 지휘하는 클로덴함이 우측종렬진의 선두함이었다. 전대의 후위사령관인 파커Parker 제독은 좌측종렬진의 후미로부터 네번째 함선에 승선해 있었다. 당시 계급이 제독이었던 넬슨은 밀러Miller가 지휘하는 캡틴Captain함에 승조하고 있었다. 캡틴함은 파커의 기함 바로 후미에 위치했다. 콜링우드가 승조한 엑설런트Excellent함이 좌측종렬진의 마지막 함정이었다.

해가 뜰 무렵 영국 전대는 무질서한 진형으로 항해하는 스페인 전대의 두 함선군을 발견하였다. 저비스는 둘로 분리된 스페인 전대가 조만간 합류를 시도하기 전에 스페인 전대 사이로 진출하기 위해 휘하 함선에게 돛을 더 보강하라고 명령함과 동시에 좌측 종렬진을 우측종렬진의 후미에 정렬하도록 명령했다. 그리하여 단종진을 형성한 영국 전대는 트로우브리지가 최선두에, 콜링우드Collingwood가 최후미에, 그리고 사령관의 기함은 중앙에서 약간 전장에 위치한 진형으로 짜서 전진하였다.〔그림 17 참조〕

10:45시에 시작한 제1단계 전투에서 영국진형의 선두함은 여전히 무질서한 상태로 항진하는 스페인 전대의 좌익 바로 근처까지 접근하였다. 이 때 3척의 스페인 함선이 풍하 쪽으로부터 본대와 합류하기 위해 접근하는 6척과 상봉하려고 전속력으로 이동 중이었다.

영국 전대는 스페인 전대 사이를 통과한 뒤 종전으로 변침하여 그 동안 북쪽으로 향해 침로를 유지하던 스페인 전대의 본대 쪽으로 향했다. 한편 스페인 전대의 나머지 함선군 9척은 영국전열의 주위를 돌아 본대와 재합류하려고 기동을 시작하였다.

13:00시경 영국 전대가 스페인의 주력부대를 추격하는 동안 영국 전열의 절반은 이미 침로를 북쪽으로 취했고, 나머지 반은 원래의 침로인 남쪽을 계속 유지한 상태였다. 이 때 넬슨은 코르도바가 풍

158　세계사 속의 해전

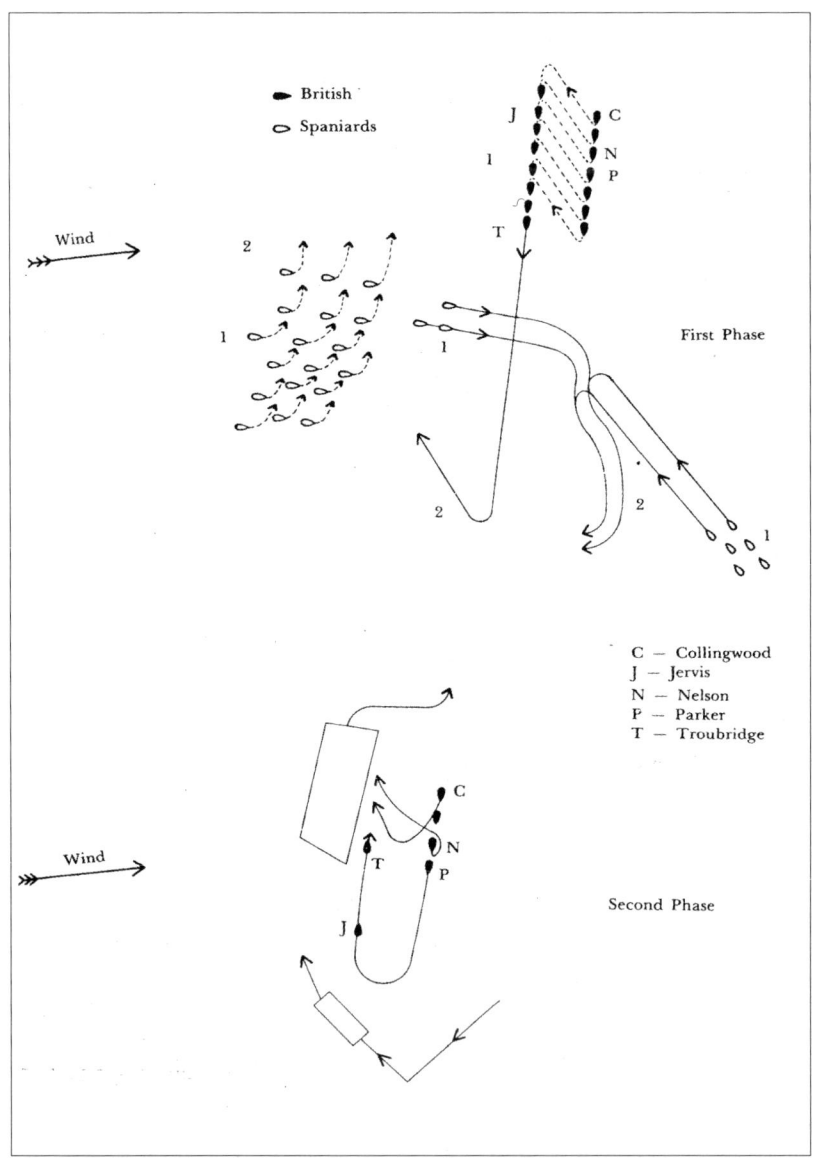

[그림 17] 세인트빈센트해전

하 쪽에 위치한 9척의 함선과 합류할 목적으로 동쪽으로 재빨리 이동하는 것을 간파하였다. 사태가 그렇게 된다면 15척의 영국함선은 총집결한 스페인 함선 27척과 접전하지 않을 수 없는 상황이었다.

그리하여 넬슨은 지시를 내리거나 다른 요청도 하지 않고 곧장 밀러 함장에게 바람을 함미로 받으며 회전하여 스페인 함선에 접근하라고 명령했다. 그러자 콜링우드도 넬슨 뒤를 따랐다. 캡틴함과 엑설런트함 2척은 순식간에 스페인 함선 중에서 가장 크고 무장이 강력한 함선들[캡틴함이 74문의 포를 장착한데 비해 스페인 함선은 각각 126문과 12문의 포를 보유하고 있었다]과 최단거리에서 접전해야 할 상황에 처했다.

넬슨의 예상치 않은 기동은 코르도바로 하여금 침로를 북쪽으로 계속 유지하도록 유도했다. 캡틴함 및 엑설런트함과 스페인 함선 사이의 접근전이 벌어지자 스페인 함선의 전진과 그들을 추격하던 영국함선의 속력도 늦추어졌다. 이러한 사태는 트로우브리지를 선두로 좌현에서 바람을 받아 돛을 편 선으로 항해하면서 현장에 열심히 도착하려던 영국 전대의 전위에게 시간을 갖게 하였다. 그리하여 영국함선들이 스페인 함선들을 십자포화로 공격할 수 있도록 하였다.

스페인 함선 가운데 4척이 순식간에 나포되었다. 코르도바는 현장을 이탈하여 카디즈 방향으로 무사히 탈출하였다. 오전에는 나머지 함선의 지휘관들에게 영국 전대를 재접촉하여 다시 교전할 수 있는지 그 여부에 대하여 질문했던 그는 대부분의 지휘관들로부터 불가능하다는 응답을 받았다.

영국 전대는 수적으로 열세하여 손상을 피할 수 없었다. 영국 전대에서 가장 심한 손상을 입은 함선은 가장 격렬하게 전투한 캡틴함이었다. 그 다음은 엑설런트함이었는데, 이에 못지않은 손상을 입었다. 접근전을 전개하는 동안 풍하 쪽에 위치한 스페인 함선 9척이 주력세력과 재결합하는 데 성공하였다. 그러자 저비스도 더 이상 스페인 함선의 추격을 감행하려 하지 않았다.

이 해전에서 영국해군이 승리할 수 있었던 것은 지휘관의 신속한 판단력·공격정신, 그리고 귀감이 되는 우수한 전투자질이라 할 수 있다. 저비스는 전투보고서에 넬슨이 종렬진 내에서 전대의 선두함을 따르도록 한 명령을 불복종하고, 자신의 독자적 판단으로 진형을 이탈한 점을 언급하지 않았다. 넬슨의 행동에 대해 이런 긍정적인 평가를 하였다는 점은 기억할 만하다. 복종렬진에서 단종진을 형성하라는 명령이 전달된 뒤에 명령불복종이 오히려 전투에 유리한 결과를 가져온 것에 대해 저비스가 명쾌히 인정했다는 것은 이후 또 다른 용감한 장교들도 명령에 불복종할 수 있을 여지를 남기는 선례가 될 수 있었다.

4 트라팔가해전 Battle of Trafalgar(1805)

자신의 47회 생일을 하루 앞둔 1805년 9월 28일, 제독의 직위에 있던 넬슨은 오랜 친구이자 전우인 콜링우드 제독이 지휘하던 카디즈 외해의 순항전대사령관으로 임명되었다. 넬슨은 카디즈에 정박한 프랑스-스페인 전대를 하나밖에 없는 눈으로 감시할 계획을 가지고 있었다. 넬슨보다 서열은 조금 늦었던 콜링우드 제독은 이 영국 전대의 차석사령관을 맡았다.

세인트빈센트해전 후 아부키르와 코펜하겐에서의 승리로 더욱 유명해진 넬슨은 빅토리함을 타고 영국에서 카디즈로 향했다. 그는 프리깃함 유라러스Euryalus함을 먼저 콜링우드에게 보내 신임사령관에게 관례적으로 베푸는 예포발사를 하지 말라고 지시하였다. 이와 같은 넬슨의 배려는 프랑스 함대사령관 빌르네브Villeneuve 제독이 자신의 도착을 인지하면 그가 해상으로 진출하지 않으리란 우려 때문이었다.

9월 28일부터 10월 19일까지 넬슨은 카디즈항의 시계 밖에서 휘하의 함선 26척과 함께 순항하였다. 그와 동시에 유라러스함을 지휘하는 블랙우드 예하에 5척의 프리깃함 소전대를 배치해 카디즈 근해를 초계하도록 하였다. 이 20일 동안 넬슨은 그가 원하는 전투방법에 대해 부하장교들에게 교육을 실시하였다.

넬슨은 적과 접촉할 때마다 신호의 필요성을 최소한으로 줄이려고 신뢰와 상호 합의를 창출하는 데 노력하였다. [만약 이러한 이해가 없었다면 전투가 진행되는 동안 신호를 임시변통하여 명령하는 것이 불가능하다. 필자는 수년에 걸쳐 해전에서 신호가 불필요할 때 굳이 신호를 사용하지 않고서도 승리할 수 있다는 내용의 기사를 쓴 적이 있다]

본국의 연안임무를 수행하던 1805년 5월 말 넬슨은 예상되는 전투를 대비해 자신이 의도한 바를 기록한 두 권의 비망록을 저술했다. 넬슨의 구상은 전통적인 병항전two parallel columns의 개념과는 완전히 다른 것이었다. 로드니·쉬프랑 그리고 호우가 이미 독창적인 개념의 예를 제시하긴 했으나, 넬슨 자신이 스스로 창안하고 그 구상을 서식화했다는 것은 참으로 놀라운 일이 아닐 수 없다.

1805년 10월 10일 넬슨은 휘하장교들과 나누던 대화를 마치고 40척의 함선을 전제로 한 최종예비대를 두라고 지시했다. 이 비망록은 군사문헌에서도 전쟁지휘술의 사려 깊은 예로 그 가치를 인정받고 있다. 필자는 품위있는 이 저술이 가급적 퇴색되지 않도록 노력하기를 바라며 이를 소개하고자 한다.

1805년 10월 10일 커다즈 외해 빅토리함 함상에서
변덕스런 바람과 안개 자욱한 날씨 속에서 40척의 함선으로 전열을 형성해서 전투에 돌입한다는 것이 불가능하다고 생각하라. 그리고 그밖에도 불리한 상황이 발생할 수 있다는 것도 명심하라. 무슨 수를 써서라도 적을 결정적으로 격파하기 위해서는 적을 전투에 끌어들이는 기회를 놓치지 않도록 행동을 할 때는 지체없이 하라.

본인은 사령관과 차석사령관의 기함을 제외하고 함대를 항해에 적합한 진형으로 유지할 것을 결심하였다. 따라서 항해진형 자체가 바로 전투대형이다. 함대는 2열로 배치되며, 각 열은 16척으로 구성된다. 속력이 빠른 2층갑판 함선 8척이 선도전대로 구성된다. 이 8척의 함선은 필요하다면 사령관의 지시에 따라 어느 열이든 증강 배치될 수 있다.

그러면 그 열은 24척으로 증강될 것이다.

　차석사령관은 본인의 의도를 인지하는 즉시 적을 공격함에 있어 휘하의 전열에 대한 독립적인 지휘권을 행사하고, 적을 나포하거나 격파할 때까지 공격을 계속할 것이다. 만약에 적 함대가 우리 전열의 풍상 쪽에서 발견되면, 그리고 선도전대의 종렬진이 적을 따라잡을 수 있다면 십중팔구 적의 전열이 신장될 것이므로 그들의 전위를 구하기는 어려울 것이다. 그러므로 본인은 부사령관이 휘하의 전열을 이끌고 적의 후미로부터 약 12번째 되는 적함의 위치에서, 혹 거리가 너무 멀어 그 위치에 도착할 수 없다면, 가급적 도착할 수 있는 위치에서 적의 전열을 돌파시킬 신호를 보낼 것이다. 본인이 지휘하는 전열은 적의 중앙을 돌파할 것이며, 선도전대는 중앙보다 2~3척 전방을 돌파할 것이다. 이것은 모든 노력을 기울여 나포하지 않으면 안되는 적 사령관을 확실하게 타격하기 위해서다.

　전체 영국함대는 적의 전열 중앙에 위치할 것으로 추정되는 적 사령관의 기함보다 3~4척 전방의 함선으로부터 후방에 위치한 적을 압도한다는 의지를 가지고 인상 깊은 공격을 가해야 한다. 물론 본인은 이런 돌파구 전방에 공격받지 않는 적 함선 약 20척이 잔존할 것이라 가정한다. 이들 함선은 곧 영국함대의 어떤 곳을 공격하거나 동료함선을 구하려고 세력을 집중하는 기동을 할 수 있겠지만, 그런 행동을 하려면 혼란을 초래할 수밖에 없을 것이다.

　적 함대는 46척의 함선으로 전열을 이룰 것이라 가정되고 있다. 대항하는 영국의 함선은 40척이다. 어느 측이든 가정한 척수보다 함선이 부족하면 차단되는 적 함선의 수-돌파되는 적 전열의 위치-도 적당히 조정되겠지만, 여하튼 영국의 함선이 차단되는 적의 함선보다 1/4

정도 우세하지 않으면 안된다.

　기회를 위해서는 무언가는 남겨두어야 한다. 해상전투에서는 아무 것도 확실한 것이 없다. 함포사격으로 인해 적의 함선은 물론이고 아군함선의 마스트와 돛 가름대도 파괴될 수 있다. 그러나 본인은 적의 전위가 그들의 후위를 차지하기 전에 승리할 확신이 있다. 그런 뒤 영국함대가 적 전열의 나머지 20척에 대응할 태세를 갖출 것이고, 그들이 도주할 때에도 추격할 수 있다고 확신한다.

　만약 적의 전위가 바람을 선수로 받으며 회전하여 후위를 차지하려 한다면 나포한 적의 함선을 영국 전대의 풍하 쪽으로 빠지게 해야 한다. 적의 전위가 선미로 바람을 받으며 회전하면 영국함대는 적과 나포함선 또는 손상함선 사이에 위치해야 한다. 적이 접근해 온다면 본인은 그 결과에 대해 아무런 우위도 갖지 않을 것이다.

　가능한 모든 상황을 고려해 차석지휘관은 자연환경이 허락하는 한 함선간격을 좁혀 전열의 이동을 제지해야 한다. 각 함장들은 각자가 기동해야 할 선이 집결점임을 주지해야 한다. 그러나 함장이 신호를 볼 수 없거나 명확히 이해하지 못할 경우, **무조건 자함의 현측을 적함의 현측에 접근시켜라.** 그렇게 하면 큰 실수는 없을 것이다.

[표 1] 항해진형 및 전투대형

선도전대·전열함	8척
풍상쪽 종렬진	16척
풍하쪽 종렬진	16척
계	40척
적의 전열·전열함	46척

영국함대의 각 분대divisions는 적 전열의 포사정 거리에 근접해야 한다.

신호는 풍하 쪽 전열을 위해 가급적 풍하방향으로 일제히 게양할 것이다. 각 함선은 가능한 한 신속하게 적에게 접근하기 위해, 그리고 적 전열의 후미로부터 12번째 함선에서 시작되는 돌파구를 마련하기 위해 조종용 돛을 포함해 모든 돛을 올려야 한다. 일부 함선이 각자 예상한 위치를 돌파하지 못할 수도 있겠지만, 그렇다고 하더라도 그 함선은 반드시 동료함을 지원할 수 있는 가까운 위치에 있어야 한다.

어느 함선이든 적 후위에 접근한 함선은 적의 12척 함선에 대한 공격을 완수해야 한다. 적은 선미로부터 바람이 부는 쪽을 향해 진행할 수 있다. 그렇더라도 원래의 진형에서 계속해 적 전열의 후위를 구성하는 12척의 함선은 사령관의 별도 지시가 없는 한 영국함대의 풍하 쪽 전열을 계속적인 공격목표로 삼아야 한다. 일단 사령관의 의도가 공포된 뒤 풍하 쪽 전열에 대한 제반지시는 해당전열을 지휘하는 제독에게 위임된다. 때문에 사령관이 별도로 지시하는 경우는 없을 것이다. 적 함대 가운데 잔여함선에 대한 처리는 사령관에게 일임한다. 그러나 사령관은 가능한 한 차석사령관의 행동이 간섭받지 않도록 배려할 것이다.

넬 슨

10월 19일 오전, 빌르네브 제독은 휘하의 33척의 함선(18척의 프랑스함선과 15척의 스페인함선)을 지휘해 동쪽에서 부는 미풍의 이점을 안고 지중해로 항해할 목적으로 카디즈를 출항하였다. 스페인의 그라비나Gravina 제독이 스페인 전대를 지휘하고 있었다. 프리깃 전대로부터 프랑스-스페인함대의 동향보고를 받자 넬슨은 그들의 지중해 진입을 저지하기 위해 곧바로 출항하였다.

다음 날인 20일, 빌르네브의 함대가 신선한 남서풍을 받으며 지브롤터해협에 접근하고 있었다. 다시 말해 그들은 거의 역풍을 받으며 남남동 방향으로 항진하는 것이었다. 연안에서 멀리 떨어진 곳에 있던 넬슨은 유리한 풍향에 힘입어 빠른 속력을 내어 빌르네브를 추월할 수 있는 위치에 있었다.

그러나 넬슨은 20일과 21일 야간이라 적 함대를 발견하지 못하고 추월하는 일이 없도록 하기 위해 그리고 적 함대가 변침한다면 자신이 풍하 쪽에 위치할 수도 있는 위험에 처하지 않도록 하기 위해 돛을 줄였다. 21일 오전, 양측의 해군세력은 모두 트라팔가 근해에 위치해 있었다.〔그림 18 참조〕

빌르네브는 영국 전대가 프랑스-스페인함대를 위협할 수 있는 위치에 있다는 것을 인식하자 곧장 변침시켜 돛을 펴고 북상하였다. 그런데 빌르네브가 카디즈로 귀환할 무렵 풍향이 갑자기 서북서풍으로 바뀌었다. 바로 그 때 넬슨은 전투를 위해 돛을 모조리 펴고 사후방으로부터 바람을 받으며 2열종렬진으로 프랑스-스페인함대를 향해 변침하였다. 넬슨은 좌측종렬진, 즉 풍상쪽 전열의 선두함인 빅토리함상에 있었고, 콜링우드는 우측종렬진을 선도하고 있었다. 두 종렬진 사이의 간격은 약 1마일이었다.

"영국은 여러분이 의무를 다할 것을 기대한다.England expects every man to do his duty"라는 유명한 신호기를 올린 뒤 넬슨은 자신의 비망록에서 강조해 온 구상대로 적 진형의 중앙을 향해 휘하의 전열을 진출

9. 해전연구 167

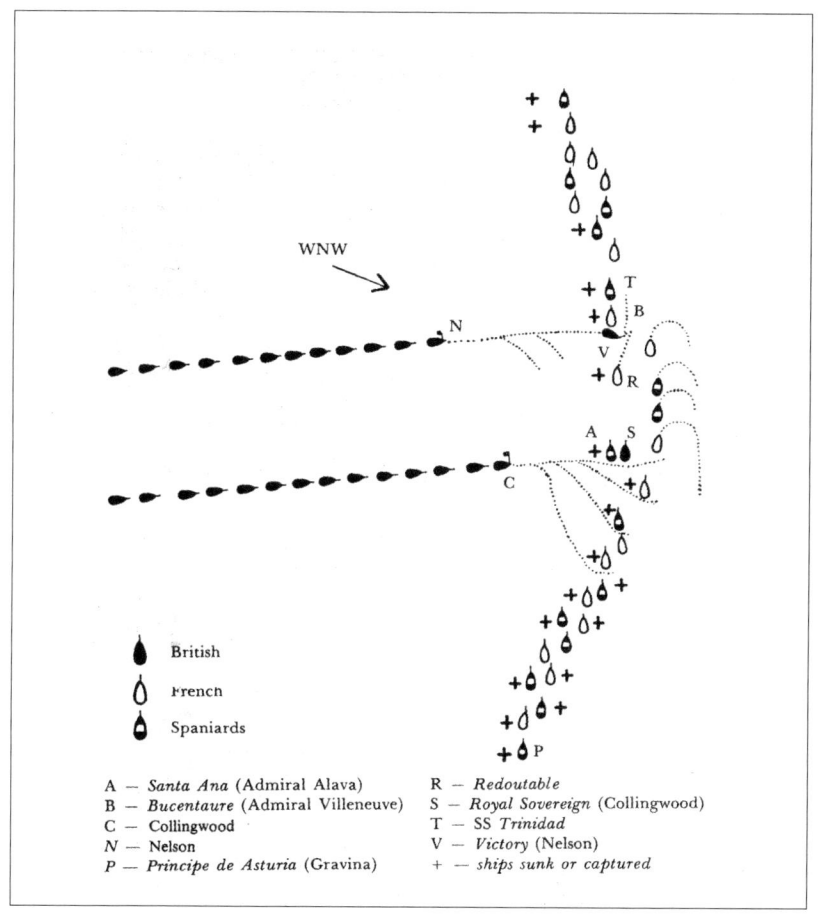

[그림 18] 트라팔가해전

시켰다. 빅토리함은 빌르네브의 기함 뷔쌍또르*Bucentaure*함 정면을 향해 돌진하였다. 그러자 뷔쌍또르함의 선미를 살짝 스치듯 통과하면서 가히 살인적인 일제사격을 가하였다.

한편 콜링우드는 후위의 선두 부근으로, 다시 말해 스페인의 그라비나 제독의 차석사령관인 알라바Alava 제독의 기장이 휘날리는 스페인 함선을 향해 돌진했다. 그라비나 제독은 항해진형이 바뀌면 스페인 사령관이 전열을 향도하는 선도함이 될 수 있도록 하기 위하여 전열의 최후미에 위치해 있었다.

넬슨을 뒤따르던 함선들은 적 전열의 중앙에 위치한 다른 함선들에게 공격을 가하였다. 그러자 콜링우드 휘하의 함선들도 산개하여 적 전열의 후방에 일제히 공격하였다. 결국 영국 전대의 전함선은 프랑스-스페인 세력의 일부에 대해 집중적으로 공격할 수 있었다. 이에 반해 프랑스-스페인함대의 전위는 빌르네브의 신호에도 불구하고 전투현장에 제때 도착하지 못했다.

마침내 넬슨 제독은 뷔쌍또르함을 뒤따르던 리다우터블함에서 발사한 총탄을 맞고 명예롭게 전사했다. 그러나 전투는 맹위를 떨치며 계속 되었다. 프랑스-스페인 함선 19척은 격침 또는 나포되었다. 대패한 함선의 나머지 함선들은 황급히 도주하였다.

찬란하던 바로 이 날, 대영제국의 범선해군은 영국을 세계최대의 강대국으로 군림하게 만들었고, 1588년 스페인 필립 2세의 무적함대를 격퇴하면서 시작한 그동안의 수많은 전투를 통해 한 시대의 막을 내리게 했다.

이 해전은 또한 범선시대의 종말을 고했다. 이후 범선시대의 해전에서 전술적으로 중요했던 해전은 1827년 10월 20일에 있었던 나바리노해전이 있다. 그리스가 터키의 속박에서 독립하기 위해 투쟁하던 전쟁기간 중에 발생한 이 해전은 영국의 코드링턴Cordrington 제독이 지휘하는 영국·프랑스 및 러시아 함선 24척과 파샤의 지휘 아래 있던 36척의 터키-이집트 전대와의 결전이었다. 4시간에 걸친 전투 끝에 강인한 용기와 뛰어난 포술을 갖춘 유럽해군이 무질서한 터키-이집트 해군을 무참하게 격파했으며, 이 해전으로 터키해군은 모든 함선을 잃고 말았다.

170　세계사 속의 해전

쉼터

제4편

추진기 시대

The Age of the Screw Propeller

쉼터

10.
함선의 특성
Ship Characteristics

1. 기계적 추진함선의 발전

앞서 노선시대와 범선시대 함선의 특성을 설명할 때도 그랬지만, 표현상 '발전'이라는 용어는 포함하지 않았다. 왜냐하면 노선시대나 범선시대에서는 해전을 수행하는 함선의 능력이 그렇게 많이 변한 것은 아니기 때문이다. 레판토해전은 2천 년 전에 발생했던 살라미스해전 당시의 전투방식과 거의 비슷했고, 트라팔가해전도 비록 넬슨의 전술적 재능이 발휘되기는 했지만 범선시대 초기에 사용된 함선과 거의 같은 함선으로 승리를 거둔 해전이었다. 이와는 대조적으로 모든 현대 과학기술 분야의 급속한 발전결과로 추진기 시대는 해전을 수행하는 도구의 급격한 발전을 가져왔다는 것이 특징적이다.

1866년에 있었던 리사해전은 1916년 불과 50년 뒤에 일어난 유틀란트해전과 비교하면 그 양상이 매우 달랐다. 새로운 무기를 효과적으로 운용할 수 있고, 또한 그러한 무기의 파괴적인 효과로부터 보호될 수 있는 전투함의 건조가 강조되는 가운데 무기 제조기술의 발전은 함정 건조기술의 발전에 결정적인 요소가 되었다. 따라서 여기서는 함선의 무장과 전투특성을 한꺼번에 고찰하려 한다. 현대 해전무기의 중요한 발전과정은 〔표 1〕에 제시되었다.

완전한 기계적 추진기를 갖춘 철갑군함 2척이 처음으로 등장하여 교전하였다. 바로 모니터*Monitor*함과 메리막*Merrimac*함이 그것이었다. 이 두 척은 미국 남북전쟁이 한창 진행 중이던 1862년 3월 9일에 워싱턴 근처의 헴튼 로드에서 맞붙었다. 모니터함은 특별히 장갑함으로 건조된 군함이었고, 메리막함은 증기 프리깃함을 완전하게 변형시킨 장갑함이었다. 두 척의 군함은 사실상 자력추진 포대라 할 수 있다.

모든 변환기가 그렇듯이, 각국 해군이 목재 선체로 된 구식함선의 현측을 따라 철갑을 씌워 함선을 정비하던 시기와 완전히 기계적 추진기로만 항해하는 함선과 함께 범선이 해양을 누비던 사이에는 20년(1850~1870)의 과도기가 있었다. 이 20년 동안 함포의 위력은 증대되고 이와 더불어 장갑함의 필요성 또한 증가하였다.

초기에는 포미장전식 해군포의 사정거리가 짧았다. 자함의 운동과 표적함선의 운동으로 야기되는 조준의 곤란성으로 인해 1870년 경까지는 고대의 다단노선처럼 함선을 충각하기 위해 흘수선 아래 돌출된 뱃부리가 기계적 추진함선의 중요한 무기가 되었다. 실제로 이런 과도기에 비교적 기민하게 기동할 수 있는 함선들은 거의 충각장치를 채택하였다. 그 후 함포의 사정거리와 포의 구경, 그리고 조준이 점진적으로 개선되자 충각의 중요성도 차차 쇠퇴하였다. 그러나 충각으로 함선을 동파하지 않고 함포만으로도 함선을 격침시킬 수 있다는 것이 입증된 러일전쟁(1904~1905) 이후까지도 충각은 사라지지 않았다.

[표 2] 연도별 주요 발전사항

연 도	주요 발전사항
1846	처음으로 강선포, 포미장전식 포가 카발리 포병대위에 의해서 고안 및 제작됨
1854	크림전쟁Crimean War에서 기뢰가 등장함
1859	처음으로 장갑함 등장(프랑스의 글루아르, 선체는 목재)
1860	처음으로 전장갑함 등장(영국의 워리어, 프랑스의 라 꾸론느, 이탈리아의 테르빌 및 포미더블)
1868	381mm 활강포의 원형탄과 250mm 활강탄의 타원포탄의 비교시험, 강선포 신의 명백한 우위가 입증됨 해군기술자 화이트헤드Whitehead에 의해서 어뢰가 등장함. 이루부터 5년 내에 각국 해군에 의해서 채택됨
1875~1880	포미장전식 포가 소구경포에서 먼저 채택된 뒤 점진적으로 중구경포 및 대구경포에서 채택이 가능해짐에 따라 포구장전식 포가 사라짐
1895	잠수함 등장(프랑스의 짐노뜨, 이탈리아의 데피노, 미국의 홀랜드, 스웨덴의 노 덴펠트)*

□* 기뢰·잠수함 및 증기기관의 아버지로 불렸던 풀턴Robert Fulton은 1800년에 잠수함 노틸러스Nautilus함을 진수시켰다. 이 잠수함은 손으로 작동되는 추진기를 가졌으며, 부상항해시에는 돛을 펼 수 있도록 장치하였다, 이 잠수함은 적 함선의 바닥에 기뢰를 부설하기 위해 건조되었다. 1803년 그는 세느 강에서 증기로 추진되는 첫 보트를 주행시험을 했고, 1807년에는 첫 증기선인 끌레르몽Clermont함으로 뉴욕에서 알바니까지 항해했다. 그러나 1783년 증기추진 보트의 주행시험을 최초로 성공한 사람은 다름 아닌 주프로이Jouffroy였다.

건현upperworks도 함포의 파괴력으로부터 완전히 방호되지 않으면 안되었다. 포의 파괴적인 위협은 폭발성 포탄에 이어 등장한 철갑탄이 함선의 현측을 위협하기 시작한 1880년경에 이르러 더욱 증대되었다. 그리하여 장갑과 포의 대결이 시작되었으며, 그 대결은 지금도 진행되고 있다. 비록 전쟁을 통해 건조하는 것보다는 파괴하는 것이 쉽다는 경험이 자연의 법칙을 확정해 주는 것처럼 보였지만, 그 승부는 아직까지 판가름이 나지 않았다.

함선의 구조 또는 수면 아래 선체는 파공효과보다 충격효과를 주는 수중무기의 출현에 영향을 받았다. 수중무기에 대한 최선의 방호책은 장갑이 아니었다. 그보다는 수중폭발에 의해 발생하는 에너지를 흡수함으로써 함체의 중요한 부분이 파괴되는 것을 방지하기 위해 특별히 고안된 구조상의 특수장치를 선체의 내부 또는 외부에 설치하는 것이었다.

처음으로 등장한 수중무기는 기뢰였다. 기뢰는 크림전쟁에서 최초로 사용되었으며, 그 후 다소 개량된 기뢰가 미국 남북전쟁American Civil War(1861~1865) 기간에 출현했다. 특히 러일전쟁에서는 매우 효과적으로 사용되었다. 그러나 당시의 기뢰는 외해에서는 사용할 수 없었고 근해에서 부유기뢰로서만 부설될 수 있었다. 때문에 심각한 관심의 대상은 못되었다. 함선은 단지 기뢰부설 구역 밖에서 기동하거나 그렇지 않으면 연안으로 접근할 때 소해함선의 후방에서 항해함으로써 보호받았다.

그 후 기뢰는 제1차 세계대전 기간 중에 많이 발전되었다. 수심

300미터까지 기뢰의 부설이 가능해졌다. 이러한 수심증대는 북해와 아드리아 해의 해역 대부분을 포함해 기타 해역에서도 기뢰가 광대하게 부설될 수 있다는 것을 의미하였다. 그리고 실제로 그런 기뢰가 부설되었다. 공해상에서도 기뢰의 위협은 증가되었다. 그에 따라 함선은 방뢰구paravanes라고 불리는 특수장치를 달고 항해하기 시작하였다.

그러나 선체의 방호에 심각한 문제를 따끔하게 불러일으킨 수중무기는 어뢰였다. 1868년 기술자 화이트헤드가 발명한 어뢰는 압축공기모터로 추진되었다. 어뢰는 속력 6노트로 100미터를 주행할 수 있었고 면화약 8kg을 운반하였다. 그 후 오래지 않아 어뢰는 신속하게 발전해 속력 20노트로 500미터의 거리를 주행하면서 30kg의 폭약을 실어나를 수 있었다. 이때부터 어뢰는 이미 함선보다 속력이 빨랐다. 이러한 때문에 어뢰는 함선을 적중시킬 수 있는 실제적인 무기가 되었다.

처음에 어뢰발사관은 충각의 충격효과를 모방하기 위해 함선선수에 설치되었다. 한마디로 어뢰는 뱃부리의 연장과도 같았다. 그러나 얼마 뒤 어뢰발사관도 현측에 설치되었다. 어뢰를 적 함선에 명중시키려면 적에게 근접할 필요가 있었기 때문이다. 따라서 각국 해군은 어뢰를 운반하기 위해 함포의 표적으로 삼기에는 작고 탐색이 곤란하고 큰 위험부담을 갖지 않고도 접근할 수 있는, 특히나 야간에 접근하기 쉬운 소형이며 고속인 보트가 필요하다는 결론을 얻었다. 대형함에서는 어뢰가 부차적인 무기로 인정되었다. 그래서 1875

년에 배수톤수 20톤, 속력 18노트의 어뢰정이 출현하였다. 그러나 어뢰정은 소형이며 내해성이 제한되어 기뢰원의 부산물처럼 연안방어정으로만 사용되었다.

외해에서 안전하게 항해할 수 있는 능력을 갖춘 어뢰정이 처음으로 등장한 것은 1885년 선보인 독일해군의 80톤급 어뢰정 슈니샤우-Schnichau형이었다. 이런 유형의 어뢰정은 경제속력으로 300마일을 항해할 수 있는 항속거리를 가졌으며, 60kg 폭약을 장착하고 속력 25노트로 800미터를 주행하는 어뢰를 선수에서 발사할 수 있었다. 어뢰정의 크기는 점진적으로 증가해 1910년에 이르러서는 규모가 200~250톤에 달했고 속력도 25~26노트에 이르렀다.

어뢰정의 공격으로부터 자체방어를 위해 각 함정은 가벼운 속사포와 야간에도 접근하는 어뢰정을 탐지하기 위한 조명등을 따로 갖추어야 했다. 대 어뢰정포는 어뢰의 주행거리보다 원거리에서 어뢰정을 격파하기 위해 어뢰정의 크기와 주행거리의 증가에 비례해 구경이 37mm로부터 점점 늘어나 47mm·57mm 및 76mm 포까지 증가하였다.

1895년경 뒷날 구축함destroyer으로 불리는 어뢰정구축함torpedo-boat destroyer이 출현하였다. 어뢰정구축함은 어뢰정의 공격으로부터 주력함을 방호하기 위한 주력함 수행목적으로 설계된 함정으로서, 어뢰정보다는 크고 고속이며 대 어뢰정포를 장착하였다. 초기에 출현한 구축함은 배수톤수가 300톤이었으나 1905년에는 500톤으로 늘어났다.

구축함이 출현한 시기와 거의 같은 시기에 수중에서는 어뢰를 사용하는 가잠어뢰정 또는 보다 줄여서 부르는 잠수함이 출현하였다.

1905년 이후 가열공기가 어뢰추진에 도입됨으로써 어뢰의 속력과 주행거리는 30노트였고 400미터를 주행할 정도로 증대하였다. 심지어는 그보다 주행거리는 짧지만 속력이 무려 40노트에 달할 만큼 크게 향상되었다. 따라서 어뢰로 적 함선을 적중시키려면 굳이 가까이 접근할 필요가 없었다. 때문에 제공되는 표적에 비해 크기 차이가 났음에도 불구하고 구축함은 그 자체로 어뢰정으로서의 기능을 수행할 수 있었다.

반면에 소형어뢰정의 중요도는 점차 상실하기 시작했다. 어뢰정이 전시임무를 수행하는 주력함 역할이 불가능했고, 또 연안방어 임무도 그 동안 한층 기능이 떨어져 기뢰와 잠수함으로 대체되는 것이 보다 효과적이었기 때문이다.

1918년에 이르러 배수톤수가 거의 1천 톤에 달하는 구축함 공격으로부터 자체방어를 위해 함정마다 대 어뢰정 포의 구경을 102mm·120mm, 그리고 152mm 포로 점점 증대시켜 나갔다. 또한 구축함끼리의 전투에서도 어뢰로 적을 공격하는 임무가 추가되어 적 구축함의 공격에 맞서 반격을 가하지 않을 수 없게 되었다. 그 결과 구축함의 포 또한 102mm 포로 무장해야 했고, 마침내 120mm 포[미국해군에서는 127mm 포]를 장착해야 하는 단계까지 나아갔다.

구축함에는 잠수함을 공격하면서도 이들의 공격기선을 제압하는 과제가 부과되었다. 이런 과업을 수행하기 위해 구축함은 수중청음기와 폭뢰를 구비해야 했다. 이에 덧붙여 구축함은 고속기동에서도 사용하게끔 설계된 소해기구를 갖추었다. 그러므로 구축함은 제1차 세계대전 이래 기본적으로는 호위함으로서의 기능적 가치를 인정받은 셈이다.

1915년부터 1918년까지 신무기인 항공기가 해상에서도 작전능력이 있다는 것이 구체적으로 입증되기 시작하였다. 당시 항공기는 존재 자체가 미미했으나, 미래에는 그 전망이 매우 밝다는 징후였다. 그리하여 각국 해군은 대공사격에 관한 문제를 연구하기 시작했다. 필자도 1914년에 이미 대공사격에 관한 연구를 최초로 수행한 사람들 가운데 하나였다. 이러한 연구에는 기존의 포를 대공사격에 적용할 수 있고 새로운 대공포를 개발하며 함정의 수평갑판을 보강하는 문제 등도 포함되었다. 수평갑판은 당시 장거리 전투에서 수직으로 낙하하는 포탄으로부터 갑판을 방호하기 위해 상당한 두께로 보강되었다.

20세기에 접어들자 공격능력과 방어능력 사이의 경쟁적 발전에 크게 자극받은 함정들이 꾸준히 발전을 거듭하여 무장과 방어능력을 크게 향상시켰다. 그러자 함정들은 더욱 고속화되고 대형화되었고 항속거리도 크게 증대되었다. [표 2]가 보여주듯, 함정마다의 기본형은 초기보다 제1차 세계대전이 끝난 뒤에 몇 배의 크기로 증대되었다. 그리고 주력함 무장의 발전추세는 [표 3]에 제시되어 있다.

이러한 표에 제시된 함정 이외에도 각각의 함대에는 모니터함·기뢰부설함 및 소해함정 등도 포함되었다. 제1차 세계대전이 끝날 무렵에는 항공모함의 건조 계획까지 진행되었다.

[표 3] 주요 전투함정의 배수톤수 변화 (단위: 톤수)

함 종류	연 도	배수톤수	연 도	배수톤수	연 도	배수톤수
전함	1875	8,000			1925	35,000
순양함	1895	6,000			1925	42,000
경순양함	1900	2,000			1925	10,000
구축함	1895	300	1905	450	1925	2,000
어뢰정	1885	80	1905	250	1925	16
잠수함	1900	250				2,000

[표 4] 주력함 무장의 발전추세

연도	포 종류	전함	순 양 함
1900	주포	4×305mm & 12×152mm	4×203mm & 12×152mm
	대어뢰정포	20×76mm	16×76mm
1914	주포	10×343mm or 12×305mm	8×343mm or 8×305mm
	대어뢰정포	16×152mm or 20×120mm	12×152mm or 16×120mm
1920	주포	9×381mm or 9×406mm	8×381mm
	대어뢰정포	12×152mm	12×152mm
	대공포	12×102mm	8×102mm

1. 전함 battleship

    1875년 이전의 신형 기계적 추진함대는 장갑함과 정찰함 그리고 통보함으로 명명되는 함정만으로 이루어졌다. 군사기술의 관점에서는 범선시대로부터 증기를 보조동력으로 사용하던 시대를 거쳐 스크류 추진기시대에 이르는 동안 이탈리아의 뛰어난 해군기술자이자 수차례나 해군장관을 지낸 브린Benedetto Brin이 함정의 발전과정에서 결정적인 단계를 이룰 업적을 내놓았다.

1873년 1월 6일 브린의 제안으로 해군함정의 건조기술 면에서 획기적인 이정표가 된 2척의 함정이 건조되었다. 이 함정들은 바로 두일리오Duilio함과 단돌로Dandolo함이었다. 함정들의 제원은 다음과 같다. 배수톤수 1만 1,400톤, 기관출력 7,700마력, 속력 15노트, 장갑의 최대두께는 55cm나 되었다.* 또한 무장으로는 450mm 포 4문이 대각선으로 포탑에 설치되었고, 그밖에 32문의 소구경 포와 어뢰발사관을 갖추었으며, 함수에는 예리한 충각장치까지 있었다. 이 함정은 '철iron' 대신 '강철steel'로 장갑한 세계최초의 함정이었다.

□* 이 당시 가장 두꺼운 장갑은 기관실 부분에 한정적으로 사용되었다.

여기서는 하나의 함형으로서 전함의 발전과정을 고찰하고자 한다. 관례상 이 함형을 4개의 범주로 분류해서 논의하겠다. 즉 전함은 구식전함predreadnoughts · 준노급전함quasidreadnoughts · 노급전함dreadnoughts 및 초노급전함superdreadnoughts으로 구분된다.

1890년까지 전함은 305mm포와 152mm포를 주포로 장착했고 소구경의 대 어뢰정 포로는 대개 76mm포를 갖춘 표준화된 단계로 발전하였다. 2기의 포탑에 설치된 305mm포는 포탑이 각각 함수 및 함미 방향으로 배열되었고, 152mm포는 일부를 제외하고 포탑이 아닌 포대에 설치되었다.[그림 19 참조]

사격시 너무 느려 몇몇 대구경포는 통상적으로 중구경포로 일단 파괴한 함선에 최후의 일격을 가하는 데 사용되었다. 함정을 격침시

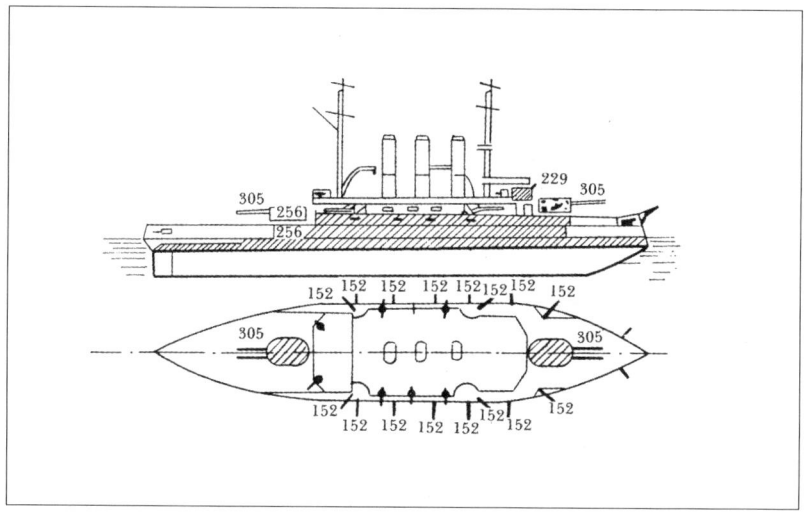

[그림 19] 구식전함

키는 데도 대구경포가 훨씬 유리하다는 것은 러일전쟁 때 결정적으로 입증되었다. 그 전쟁 이후 일부 전함의 152mm포가 중구경의 포로 대치되었다. 그로 인해 4문의 305mm포와 8내지 10문의 254mm포 또는 203mm포를 장착한 전함이 출현하였다.〔그림 20 참조〕

포의 조작이 기계화됨에 따라 함정은 날렵한 중구경 포의 신속한 사격이 가능해졌다. 뿐만 아니라 전투수행시 거의 모든 포를 사용하면서 전투할 수 있게 되었다.

1906년 영국은 드레드노트dreadnought라는 이름의 노급전함을 진수시켰다. 이 전함은 1903년에 이탈리아의 기술자인 쿠니베르티Cuniberti가 완성한 설계의 영향을 받았다. 드레드노트는 대구경포가 모두 한 종류의 포로 무장된 전무후무한 전함의 대명사라고 할 수 있다. 이

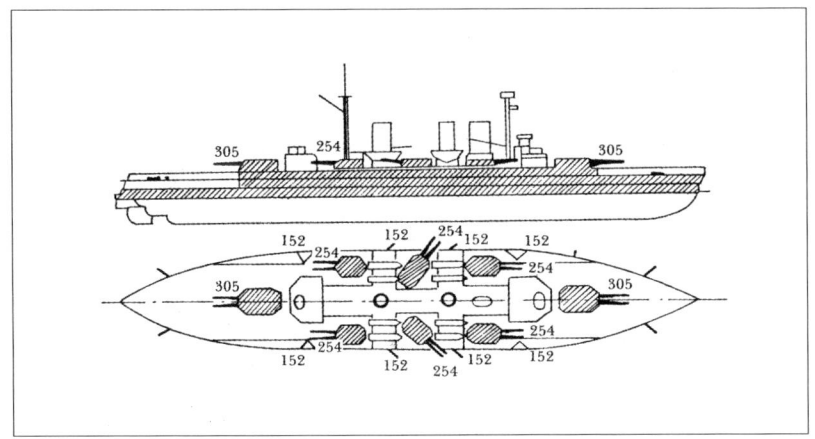

[그림 20] 준노급 전함

함정은 5기의 2연장 포탑에 설치된 10문의 305mm포를 탑재하였다. 때문에 각 현측에서 8문의 주포를 동시에 발사할 수 있었다.[그림 21 참조] 또한 대 어뢰정 방호를 위해 24문의 76mm포를 장착하였다.

당시 함선의 최대속력은 평균 18노트였다. 그러나 증기터빈기관을 갖춘 드레드노트는 속력을 21노트까지 낼 수 있었다. 최후의 구식전함은 만재 배수톤수가 1만 5만 톤이었는데 반해 드레드노트의 배수톤수는 1만 8천 톤에 달했다. 드레드노트는 그 때까지 여러 전함에다 분할시킨 갖가지 공격력을 한 함정에 집중시키는 결과를 가져왔다. 때문에 경제의 원칙과 힘의 원칙을 구체화한 함정이었다.

각국 해군이 영국을 모방하여 노급전함을 건조하자 기존의 전함들은 그 뒤로 구식전함(152mm 탑재함)과 준노급전함(254mm 또는 203mm포 탑재함)이라 불렸다. 이 신형전함은 공격력이나 방어면에서 기존의 전함

10. 함선의 특성 185

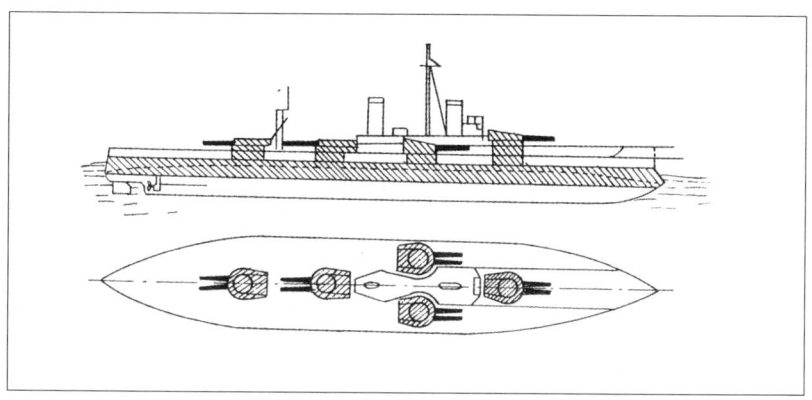

[그림 21] 노급전함

과 월등한 차이가 있었다. 그러자 기존전함들은 가치가 없는 전함으로 전락하고 말았다. 그리고 노급전함은 이제까지 점진적으로 발전하여 온 해군의 기술분야에서 새로운 도약을 상징하는 이정표가 되었다.

여러 가지 유형의 노급전함도 건조되었다. 이들 함정은 대구경포를 최대 8문까지 탑재했으며, 심지어 14문을 탑재한 전함도 있었다. 화력의 증가추세를 살펴보면, 포탑의 배치가 현측과는 동일평면 상의 용골선을 따라 설치되었다. 그렇게 함으로써 양현에서는 모든 포사격이 가능해졌다.

그리고 이렇게 배치된 포탑 위에 또 다른 포탑이 포개진 형태가 등장하였다. 이것은 함수부터 함미방향까지 화력을 전방위로 투사할 수 있도록 하려는 것이었다.

포탑만 하더라도 2연장포탑에서 3연장포탑 또는 4연장포탑으로

186 세계사 속의 해전

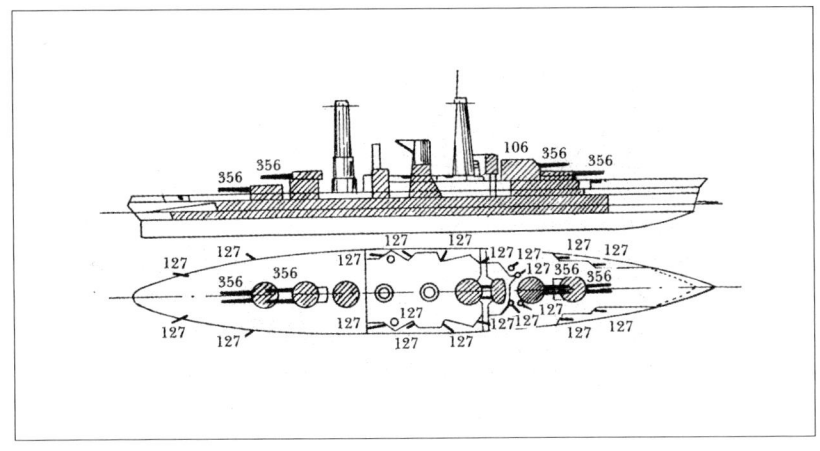

[그림 22] 초노급 전함

강화되었다. 포의 구경도 305mm포에서 343mm포·381mm포 그리고 406mm포로 갈수록 커져 갔다. 이런 함정에 가장 잘 어울리는 명칭은 초노급전함이었다. 이들 전함은 305mm포보다 대구경포를 탑재하였다.〔그림 22 참조〕 제1차 세계대전이 끝날 무렵 일부 해군에서 건조하던 함정의 배수톤수는 4만 톤을 웃돌았으나 문제는 457mm포를 어떻게 탑재하느냐였다.

2. 순양함cruiser

앞서 살폈듯이 기계적 추진시대 때의 해군은 초기에는 전투를 수행하는 전열함과 정찰을 맡은 통보함이 따로 있었다. 범선시대에 전장범선과 프리깃함이 그랬던 것처럼. 그러나 오래 지나지 않아 초계활동으로 총칭되는 임무수행을 맡을 새로운 함선의 필요성이 명백해졌다.

초계활동을 수행하려면 고도의 기동술과 적절한 공격능력을 갖춘 많은 수의 함정이 필요하다. 예측컨대 과거에도 그러했고 지금도 그러하며 미래에도 그러할 것이다. 과거로부터 현재에 이르기까지 그치지 않고 지속되는, 그러한 임무에는 통상해운과 군용수송의 방호와 공격·정찰 및 적국해안에 대한 기습공격 그리고 자국해안의 초계 등이 포함된다. 17노트 정도의 속력으로 달리는—1870년대에서는 이것 자체를 상당히 고속으로 간주하였다—통보함은 무장이 너무 빈약하여 단지 정찰활동만 해야 했다.

그 빈틈을 메우기 위해 순양함이 고안되었다. 그러자 통보함은 사라지고 말았다. 순양함은 전함보다 속력이 적어도 2노트 이상 빨랐고, 상당한 항속거리와 적절한 공격력, 만족할 만한 방어적 특성을 갖추었다. 따라서 초기 순양함은 어느 정도 무장하고 있었으며, 속력도 18노트까지 낼 수 있었다. 당시의 전함속력은 16노트였다. 순양함의 배수톤수는 전함의 그것에 비해 30% 정도밖에 되지 않았다. 순양함이 장착한 최대의 포도 전함의 305mm포와는 달리 203mm 또는 254mm포에 불과했다.

19세기 말의 분위기는 순양함의 수직장갑이 무시되고 대신 함정의 중량을 보다 줄여 고속용 대형기관을 설치하는 쪽으로 충당되었다. 아울러 배수톤수도 축소되었고, 함정의 건조비용 또한 줄어들었다. 그 결과 방호순양함protected cruisers이 등장했다. 여기서 방호라는 표현은 갑판이 장갑으로 방호되었다는 뜻이다. 1900년경 동력설비의 무게를 상당히 감축한 증기기관 분야의 기술향상이 이루어지던 당시 장갑순양함armored cruisers의 속력은 21~23노트에 달했다.

하지만 방호순양함의 퇴색에 반해 장갑순양함은 물론 원래 정찰용으로 건조된 보다 소형의 함정, 말하자면 고속이면서도 가벼운 무장을 갖춘, 또한 비장갑이지만 경제적인 함정이 필요했다. 대량건조에 적절한 순양함의 절실한 필요성은 여기에 있었다. 그래서 통보함의 재현에 버금가는 정찰순양함scout cruisers이 출현한 것이다. 처음에 등장한 정찰순양함으로는 이탈리아의 아고르다트Agordat함·코아티트Coatit함과 러시아의 노빅Novik함을 들 수 있다.

장갑함이 노급전함으로 전환된 1905년 이후부터는 장갑순양함도 전투순양함battle cruisers으로 탈바꿈하였다. 장갑순양함은 노급전함에 비해 소형이고 건조비용도 훨씬 저렴한 데 반해, 전투순양함은 무장과 방호를 줄이지 않고서는 속력과 항속거리가 절대로 우수할 수 없었다. 전투순양함은 노급전함보다 대형이고 건조비용도 고가였다.

전투순양함은 최소 2문의 대구경포를 갖추는 등 거의 노급전함 못지않은 무장을 갖추었다. 고가의 건조비용과 운용비 때문에 부유한 소수국가만이 전투순양함을 건조할 수 있었다. 단지 영국이 13척, 독일이 10척, 그리고 일본이 4척을 건조했을 뿐이다. 당시만 해도 미국은 아직 강력한 해군력을 보유하지 못한 상태였다.

전투순양함은 정찰세력이 적으로부터 압도당하는 위험을 방지할 목적으로 이들을 차단하는 등 제한된 목적으로만 사용되었다. 그 외 갖가지 초계목적을 수행할 목적으로 경순양함light cruisers이 건조되었다. 경순양함은 방호순양함·장갑순양함 및 통보함의 합작품이라고 해도 무방했다. 제1차 세계대전 말에 이르러서는 4만 6천 톤급의 전투순양함과 약 1만 톤급 경순양함의 건조가 계획되었고, 일부 유형은 이미 그 건조가 진행되는 중이었다.

3. 추진계통 Propulsion Systems

끝으로 함정의 속력을 증가시키는 데 직접적인 요소가 되는 추진계통의 발전에 관해 살펴보는 것이 적절할 듯하다. 우선 속력을 좌우하는 원동력과 그와 연관된 함정의 규모 및 선체의 유형에 관한 사항부터 설명하겠다. 다른 조건들이 모두 같다면, 속력은 선체길이의 제곱근에 비례한다.

배수톤수가 증가할 경우—이것은 선체의 길이를 포함한 함정의 제원 역시 증가한다는 뜻이다—주어진 속력을 얻는 데 필요한 동력은 일정한 비율로 증가한다. 실제로 1천 톤의 선체가 20노트의 속력을 얻으려면 배수톤수로 톤당 4마력의 동력이 필요했고, 1만 톤일 경우에는 톤당 1.5마력, 그리고 2만 톤일 경우에는 톤당 1마력이 필요하였다. 배수톤수가 일정한 상태일 경우에 동력은 속력이 증가하면 조금씩 덩달아 증가한다. 줄잡아 계산하면, 20노트로 증속하기 위한 동력은 속력의 제곱에 비례해 증가하며, 20노트와 30노트 사이에는 3제곱으로, 30노트를 초과할 경우에는 3제곱 이상으로 증가시켜야 했다.

이런 놀라운 비례 때문에 추진계통을 경량화하지 않고서는, 다시 말해 기관의 중량 대 마력의 비율을 감소시키지 않고서는 고속력을 낼 수 없었다. 초기의 증기기관은 보일러를 포함하여 무게가 마력당 200kg 또는 그 이상이 소요되었다. 1895년경에는 전함의 경우 마력당 110kg, 순양함 88kg, 어뢰정 및 구축함 25kg으로 감소되었다. 1914년경에는 야금술과 기관공학의 발달로 인해 앞에서 거론한 세 종류의 함정은 마력당 기관의 무게가 각각 79, 51 및 16kg으로 낮아졌고, 다시 1920년 무렵에는 그 무게가 각각 50·34 및 12kg으로 더 낮아졌다.

초창기부터 경기관〔최초에는 기관차 보일러, 그 후에 소직경의 고수압관 보일러와 고속회전 기관〕은 어뢰정에서 필요했던 반면, 중동력 설비는 함정의 긴 수명 때문에 대형함에서 채택했다. 소형함선들은 항구에서 부두에 계류하는 동안 정교한 보일러가 손상되지 않도록 하기 위해 매일 필요로 하는 전력을 육상의 동력시설에서 수급하였다. 반면에 대형함에서는 늘 함상의 터빈발전기에 증기를 공급하기 위하여 보일러의 일부를 계속 작동시켜야 했다.

마침내 제2차 세계대전이 발발하기 직전에 이르러서는 모든 유형의 함정마다 경동력 설비가 갖추어졌다. 항구에 정박하는 동안에는 전력생산은 디젤기관으로 구동되는 발전기 몫이었다. 기관에서 절약된 무게는 고속추진〔전함은 30노트 이상, 순양함과 구축함의 경우에 35~40노트〕과 함정속력 및 방어력을 증대시키는 데 활용되었다.

192 세계사 속의 해전

쉼터

II.
전 술
Tactics

1. 진형과 기동술

　1860년 이후 각국 해군장교들이 수행한 왕성한 연구결과는 기계적 추진함정의 전투시 그 운용에 관한 교리를 공식화하는 데 크게 기여하였다. 무기와 함정발전과 더불어 사고 역시 급진전함에 따른 당연한 결과였다. 우선 분명한 차이는 노선과 증기추진 함정은 풍향에 아무런 제한을 받지 않고 자기 의지대로 기동할 수 있다는 공통점이다. 때문에 두 가지 진형은 처음부터 연구되었다. 한 가지 진형은 충각의 운용에 적합하여 또 오늘날에도 복고적으로 환영을 받는 진형이고, 다른 한 가지는 현측에 설치된 포의 운용에 적합한 진형이었다.

　첫번째 진형은 쐐기진wedge formation이었다. 이 진형은 선두함을 충각하려고 계획한 적 함정들이 아군의 후속함들이 노리는 자신들의

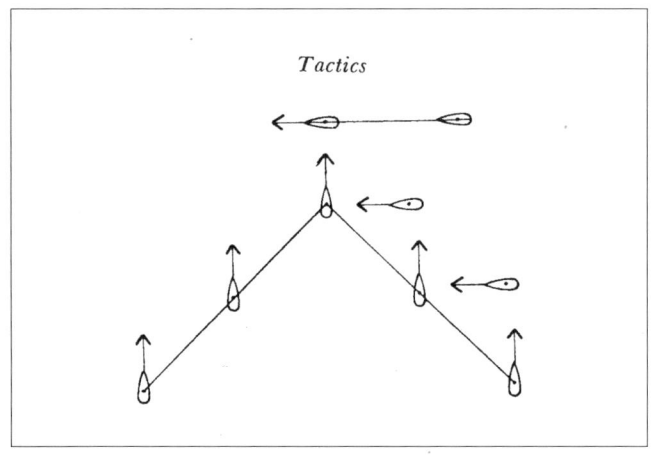

[그림 23] 쐐기진

현측을 노출시키는 결과를 초래함으로써 스스로 충각당하는 위협 때문에 횡렬진보다 유리하였다.〔그림 23 참조〕

　두번째 진형은 적과 접촉하였을 때 적의 종렬진과 평행하게 전개하는 종렬진이다. 이 절의 후반부에 수록된 부록은 스크류 추진기 시대의 초기, 즉 리사해전 당시 유효했던 전술규범에서 발췌한 초록이다.

　일반적으로 함정의 수가 많았을 경우 항해진형은 주로 복종렬진을 이루었다. 〔그림 24〕로부터 전투진형으로 전개하기 위한 여러 기동법들이 연구되었다. 즉 이러한 기동은 쐐기진 또는 단종렬진으로 전개하거나 두 가지 진형 가운데 한 진형으로부터 다른 진형으로 변침하는 기동·진형을 그대로 유지하면서 변침하거나 일정한 공간에서 진형의 축을 회전시키는 기동 등이 포함되었다.

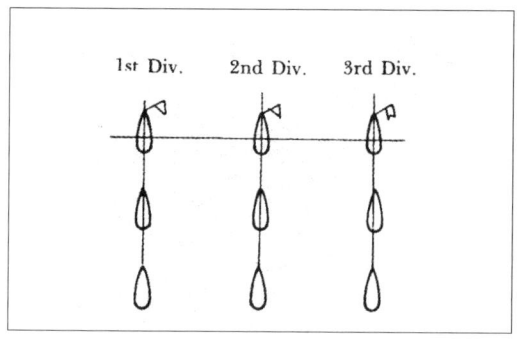
[그림 24] 복종렬진

　모든 기동에 관한 전반을 연구-이에 관해서는 1899년에 발행된 가보티Gavotti의 저서 『해군기동술의 역사』에서 상세히 논술되었다-한다는 것은 기대할 수 없다. 그러나 제1차 세계대전 직전에 기동술에서 터득한 유일한 단계에 관해 잠시 살펴보겠다. 이 단계가 중요한 것은 이것이 제1차 세계대전 때 실행된 진형 및 기동체계와 일치했을 뿐만 아니라, 그 기본양상이 제2차 세계대전 때에도 여전히 널리 이용되었기 때문이다.
　말할 것도 없이 이 진형은 함정의 무기를 최대한 사용할 수 있는 기회를 제공하는 진형 중에서도 최선의 진형이다. 과거의 무기운용에 관해서, 즉 노선시대에서는 함수충각과 백병전-이 두 가지 경우에 거리는 '0'이다-이 수행되었고, 범선시대에서는 매우 근접한 거리에서 무기를 발사하는 현측사격과 백병전이 수행되었음은 앞서 상세히 언급한 바 있다. 그러나 기계적 추진시대인 1914년의 상황은 그것과는 전혀 달랐다. 무엇보다 충각이 사라졌으며, 함정에서 발사되는 두 종류의 무기인 함포와 어뢰의 사정거리가 크게 증가한 것이다. 대구경포의 사정거리도 25~30km, 중구경포의 사정거리도 12~16km에 달했으며, 어뢰는 4km를 주행하였다.

자함을 중심으로 하여 자함무기의 최대 사정거리를 반경으로 거대한 원을 그릴 때, 이 원형공간 내에 위치한 적에게 포격하는 것은 어렵지 않았다. 적이 4km의 반경 내에 위치하기만 하면 거의 모든 무기를 사용할 수 있었다.

전함과 순양함의 주포는 선체의 양끝을 중심으로 2개 군으로 모아졌다. 각각의 포군은 약 310°의 호 안에서만 사격이 가능했다. 그러므로 선수미를 축으로 한 약 130°의 2개의 대칭적인 호가 생기는데, 이 호 안에 있는 표적에 대해서는 모든 포의 사격이 가능했다. 그리고 나머지 약 50°가 되는 2개의 호 안의 표적에 대해서는 어느 한 쪽이든 하나의 포군만이 집중적인 사격을 할 수 있었다. 이 때 좌우 130°의 호를 최대 유효사격호arcs of most effective fire라 했고, 함수와 함미의 50°호를 최소 유효사격호arcs of least effective fire라고 불렀다.〔그림 25 참조〕

〔그림 26〕에서 AN선이 최대 유효사격호 안에 있다면 A함은 최대의 화력으로 N에 위치한 적함을 공격할 수 있다. 반면에 적함이 N'에 위치해 있다면 A함은 다만 자신이 보유한 화력의 절반만 사용하여 공격할 수 있었다.

진형 내의 함정들이 최소 유효사격호에 대해서만 사격할 수 있을 때 횡렬진을 유지하면서 적과의 접촉을 추구하는 해군은 분명히 유리하지 못했던 것이다. 반면에 적을 그들의 최대 유효사격호에 둔

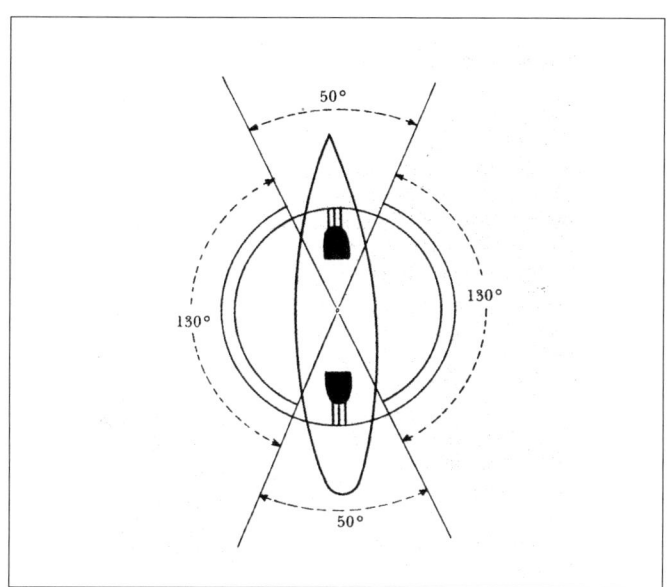

[그림 25] 최대유효사격호와 최소유효사격호

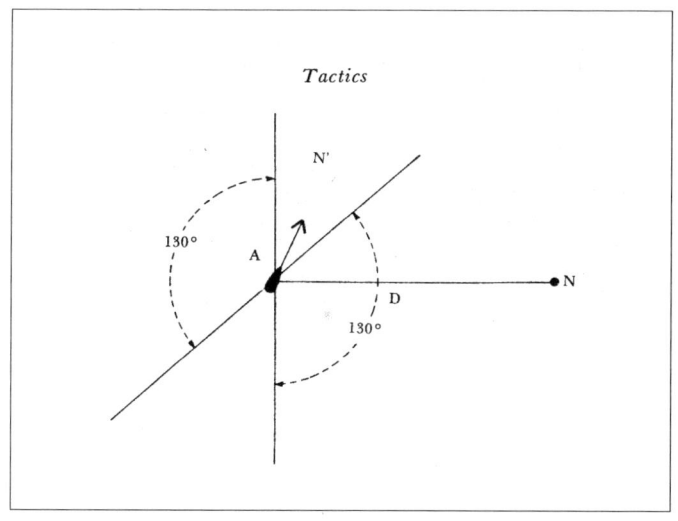

[그림 26] 전술적 위치

상태에서 종렬진을 취하면 유리하였다.

또한 각각의 함정들이 표적과 선을 잇고 각을 만들어 계속해서 적을 최대 유효사격호에 두고 사격할 수 있는 진형이 유리한 진형이었다.〔그림 27 참조〕

또 다른 가능한 진형은 표적을 중심에 두고 원호상의 진형을 형성하는 것이었다. 이 경우에는 모든 함정이 동일한 거리에서 사격할 수 있었다. 동일한 거리와 위치를 필요로 하는 이 진형은 널리 연구되었지만, 표적이 기동하면 같이 움직이거나 이따금 표적과의 거리를 변화시키면서 진형을 유지하는 역학문제를 구명하는 데 그쳤다. 이 진형은 실제상황에서는 전혀 사용되지 않았다.

항해시에는 복종렬진과 복사열진이 사용되곤 했지만, 이 진형들은 진형 내에서 적함과 가장 근접한 함정이 보다 멀리 떨어진 곳에 있는 우군함정을 가로막아 사격에 방해되어 전투시에는 채택되지 않았다.

잠수함의 존재가 극히 위험하다는 사실이 입증되면서 항해를 위한 진형으로는 횡렬진이나 아주 짧은 복종렬진이 단종렬진보다 선호받았다. 잠복 중인 1척의 잠수함은 종렬진을 이루며 잠복장소를 통과하는 함정에 대해 하나하나 어뢰공격을 가했다. 하지만 함정이 횡렬진을 형성하면, 잠수함은 자신과 가까운 횡렬진 끝단에 위치한 함정에게만 공격할 수 있다. 함정은 잠수함이 어뢰발사 위치로 기동하거나 어뢰조준을 곤란하게 만들기 위해 Z자항법으로 항진하였다. 〔그림 28 참조〕

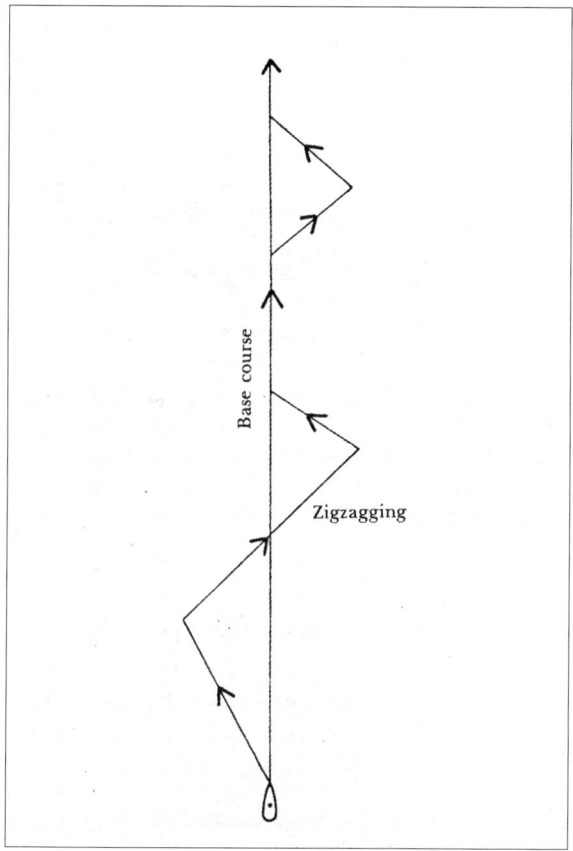

[그림 28] 지그재그 기동

　제1차 세계대전이 일어날 쯤 한 진형으로부터 다른 진형으로의 전환·변침 또는 진축회전rotate the formation을 위한 주요한 기동방법 두 가지가 계발되었다. 직접침로 방법direct course method과 후속방법succession method이 그 근간이었다.〔그림 29 참조〕

　직접침로방법은 간단한 방법이었다. 그러나 기동시 감속할 수밖

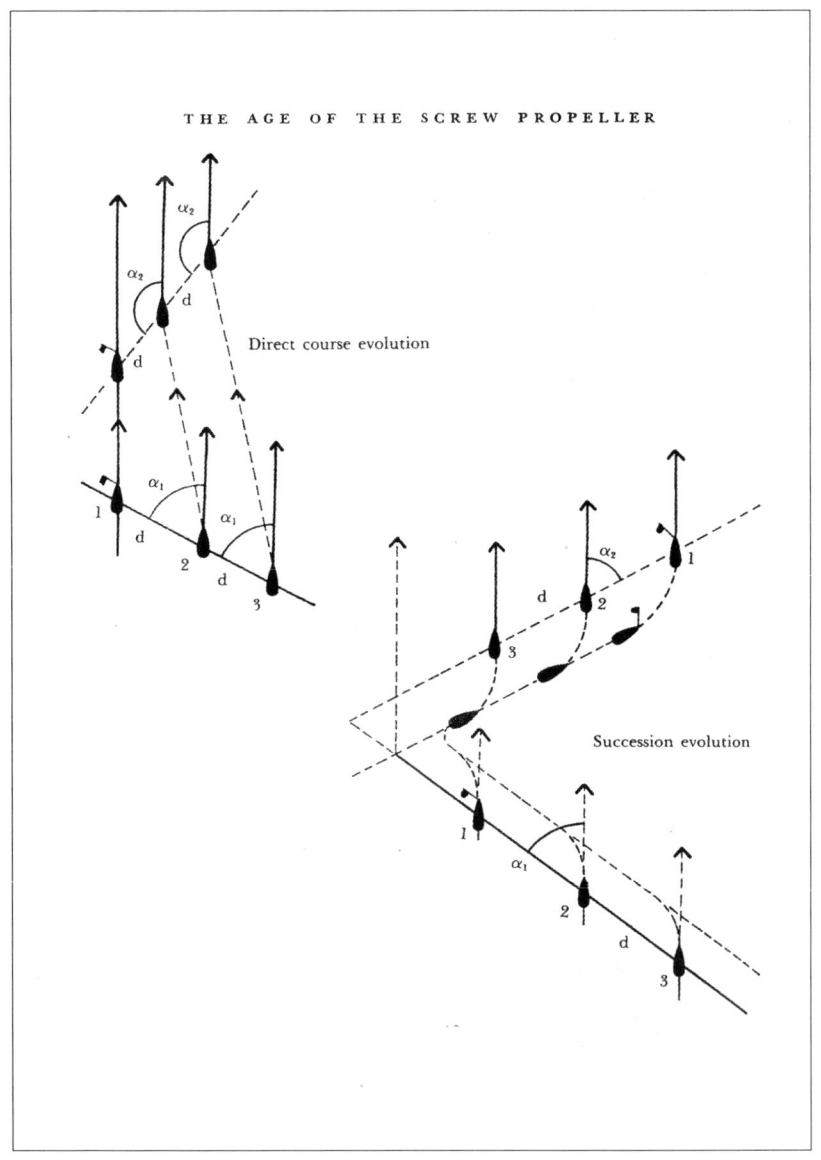

[그림 29] 직접침로방법과 후속방법

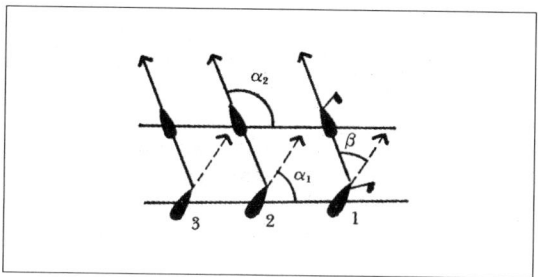

[그림 30] 일제회전에 의한 기동

에 없어 바람직하지는 않았다. 잠수함의 어뢰공격에는 저속표적이 훨씬 더 취약해서 감속은 그만큼 잠수함 공격을 한층 더 허용한다는 의미였다.

가장 간단한 방법은 전체함정이 일제회전turn together을 집행하는 것이었다. 이 방법은 구침로와 신침로 사이에 변하는 각도만큼 진형도 따라서 바뀌기 때문에 진형을 본래대로 유지할 필요성이 없을 때에만 집행할 수 있었다.〔그림 30 참조〕

일정공간에서 진축을 회전시키려면 직접침로방법〔그림 31〕과 변속방법 가운데 하나를 택할 수 있다. 어뢰는 무기사용상의 문제 때문에 또 다른 요소를 고려해야 한다. 어뢰발사관이 함수에 고정될 경우 어뢰정은 함수가 적함을 향하도록 한 뒤에 공격해야 했다. 어뢰발사관을 조준하려면 어뢰정 자체가 적함을 조준해야 했기 때문이다.

포처럼 조준하도록 선회가 가능한 어뢰발사관이 개발되었다. 어뢰는 항상 앙각이 '0'이기 때문에 고각을 조정할 수는 없었다. 그러나 어뢰정은 언제나 적함이 어뢰발사관의 선회한계 안으로 오게끔

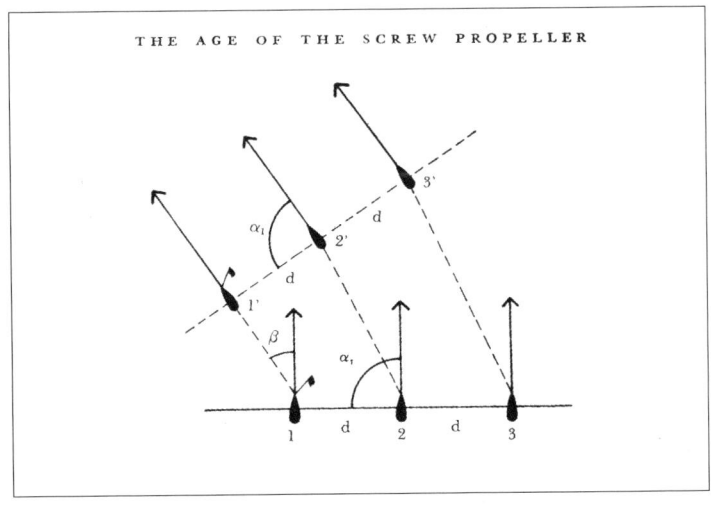

[그림 31] 직접침로방법

회전하지 않으면 안되었다. 급기야 표적을 조준하기 위해 어뢰정이 회전할 필요도 없이 그대로 발사하더라도 어뢰가 원하는 침로상에서 표적을 추적할 수 있는 기계장치가 고안되었다.

그러자 주력함도 가능한 한 사용할 수 있는 어뢰를 장착하였다.

2. 전술개념

여기서는 먼저 앞에서 잠시 언급한, 기하학적 분석을 통한 원형 공간에 대해 간략히 살펴보겠다.

어느 순간 N점에 위치한 적함이 일정한 속력으로 A를 향하여 직진한다고 가정하자. N함을 명중시키려면 무기-함포 또는 어뢰-는 N함의 침로 전방 O점을 조준해야 한다. 거리 NO는 N함의 속력과 무기궤도 p상에서의 비행시간이 곱해진 거리와 같기 때문이다.[그림 32 참조] 따라서 중심이 O에 있고 반경 p와 같은 원을 하나 그리면, Q함은 N함을 명중시키기 위해 원주상 어느 점에 있든 O점에 대해 사격할 수 있다. 이 원에서 AC구역에 있는 거리 d는 p보다 크고, CD구역 내에서도 d와 p의 거리가 동일한 위치인 E점을 지난 구역에서는 d가 p보다 작다는 것을 알 수 있다.

포를 사격할 경우 포탄의 비행시간이 짧을 때 NO는 아주 작아서 d와 p의 차이는 무시할 수 있다. 그러나 어뢰를 발사할 때에는 d와

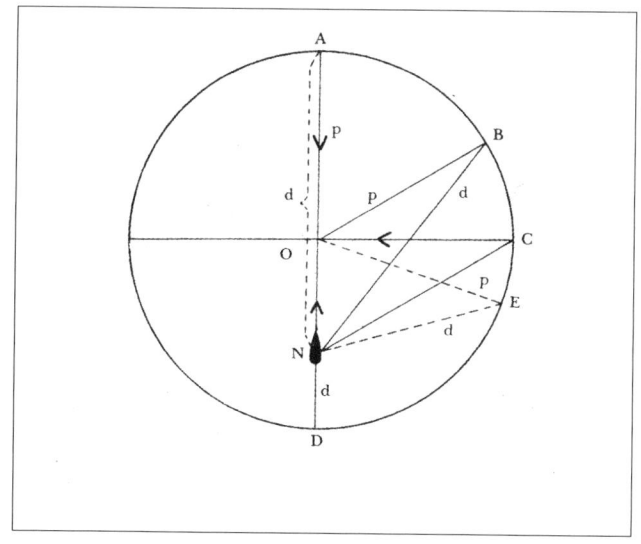

[그림 32] 사격권

p의 차이가 수천 미터에 달할 수도 있다. 그러므로 그림에서 보면 어뢰정은 p보다 모두 큰 거리에서 어뢰를 발사할 수 있고, 거리 d가 짧아지면 어뢰정은 명중시키려는 적함의 침로상, 즉 A를 향한 선상에 놓이게 된다.

함정은 자기방어를 위해 대어뢰정 포로 어뢰정을 멀리서 격퇴시키려고 할 것이다. 그래서 d가 커지면 사격효과는 감소되기 때문에 방어 쪽에서는 A점에서 어뢰를 발사하는 것이 유리하다. 그리고 어뢰가 A로부터 발사될 경우 함정은 자신의 최소단면만 노출되어 침로에서 단 몇 도만 변침해도 어뢰를 회피할 수 있다.

공격 쪽에서 보면 어뢰를 적함의 침로와 직각이 되는 C점에서 발사하면 표적명중률이 최대일 것이다. 기하학적으로만 말하면 그렇다는 것이다. 역학적 관점에서 보면 어떤가? 무기운용상에서 발생하는 불가피한 오차를 고려한다면 약 78°가 되는 각도에서 발사하는 것이 최대충격을 줄 수 있다고 입증되었다. 그러나 C점에서 발사하면 어뢰정은 p보다 약간 큰 N으로부터 떨어진 거리 d에 위치하게 된다. 방어 쪽의 필요조건을 공격 쪽의 필요조건과 같게 하려면 이동 중인 적함의 함수방향 약 45°되는 위치, [그림 32]의 B점에서 어뢰를 발사하는 것이 효과적이다.

지금까지 살펴본 해군항공 역학과 공격권*에 관한 논문에서 이미 이 원을 철저하게 연구한 바 있다. 만약 무기의 최대 사정거리와 동일한 반경으로 그려질 경우, 이 원은 항상 N함이 명중될 수 있는 범위의 원형공간을 이루게 된다.

□* 또는 함포사격의 경우에는 사격권, 그리고 어뢰의 경우에는 발사권이라 부른다. 미사일은 자력 추진이기 때문에 미사일의 경우에도 포의 개념이 적용될 수 있다.

노선·범선 그리고 스크류 추진함정의 전술을 비교하면, 한 가지 흥미로운 차이점을 발견할 수 있다.

노선시대의 전술은 공간개념상 동일한 차원의 전술이었다. 오직 충각점만 있을 뿐이다. 아는 바와 같이, 하나의 점은 길이도 폭도 두께도 존재하지 않는다.

범선시대의 전술은 1차원 공간상의 전술이었다. 적의 종렬진과 평행을 이루는 종렬진의 길이 그것만 존재하였다. 사용무기가 단거리라는 제한 때문에 선을 벗어난다는 것은 사실 큰 의미가 없었다.

스크류 추진기시대의 전술은 2차원적 공간상의 전술이었다. 앞서 기술한 것처럼 이 전술은 원형의 공간상에서 전개되었다.

그리고 앞으로 언급할 잠수함과 항공기 등장에 따라 바뀌는 해군의 전술은 3차원적 공간상의 전술일 것이다. 공격권의 개념은 앞으로 설명하려는 전술개념과 전술기동에 관한 내용을 이해하는 데 도움 될 것이다.

제1차 세계대전 때 전투기동을 고취시켰고, 지금도 계속해 유용한 침로는 다음과 같이 종합적으로 정리할 수 있다.

① 자신은 모든 공격력을 발휘할 수 있지만 적에게는 모든 공격력을 발휘할 수 없게 만들면서, 적을 접촉하도록 부대를 전개한다. 말하자

면 적에게 최단시간 내에 최대한의 손상을 가하는 한편 자신은 최소한의 손상을 받도록 자신을 최소한 노출시키도록 하는 데 유의해야 한다.
② 최초 유리한 위치를 계속해서 확보하려면 책략적으로 적을 압도하면서 접촉을 유지한다.
③ 광선·바람·파랑 및 해안 등 자연적인 요소를 유리하게 이용한다.
④ 적의 민감한 급소에 공격을 집중한다.
⑤ 이런 상황들이 여의치 못할 때에는 철수할 가능성도 보장한다.

이런 지침을 운용함에 있어, 반드시 고려할 사항에 대해 분석한 뒤 전술기동에 관해 언급하겠다.

a) 함정의 특성

속력·장갑 및 무장은 해군함정의 전투력을 이루는 데 있어서는 꼭 필요한 요소들이다. 무장은 자함의 무기가 적함의 무기보다 사정거리가 클 때 실제로 유리하다.
수직장갑이 우세하면 근거리에서의 공격이 가능하다. 수평갑판이 우세하면 포탄을 예리한 각도로 낙하시키는 원거리 전투가 유리하다. 속력이 우세한 함정은 기동하는 데 확실한 독립성이 보장된다. 특히 속력이 우세하면 함정이 적에게 가까이 접근할 것인가, 적으로부터 멀리 이탈할 것인가, 아니면 선정한 무기를 사용할 수 있는 거리를 유지할 것인가 하는 문제를 취사선택할 수 있다. 사실 함정은 최대 유효사격호가 넓어지면 넓어지는 만큼 자유로울 수 있다.

b) 유리한 상황

　단순한 진형*은 가능한 모든 무기를 동시에 사용할 수 있는 유일한 진형이다. 반면에 복잡한 진형, 말하자면 복렬진은 적과 직접적으로 마주한 선상의 함정만이 사격할 수 있다는 결점이 있다.
　□* 직선이든 곡선이든 간에 단일의 선상에 형성된 진형을 말한다.

　그러나 아군함정의 무기를 전부 사용하려면 진형 내에서 각 함정은 자신의 최대 유효사격호 안에 적이 있도록 조정해야 한다. 화력을 적의 급소에 집중하려면 모든 함정은 적과의 거리를 동일하게 유지해야 한다. 그렇지 않으면 적으로부터 원거리에 있는 함정은 무기의 사정거리 밖에 있을 수 있다. 이 때 거리는 적의 민감한 급소, 다시 말해 적 진형의 선두를 기준으로 측정되어야 한다.

　일반적으로 선두는 가장 유력한 함정만으로 구성되고, 그 선두에는 함대사령관인 제독이나 그의 권한을 위임받은 지휘관이 위치한다. 그리고 선두함은 기동시에 기준이 되는 향도함 역할을 수행한다. 선두가 치명타를 입으면 가장 유력한 전투함은 전투기능이 상실될 뿐만 아니라, 지휘기능도 마비되어 진형은 혼란에 빠질 수밖에 없다.

　동일한 거리는 함정을 자기 진형의 중심과 적 진형 선두가 연결하는 선과 수직을 이루는 진형에 배치함으로써 얻어진다. 이를테면 사정권에 들어오는 선상에 함정을 배치함으로써 동등한 거리를 획

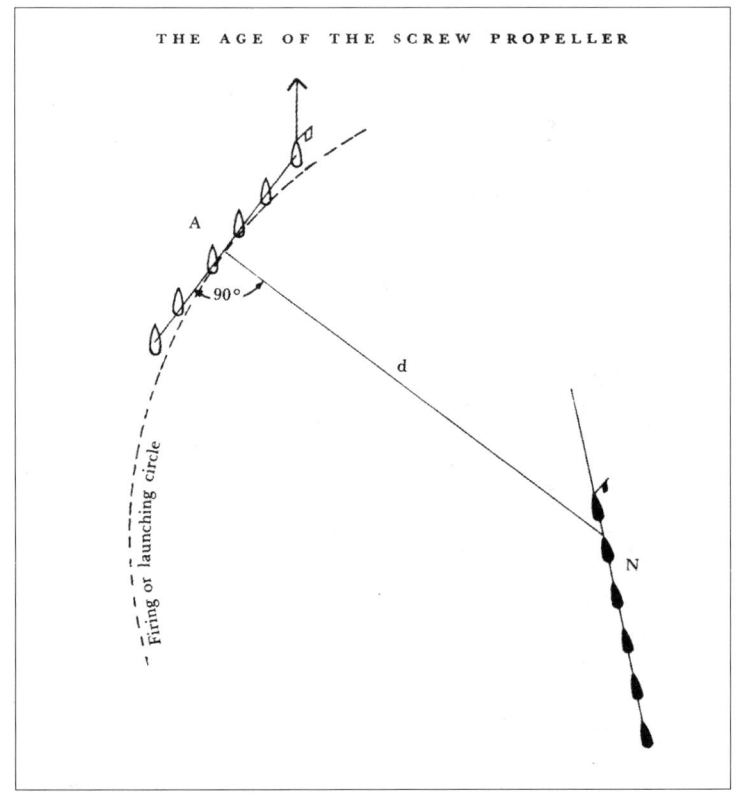

[그림 33] T자 씌우기 예1

득할 수 있다는 것이다. 이 때 접선은 원의 반경이 클 경우 호의 일부분과 같다.〔그림 33 참조〕

　이렇게 제한된 위치를 기본전술위치라 하며, 적이 대등한 위치를 점하려면 적은 자기 진형이 A진형과 평행하게 기동하지 않으면 안된다. 〔그림 33〕에서 d가 무기의 유효사정의 한계와 일치한다면, N 측의 함정 가운데 선두함을 제외한 어느 함정도 분명 자신의 무기를

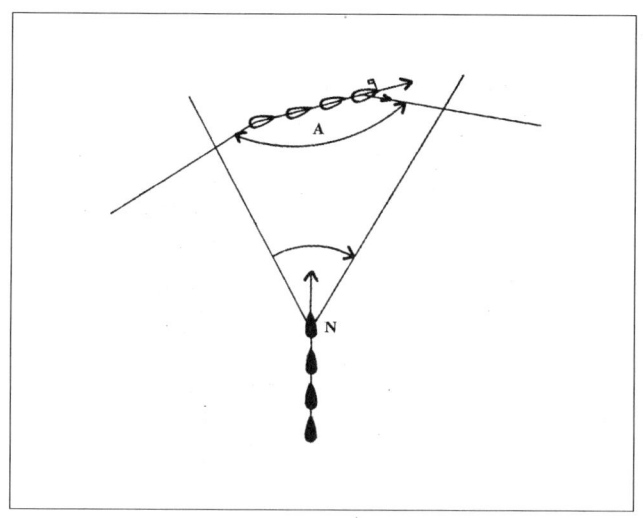

[그림 34] T자 씌우기 예2

사용할 수 없다.

어떤 무기를 운용할 수 있는 평균거리는 A측이 N측에 대한 것보다 N측이 A측에 대한 것에 더 좌우된다. A측이 N측의 최소 유효사격호 안에 위치하는 반면에 N측이 A측의 최대 유효사격호 안에 위치하면 A측은 가장 유리한 위치를 차지하는 것이다. 이런 위치를 'T위치 T position' 또는 'T자 씌우기'라고 한다.〔그림 34 참조〕

이와 같이 기본전술위치는 그것을 차지한 측이 대기하고 있는 두 진형의 교차점에 좀더 접근해 있고, T자 씌우기에도 훨씬 유리한 위치를 차지할 수 있다. 이것은 〔그림 33〕에서 두 진형의 두 연장선을 교차시켜 보면 알 수 있다.

지금까지 설명한 개념은 함정이 포를 운용하든 또는 어뢰를 운용하든 상관없이 모두 유효하다. 어뢰를 발사하거나 공격함정 자체가 어뢰정*이라 하더라도 역시 〔그림 32〕에서 설명한 개념을 유의해야 한다.

 □* 앞에서 살펴본 것처럼 어뢰정은 자신의 선수방향에 적을 위치시키는 이점을 가진다.

c) 자연적 요소

 바람은 아측 진형이 이동하는 방향과 같은 방향으로 불든 반대방향으로 불든 무기사용에 방해가 된다. 전자의 경우는 연통과 폭발로부터 발생하는 화염이 적을 관측하는 아측의 시야를 가리게 되고, 후자의 경우는 양측의 시계를 가릴 수 있다.
 일반적으로 파도는 바람의 방향에 따라 일어나는데, 해상상태가 거칠면 포의 조준은 몹시 방해받기 때문에 될 수 있으면 파도를 현측으로 받지 않는 것이 좋다.
 태양이 수평선상에 낮게 드리울 때, 해면에 빛이 반사되어 눈이 부신다. 이 때는 태양을 자신의 배후에 두어 광선을 피해야 한다. 안경을 착용함으로써 광선의 투과를 감소시킬 수 있다고 하는 오늘날에도 마찬가지다. 반면 박명시나 달빛 아래에서는 광선을 향하도록 하는 것이 좋다. 그러면 적은 희미한 하늘 아래 윤곽을 그리게 되지만 반면 아측의 함정은 상대적으로 수평선상에서 가장 어두운 곳에 위치하게 된다.

해안 가까이 위치하는 것도 기동에 방해 될 수 있다. 특히 근해는 수심이 얕고 기뢰가 부설되었을 수 있으므로 더욱더 그러하다. 하지만 열세한 적을 차단할 때, 적이 향하는 연안해역을 방어하지 않으면 안될 때, 도피하기 위해 기지로 철수하려 할 때, 또는 이미 부설된 기뢰원으로 적을 유인하려고 할 때에는 해안과 적 사이에 위치하는 것이 유리할 수 있다.

d) 적을 향한 접근

해군부대는 해상에서 항공기·잠수함 또는 대규모 수상세력으로 출현하는 그 어떤 적과도 대적할 준비를 해야 한다. 적 항공기 및 잠수함 세력과의 교전은 항상 기습의 요소를 고려해야 한다. 수상세력과의 교전은 기습의 요소가 포함되지 않지만, 사전에 유리한 진형과 전술적 위치를 취할 시간을 확보하려면 적이 접근하고 있다는 것을 예측할 필요가 있다.

대규모 항공세력의 위협이 존재하지 않았고, 또한 체계적인 항공기 정찰이 광범위하게 이루어지지 않던 제1차 세계대전시의 함대 순항진형은 〔그림 35〕에 제시된 바와 같다.

주력함대 M^*은 경순양함급의 함정으로 구성된 초계선 P와 구축함으로 구성된 대잠수함 호위진형 E로 방호되어 있다. 주력함대 전방에는 정찰전대 Sc가 거리 d를 두고 앞서 가고 있다. 이 정찰전대는 정찰선 R^{***}을 감시할 목적과 지원전대 Su^{****}를 방호할 목적을 동시

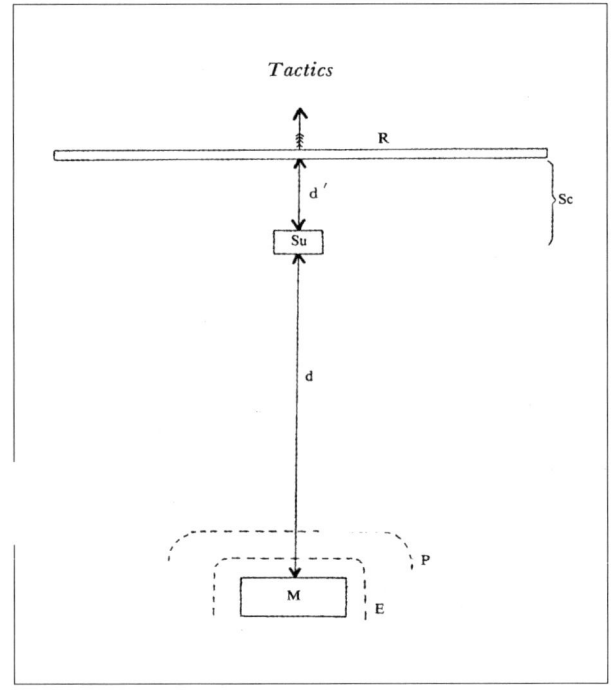

[그림 35] 기본진형

에 가진다.

　□* 주력함대는 보통 횡렬진 또는 분대 종렬진을 형성한다.
　□** 순양함 또는 구축함으로 구성되며 그들의 가시수평선과 접선되도록 거리를 두고 있다.
　□*** 적 정찰전대의 공격에 대항하여 격퇴할 수 있는 능력을 가진 순양함으로 구성된다.

　　주력전대가 정찰전대 Sc로부터 관측된 적에 관한 정보를 획득한 뒤 전투에 대비한 적절한 기동과 전개시간을 갖도록 거리 d는 통상

30~40마일 정도가 되어야 한다. 한편 거리 d는 지원전대 Su가 전투에 즉각 돌입할 수 있도록 몇 마일 이내가 되어야 한다.

이미 언급했듯이 잠수함에게 횡렬진은 최소의 표적이다. 이 진형은 호위를 맡는 최소한의 구축함만 필요로 한다. 종렬진에서는 주력함의 척수보다 2배에 달하는 구축함이 요구되지만, 횡렬진에서는 주력함의 척수보다 단지 1척만 더 많은 구축함만 있으면 된다.

A측의 사령관은 정찰전대로부터 적 함대의 형·진형·위치·침로 및 속력에 관한 정보를 상세히 보고 받은 뒤 곧바로 적절한 조치를 취해야 한다. 휘하의 함정을 적과의 전투거리 내로 이동시키기 위한 역학문제, 기본전술 위치에 단일진형을 배치하기 위한 전술적인 문제 그리고 가능한 한 신호없이도 함정을 신속하게 순항진형으로부터 전투진형으로 전개하기 위한 기동문제 등을 해결해야 한다.

그리하여 접근이 최단시간에 집행되었을 경우, 다시 말해 적이 최단거리로 차단된 경우는 적이 전투거리에 들어왔을 때로서, 적은 A측 함대의 바로 전방에 위치하게 될 것이다. 이 때 A측 함정이 횡렬진을 이룬 상태라면 그들은 바로 그 순간 자동적으로 기본전술 위치를 차지한 것이 된다. 그러면 A측은 단순한 일제회전만 집행해서 종렬진을 형성하고, 최대 유효사격호 안에 들어온 적에게 동시에 집중사격을 가할 수 있도록 무기를 사용할 준비를 함과 동시에 따로 신호를 집행할 필요도 없이 사령관의 항적을 따라 진행할 준비를 하면 된다. 횡렬진과 복종렬진에서 종렬진으로 전개하는 과정은 [그림 36]에서 볼 수 있다.

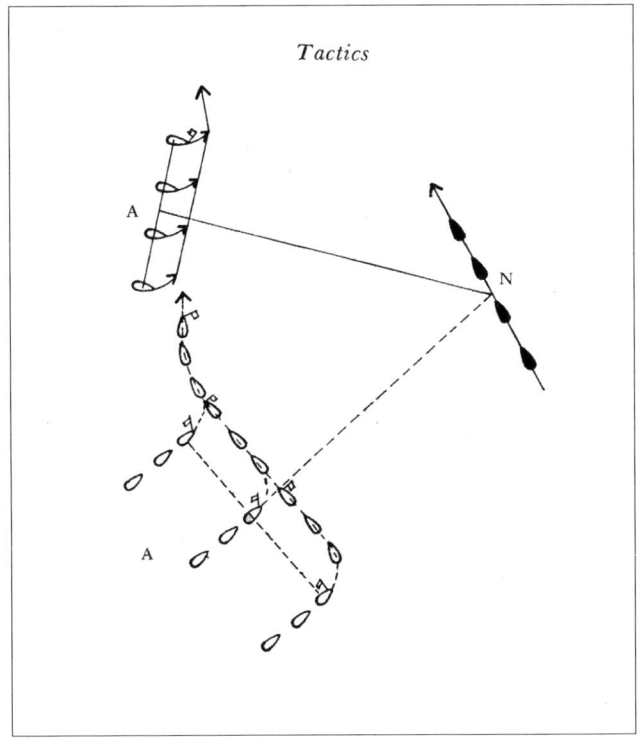

[그림 36]

e) 전투기동

일단 적을 접촉한 뒤 계속 접촉을 유지하려면 적의 침로와 대략 같은 침로를 유지해야 하고, 초기에 획득하려 했던 거리와의 차이를 고려하면서 적의 이동방향과 함대를 동일하게 전개시켜야 한다.

전투가 개시된 뒤 적의 기동과 자신의 기동을 놓치지 않고 계속 일치시키려면 고도의 융통성·신속성 및 안정성을 갖춘 기동체계를 사용할 필요가 있다. 이러한 기동체계에는 후속기동과 회전기동 전개가 가장 기본이다.

해상전에서의 기동 목적은 오로지 적으로부터 자신의 위치를 계속해서 유지하거나 이를 조정하기 위함이다. 기동의 목적을 보다 구체적으로 설명하면 다음과 같다.

① 적과의 거리를 증대·축소 또는 거리를 그대로 유지하기 위함이다.
② 적에 대한 진형의 각도를 변경시키기 위해서다.
③ 휘하의 함정과 적 함정 사이의 포축선을 원하는 방향으로 신속하게 또는 서서히 회전시키기 위함이고, 그 포축선을 그대로 유지하기 위해서다.
④ 적의 공격을 분열시키고 적의 어뢰발사를 곤란하게 하기 위함이다.
⑤ 전투중지 또는 전투재개를 위해서다.

첫번째 목적은 적과의 거리를 줄이거나 철수하려는 적과의 거리를 일정하게 유지하려고 할 때, 적을 향해 일제회전을 집행함으로써 달성된다. 반대로 적과의 거리를 증가시키거나 접근하려는 적과의 거리를 일정하게 유지하려 할 때에는 적과 반대되는 방향으로 일제회전을 함으로써 이를 달성할 수 있다.

두번째 목적을 이루기 위해서는 침로를 변경하지 않고 진형만 변경시킨다. 즉 향도함은 원래 침로를 그대로 유지하고, 기타 함정은 새로운 진형변경에 따른 지정된 방위로 직진한다.

세번째 목적은 속력을 바꾸거나 적의 침로와 자신의 침로의 각도를 변화시킴으로써 달성된다. 회전시 최대속력을 얻으려면 적의 진행방향과 반대방향으로 항진하면 된다.

네번째 목적은 신속한 침로의 불규칙한 변화, 즉 모든 함정이 동시에 회전하거나 각 함정이 개별적으로 회전하면서 기본침로를 따라 수행하는 회피기동을 실시함으로써 달성된다.

다섯번째 목적은 일반적으로 후속종전 또는 일제회전으로 변침하면서 달성될 수 있다. 적과의 접촉을 유지할 것인가, 아니면 적과의 접촉을 좀더 접근시킬 것인가에 따라 휘하함정의 함수가 결정되며, 또 적을 향하게 할 것인지, 반대방향으로 하게 할 것인지에 따라 결정된다.

실제로 이런 기동에는 비록 복잡한 역학이 요구되지는 않지만 밀접한 진형 내에서 고속으로 항진하는 거대한 함정군의 운동에는 적절한 조정이 필요하고 기동을 집행하는 데는 많은 곤란이 따를 수밖에 없다. 조그만 부주의나 지체로 인해 함정 사이의 불행한 충돌 또는 위험한 혼란이 야기될 수 있다. 비록 구축함처럼 비교적 소형함이라고 하더라도 그 함정이 최대속력으로 이동하다가 정지하는 데는 수천 미터의 공간이 필요하고 회전하는 데도 수백 미터의 공간이 요구된다. 한 명의 함장에게 항해술을 가르치는 데에는 기술·전문성 및 군사발전에 관한 사항은 별개로 치더라도 몇 년이 걸린다. 이런 사실이 말해 주듯이 전투기동을 위한 훈련은 오랜 시간을 필요하고 적지 않은 어려움이 따르는 일이다.

신속한 어뢰공격과 적 어뢰정을 격파할 목적으로 맹렬한 반격을 수행하는 어뢰함정의 기동방식은 별도로 단순성과 실용성이 고려되지 않으면 안된다. 분대사령관은 철저한 훈련을 통해 어떤 상황에서든 전대사령관의 지침에 따라 기동할 수 있어야 한다.

전투기동에 관한 개념은 지금도 유효하다고 할 수 있다. 그러나 반드시 그런 것은 아니다. 이런 개념은 공중공격이 절박한 고려대상이 되지 않을 때에는 유효하다. 항공력이 이런 개념을 변화시킨 데 대해서는 뒤에서 살펴보겠다.

f) 사령관의 위치

경험적으로 볼 때 전투 속에 사령관의 위치는 범선시대와 스크류 추진기시대가 서로 달랐다. 거기엔 중요한 차이점이 하나 있다. 일반적으로 범선시대의 사령관은 직접 지휘하는 주력부대 진형 중앙에 위치하려는 경향이 지배적이었다. 중앙에 위치하면 중계함정이 있든 없든 모든 함선에게 신호를 송신하는 데 걸리는 시간을 절반으로 줄일 수 있다.

기계적 추진과 더불어 범선이 퇴거되자 한편으로는 신호기가 한층 부상되었으나, 다른 한편으로는 함정속력의 고속화로 신호의 해독과 즉각적인 행동을 동시에 취해야 했다. 그 결과 전술적 상황은 신속한 결심이 요구되는 가운데 급격히 바뀌었다. 유일한 해결책은 지휘관 스스로 선두에 위치해 휘하 함정의 신호없이도 기함의 항적을 따르게 하는 것이었다.

1925년 2월 『해군평론Rivista Maritima』에 게재된 「군사술의 제1원칙」이라는 논문에서 사령관의 위치에 관한 논제를 다룬 연구자가 있었다. 그는 함대사령관이 휘하 해상부대의 어떠한 함정과도 관련되지 않는, 별도의 함정으로 전투를 지휘할 수 있는, 매우 빠른 지휘 및 신호함의 출현을 갈망했다. 그리고 한걸음 더 나아가 믿을 만한 통신체계를 갖추고 공중에서도 사령관이 전투를 직접 지휘할 수 있으리라 가정하였다. 오늘날 미국해군의 지휘관은 그 하나의 실체로 나타난 것이라고 할 수 있다.

1860년대 아주 초창기의 해군사상가들은 해상부대의 사령관이 진형으로부터 파견된 함정-전열함보다 고속인 함정, 이를테면 통보함-에 사령관 기를 게양하는 것이 바람직하다고 예측했다. 그렇게 함으로써 진형에서 기함을 놓치지 않고, 또 전투가 진행되는 동안 해상세력에서 전투함 1척을 빠뜨리지 않고, 기동의 자유를 누릴 수 있다고 보았다. 진형 밖에 위치하면 사령관은 전투의 진행과정을 잘 파악할 수 있고, 더욱이 모든 함정이 보게끔 신호를 보낼 수 있었다.

3. 부 록

1866년 당시 이탈리아를 비롯한 각국 해군에 유효했던 교리는 1857년 프랑스에서 발간된 『해군전술Naval Tactics』 내용에 기초했다. 추가적인 전술교리는 1865년 부에-윌로메Bouet-Willaumez 제독이 저술한 『장갑함대의 운용에 관한 보완전술Supplementary Tactics for the Use of an Armored Fleet』에 힘입은 바 크다. 부에-윌로메 제독은 자신의 저서를 출간하기 전에 스크류 추진 장갑함만으로 구성된 전대사령관으로 2년간의 근무경험이 있었다.

『해군전술』의 제3장과 『보완전술』에서 제시된 전투에 관한 몇 가지 기본지침을 소개하면 다음과 같다.

58. 함정이 비록 유리한 위치에 있거나 적과 매우 근접해 있을지라도 신호 인지가 불가능할 경우를 제외하고 그 어떤 경우라도 제독의 명령없이 결코 전투를 개시해서는 안된다.
59. 만약 적이 먼저 포격을 개시하면 포의 사정권 내에 위치한 함정은 지체없이 또는 제독의 명령을 요청하지 않고서도 응사할 수 있다.
62. 전투진형을 형성한 함대는 가능하면 예비분대로 자신의 양쪽을 방어하고 중앙을 보강해야 한다.
63. 종렬진은 주포가 선수미선을 따라 양현에 배치된 함정을 위한 전열이다. 돛을 편 선일 경우는 범주하면서 전투하지 않으면 안되는, 함선을 위한 전열이다.
65. 만약 전열에 돌파구가 생기면 예비분대는 적이 돌파하려고 위협하는 전열의 급소를 집중해야 하며, 전열을 통과하는 데 성공한 적함을 포위해야 한다.
66. 전열에 접근하면 할수록 더욱 강력해진다.
67. 적이 전열돌파를 기도할 경우 함대의 각 함정은 이를 완벽하게 저지

해야 한다. 함정마다 가능한 한 최단거리로 적에게 접근하여 잘 조정된 사격으로 맹렬하게 공격하고, 필요하다면 자함에서 적과 백병전을 치러도 좋지만 그보다 먼저 적 함상에서 백병전을 수행해야 한다.

68. 함대 가운데 몇 척만이 적함 1척에게 집중포화가 가능할 경우 각 함정들은 당연히 포화를 집중해야 한다.

70. 각 함장은 자신의 통제 아래 사격해야 하고, 적 함정과 분명 직각으로 위치하지 않는 한 임의사격을 하지 않도록 지휘해야 한다.

71. 전투가 근거리에서 발생하여 접근전으로 돌입하고 각 함정은 적 함정에서의 백병전을 유리하게 수행할 수 있다는 확신이 들었을 때에는 이런 기동을 취하는데 주저해서는 안된다.

72. 기함의 사령관이 승함한 함정의 방어는 접근전이 전개되면 그들의 전후방에 위치한 함정뿐만 아니라 함대의 모든 함정에게 그 임무가 지체없이 부여된다. 마찬가지로 접근전이 전개되는 동안에도 각 함정은 적의 함대사령관을 비롯해 제독이 승함한 함정에 대해 가능한 세력으로 총공격해야 한다.

78. 전투가 행해지는 동안 함대사령관은 휘하의 함대에게 적 전열의 위치 변경에 따라 즉각적인 조치 기동을 하라고 명령해야 한다. 특히 이런 명령은 기동의 신속한 집행이 요구될 때이거나 함대사령관이 그 전대가 위치한 곳에서 어떠한 상황이 전개되고 있는지를 명확히 알 수 없을 때 즉각 하달되어야 한다. 그를 위해 하달된 전대사령관의 명령은 함대사령관이 사전에 집행한 신호 또는 전대사령관이 처음에 수명받은 계획을 수행하는 데 유익해야 한다.

80. 전투가 진행되는 중에 함대사령관이 경함정으로 이동할 경우 함대사령관은 자신이 승함한 함정의 마스트에 사령관 기를 게양하고, 사

령관이 승함한 함정은 전열 내에서 원래위치에 그대로 머물러 있어야 한다.
81. 만약 두 함대 어느 쪽도 실질적으로 우세하지 못할 때에는 사격을 재개하기 위해 위치를 신속하게 이동한 측 또는 신속하게 기동만 행하는 측이 우세를 보장받을 것이다.
82. 전열 밖에 위치한 함정들은 우세한 세력에게 저항 할 수 없거나 불리한 위치에 있거나 손상으로 기동이 불가능할 때라도 전투를 수행하는 함정들에게 가능한 한 모든 지원을 제공해야 한다.

『보완전술』에 포함된 주요개념들은 책의 서문에 기술되어 있다.

가. 포가 현측에 배치되어 있고 충각능력이 없는 비 장갑함정은 현측이 선수보다 강하고 취약하지 않다. 적의 포탄이 선수에서 선체를 관통한다면 포탄이 현측에서 관통하는 것에 비해 함선 전체에 미치는 결과는 매우 심각하다.
나. 선수에 매우 강력한 충각장치를 갖추었으나 현측이 현창으로 인해 큰 취약점을 갖는 장갑함은 자함의 현측이 적을 향하도록 하기보다는 선수를 적에게 향하도록 하는 것이 최선의 운용책이다.
다. 두말 말할 필요도 없이 횡렬진은 비 장갑함대에 대한 공격을 돕는 유일한 진형으로 간주되고 있다. 그러나 다른 한편으로 보면 이 진형은 장갑함대에 대한 유효한 공격 진형일 수도 있다.
라. 적의 면전에서 장갑함 함대의 전개를 집행할 경우 역시 다르지 않다. 이때에는 현측이 적을 향하도록 하지 않고 선수를 적에게 향하도록 하거나 또는 비스듬히 적을 향하게끔 해서 기동하는 것이 적절하

다. 이런 방식으로 기동하면 자신의 노출면을 최소화하고 충각을 운용할 수 있다. 뿐만 아니라, 전개 중이라고 해도 자신의 충각을 언제든지 사용할 수 있는 위치를 점하게 될 것이다.

12.
해전연구
Illustrative Battles

　이번 절에서는 네 가지 해전사례를 분석하려고 한다. 그 가운데 리사해전은 증기추진 함정 사이에 발생한 최초의 해전으로 충각이 포보다 위력을 발휘했던 해전이다.
　반면에 압록강해전은 충각보다 포로써 승리한 해전이었다. 쓰시마해전은 우세한 속력을 바탕으로 한 능숙한 기동 때문에 포가 결정적으로 승리를 거두게 한 해전이었다.
　그러나 이 해전의 결과로 함정구조에서 충각이 퇴색하는 계기가 되었으며, 어뢰정도 처음으로 등장하게 되었다. 유틀란트해전*은 불확실한 결과에도 불구하고 스크류 추진기시대에 있었던 해전들 가운데서 가장 복잡한 해전이었다.

　□* 독일에서는 스카게라크해전(Battle of Skagerrak)이라고도 부른다.

1. 리사해전 Battle of Lissa(1866)

이 해전은 이탈리아 해군에게는 불행한 기억을 남겼다. 그러나 전술적 측면에서 중요한 점은 기계적 시대에 접어들면서 발생한 해전이란 점이다. 무엇보다 이 해전은 1865년에 발간된 프랑스의 부에-윌로메 제독의 전술에 관한 논문에 고취된 당시 이탈리아를 위시한 주요해군이 채택한 주요 전술과 깊은 관계가 있다는 점이 흥미롭다. 여기서는 당시 이탈리아 어로 사용된 부에-윌로메의 용어를 그대로 사용하였다. 프랑스 저자의 논문은 앞절 부록에 그대로 다시 소개하는 원칙을 따랐다.

가. 전쟁의 원칙

1) 증기추진식 목조함정은 기관이 고장나거나 보일러의 가동이 불가능할 때를 제외하고 반드시 돛을 말아올리고 증기추진만으로 전투해야 한다.
2) 속력은 함정의 운동과 화력을 증진시키기 때문에 증기추진 목조함정에 있어서는 무엇보다 속력이 강점이 된다. 따라서 적 앞에서는 보일러의 아궁이마다 항상 점화상태여야 하고, 신호가 떨어지자마자 또는 유리한 순간에 포를 발사할 수 있는 만반의 준비를 갖추어야

한다.

3) 증기추진 목조함정의 선수와 선미는 가장 취약한 부분이다. 적의 종사공격시 가장 취약하다. 때문에 백병전의 경우가 아니면 선수나 선미가 적을 향하도록 하는 것은 가급적으로 피해야 한다. 오히려 현측이 적을 향하도록 해야 한다.

4) 해상전투의 목적은 가능한 한 우세한 세력으로 적의 급소를 신속하게 격파하기 위해 시의적절한 기동을 하는 것이다. 그 성과는 앞으로 소개될 상황적응 전투기동과 해군기동술을 어떻게 채택하느냐에 따라 달라질 것이다.

5) 상대방 적도 이와 유사한 전투개념을 믿고 따른다고 가정해야 한다. 따라서 사령관은 예하 세력의 주력함대를 적의 취약부분에 투입 뒤 예하함대 가운데서 가장 빠른 함정으로 치고 빠지는 전투를 추구하기보다 함정을 제압하고 적의 기도를 좌절시키는 데 매진해야 할 것이다.

6) 가급적 함대사령관은 전투시작 전이라도 일단 사격이 개시되면 기동을 집행할 계획을 마련해야 할 것이다. 함장 역시 공격방법과 작전상 필요에 따른 공격-정지신호, 이를테면 사령관의 의도를 정확히 알고 있어야 한다.

나. 전투기동

증기추진 함정 사이의 전투에서는 다음 다섯 가지의 전투기동을 취할 수 있다.

1) 적 함대의 양 날개가 취약하거나 혼란상태에 빠질 경우 아군은 적의

후미로 가급적 가깝게 근접하며 횡단할 수 있으며, 그와 동시에 우세한 세력으로 양 날개 가운데 하나를 분리시킬 수도 있다.
2) 그렇지 아니하면 양쪽에서 사격을 가해 적을 격파할 수 있도록 적의 양 날개 가운데 하나만 포위하는 것이 훨씬 유리할 수도 있다.
3) 적의 주력부대로부터 양 날개를 차단 포위하고 적의 구원부대가 도착하기 전에 제압할 수 있도록 여건을 조성하는 것이 가장 좋다.
4) 아군은 적과 근접 거리에서 전면전을 할 수 있도록 적 함대를 여러 방면에서 돌파할 만한 위치를 확보해야 한다.
5) 끝으로 근접 전투가 진행되는 동안 적 함정에 올라 백병전을 할 수도 있다.

이런 주요 전투기동은 해군기동술의 도움없이는 집행될 수 없다. 이런 해군기동술은 전략적 원칙을 채택해야 하고 이를 적용한 원칙과 일치시켜 신속하게 집행해야 한다. 그리고 이 때 전략적 원칙은 증기추진 함대가 항해 또는 전투를 위한 진형이나 다양한 명령을 구체적으로 설명해 줄 것이다.

앞서 언급한 것처럼 리사해전은 충각이 지배적인 해전이었다. 적어도 그 당시 해군에는 그렇게 인식되었고, 그로 인해 충각전법을 운용하는 최선의 진형연구가 지속되었다. 하지만 이러한 영향은 그리 신뢰할 만한 결과일 수 없었다. 사실 이탈리아의 페르사노Carlo di Persano제독의 패배원인은 근본적으로 그를 비롯해 예하제독과 함장들 사이의 원활해야 할 통신결함이었다. 물론 이런 원인 외에도 그가 전투를 준비하는 동안 지휘권을 행사시 취한 일관성이 없는 행동으로 사태를 올바로 파악하지 못했다는 지적을 하지 않을 수 없다.

페르사노는 넬슨 제독과 자신의 맞수인 테게토프Tegetthoff 제독이 취한 행동과는 정반대로 행동했다. 그가 그렇게밖에 할 수 없었기 때문인지, 아니면 굳이 그렇게까지 할 필요가 없었기 때문인지는 모르겠다. 여하튼 그는 부에-윌로메의 개념에 입각한 공식화된 전술원칙을 활용함에 있어 부하들과 의견을 교환하지 않았다. 페르사노는 실제로 적용되고 있는 전술원칙을 아무런 훈련도 해 보지 않고 제시만 하는데 그쳤다. 그리고 실제전투에서는 비장갑함이 장갑함으로부터 약 3천m의 거리를 유지하라고 명령하였다. 이런 조치는 전투에서 비장갑함들을 제외시킨 것에 다름이 없었다.

양국함대의 편성은 다음과 같았다. 31척의 함정으로 구성된 이탈리아 함대는 3개 전대와 1개 전단으로 편성되었다. 제1전대는 6척의 대형 장갑함과 1척의 통보함으로 구성되었고, 페르사노의 기함은 이탈리아Re d'Italia함이었다. 제2전대는 11척의 비장갑함으로 구성되었으며, 함대사령관 알비니 제독은 아드레이드Maria Adelaide함에 승함했다. 제3전대는 5척의 소형장갑함과 2척의 통보함으로 이루어졌고, 전대사령관 바카 제독은 까리냐노Principe di Carignano함에 승함했다. 제1전대사령관의 지휘 아래 있던 전단에는 6척의 소형함정-포함과 소형통보함-이 배치되어 있었다. 이들 함정 가운데 29척이 리사해전에 참가하였다.

27척의 함정으로 구성된 오스트리아함대는 3개 분대로 편성되었다. 제1분대는 7척의 장갑함으로 구성되었고 테게토프 제독이 페르디난드 막스*Ferdinand Max*함에 탑승하였다. 제2분대는 7척의 비 장갑함으로 구성되었으며, 제3분대는 9척의 포함과 4척의 통보함으로 이루어졌다. 이 모든 함정이 리사해전에 참가한 것이다.

소형함정을 제외하면 이탈리아함대는 22척의 함정-장갑함 11척과 비장갑함 11척-을 전열함으로 배열했다. 이에 맞선 오스트리아함대는 포구장진식 중구경 160mm포가 장착된 14척-장갑함 7척과 비장갑함 7척-을 전열함으로 배치하였다.

페르사노 예하에는 최근 영국으로부터 도입한 함정으로, 다른 함정들이 따라잡을 수 없는 우세한 속력을 갖춘 1척이 있었다. 아폰다토어*Affondatore*로 불린 이 함정은 완벽한 철제장갑함이었으며, 장갑된 포탑에 2문의 230mm포를 장착하고, 최소 8m에 달하는 충각장치도 갖추었다. 이 함정은 확실히 이탈리아함대와 오스트리아함대를 통틀어 가장 강력하고 현대화된 함정이었다. 이 함정은 전투발발 몇 개월 전에 도착해 제3전대에 배치되었다.

인적 요소를 제외하고 대략 살펴보면 이탈리아함대의 전투지수는 오스트리아함대보다 거의 두 배 정도 우세하였다. 전투의 전개과정은 [그림 37]에 잘 나타나 있다.

1866년 7월 20일 07:20시 테게토프는 풀라를 출발해 리사로 접근 중이었다. 테게토프는 휘하의 함대를 3중쐐기진으로 전개하였다. 장갑함을 전위에 배치하고 소형함정을 후위 그리고 비 장갑함을 가운데 각각 배치하였다.

이탈리아함대는 방비가 강화된 리사섬-테게토프가 무선으로 이탈리아함대의 행동을 통보하였다-에 대해 이렇다할 성과가 없는 작전을 실시한 뒤 재편성 상태가 느슨하고 무질서한 상태였다. 그러던 중 07:50시에 초계임무를 띠고 북쪽 방면에서 전개하던 통보함 에스플로라토어*Esploratore*함으로부터 적을 발견했다는 보고를 받았다. 안개가 잔뜩 낀 날씨였다. 09:20시, 조금 전에 페르사노는 매우 가깝게 접근한 테게토프의 함대를 발견하였다. 그는 휘하의 장갑함들에게 선수가 적을 향하도록 횡렬진 전개를 명령하였다.

한편 멀리 있던 알비니는 본대로부터 상당한 거리를 유지한 채-명령을 받은 일반적 거리 3천m보다 훨씬 더 떨어져 있었다-휘하의 목조함정을 종렬진으로 항진시켰다. 약 30분 뒤 페르사노는 휘하의 장갑함에 다시 종렬진 형성을 명령하였다.

종렬진을 형성하는 동안 페르사노는 제독으로서는 도저히 믿기지 않는, 유감스러운 행동을 하였다. 그는 아폰다토어함을 이탈리아함에 가까이 접근시킨 뒤 아무런 통보도 없이 참모들과 함께 아폰다토어 함으로 옮겨 탔다. 갑자기 내린 소나기 때문에 이들의 행동을 아무도 관찰하지 못했다. 이탈리아함대는 전투가 개시되는 바로 그 순간까지 실제로 사령관이 부재한 상태였던 것이다.

사령관을 이송하는 동안 항해하지도 못하던 이탈리아함은 종렬진을 분열시키는 요소가 되고 말았다. 이로 인해 함정 사이에는 가뜩이나 무질서한 상태가 더욱더 악화되었다. 그 때 페르사노는 테게토프의 침로와 90°를 이루는 침로상으로 종전을 명령하였다.

만약 이탈리아함정들이 근접진형에 위치했었다면, 오스트리아함정들의 전방을 가로질러 횡단하며 현측으로부터 종사를 활발히 가할 수 있었을 것이다. 그러나 오스트리아함대는 이완된 이탈리아 진형에서 바카가 지휘하는 선두전대와 중위전대 사이의 간격을 이용해 그들의 3중쐐기진을 접근시키면서 이탈리아함대의 중앙을 공격하였다. 그러는 동안 바카는 오스트리아 쐐기진의 후위를 포위하려고 시도했지만 계획이 실패하자 오히려 쐐기진 앞으로 접근하는 꼴이 되고 말았다.

전투 초기 테게토프의 기함 페르디난드 막스함은 타기가 포탄에 명중되어 기동이 불가능한 상태로 있던 이탈리아함을 충각하였다. 그 순간 오스트리아의 모든 함정과 중앙에 위치한 이탈리아의 장갑함 사이에서는 접근전이 전개되었다. 이 때는 우군을 구하려던 이탈리아의 다른 함정들이 미처 도착하지 못한 상태였다.

접근전이 전개되는 동안 이탈리아함을 충각하려던 포르토갈로 Re di Portogallo함을 충각하려고 시도하였지만 포르토갈로함이 때를 놓치지 않고 회전하는 바람에 전투는 난장판이 되었다. 그 결과 카이저 Kaiser함만 심한 손상을 입었다. 그 후 포르토갈로함도 오스트리아의 목조함정을 충각하려다가 실패하였다. 한편 심한 손상을 입은 카이저함은 리사의 산지오르기오항으로 돌아갔다.

마침 포탄 1발이 이탈리아의 팔레스트로Palestro함을 관통하자 졸지에 화염에 휩싸인 이 함정은 14 : 00시에 폭발하고 말았다.

한편 페르사노가 탑승한 아폰다토어함은 카이저함을 두 번이나 충각하려고 시도한 끝*에 남쪽에서 접근한 알비니의 비 장갑함들과

12. 해전연구 231

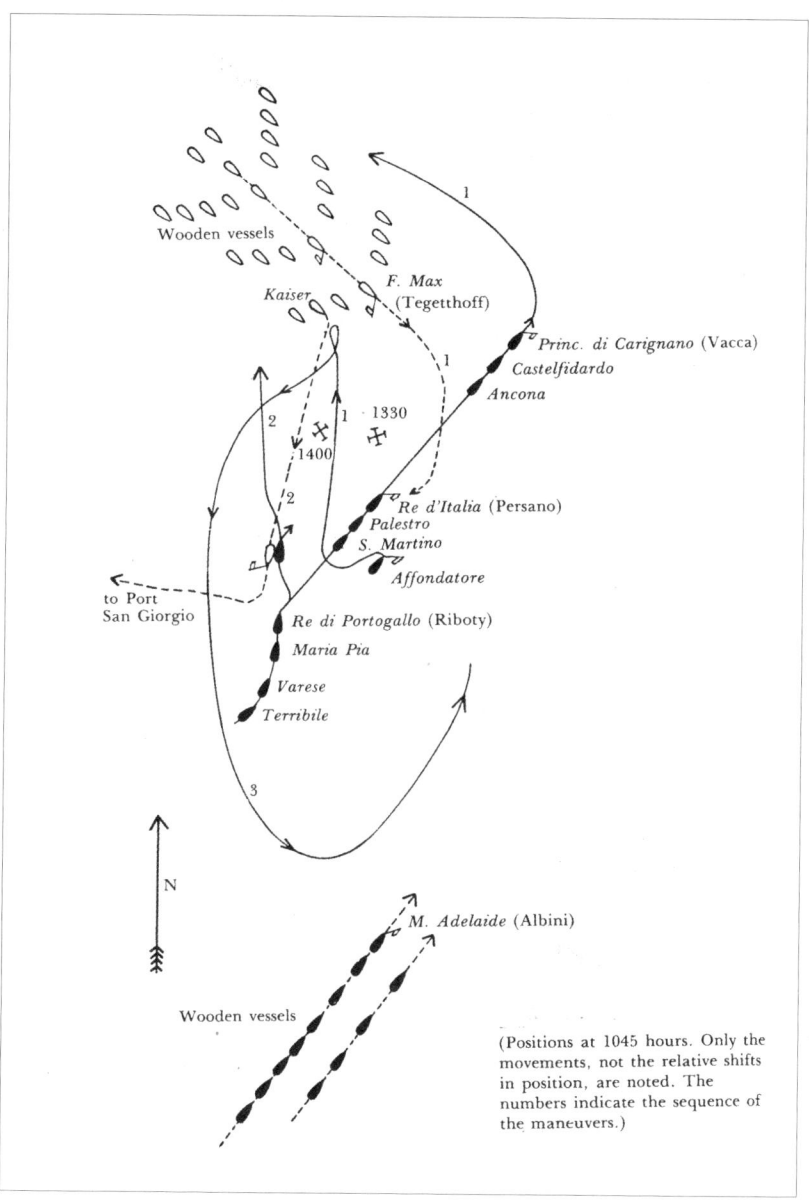

[그림 37] 리사해전

합류하기 위해 그쪽으로 향함에 따라 잠시 현장을 이탈하였다. 그러나 이 곳의 이탈리아함정들은 오스트리아함정들을 더 이상 접촉하지 못하였다.

　□* 이런 행동은 뒷날 페르사노로 하여금 자신의 비겁한 행동으로 비난받아야 했던 재판의 고소를 취하시킨 한 이유로 작용했다.

정오가 지나자 이탈리아함에 탑승한 페르사노 제독이 전사한 것으로 알았던 바카는 진형을 재정비하라는 신호를 보내 반격을 시도했지만, 아폰다토어함이 예상을 깨고 출현하며 또 다른 신호를 보냈다. 마지막 신호는 "자유롭게 기동하면서 추격하라"는 것이었으나 곧바로 취소되었다. 그러자 그 때 비로소 함대사령관의 위치를 모두 알게 되었다.

가능한 한 진형을 재정비한 페르사노는 아폰다토어함을 선두에 위치시켰다. 이탈리아함대의 속력이 오스트리아함대 그것보다 빨라서 13:20시에 페르사노는 레시나로 향하던 테게토프함대와 잠시 접촉하였다. 페르사노는 적 진형에서 가장 근접해 있던 함정을 향해 몇 차례 연속포격을 가하였지만 테게토프는 아무런 응사조차도 하지 않은 채 침로만 유지하고 계속 항해했다. 페르사노가 한 바퀴 선회하면서 거리를 벌려 안코나로 반전하자 산지오르기오항으로 향했던 테게토프는 거기서 다시 출항하여 이튿날 풀라로 되돌아갔다.

이 해전으로 인한 정치적 결과와 사기력 저하는 매우 심각하였다. 그 여파는 오랫동안 지속되었다. 함정의 조직상 결함과 임전태세의 미비도 문제였지만, 페르사노는 자신의 의지를 적에게 강조하고 적극적인 공세를 취해야 할 지휘관으로서의 열정을 갖추지 못해 실패한 것이다. 또한 그는 테게토프를 대적할 태세를 갖추어야 함에도 적 함대가 도착하기 전에 리사섬에 대한 적극적인 작전공세로 이를 태만히 하였고, 신호 하나만으로 전투를 충분히 지휘할 수 있다고 과신함으로써 치명적인 실책을 범했다.

이에 덧붙여 페르사노는 융통성이 없는 쐐기진*에 맞서 우세한 기동성을 가진 종렬진의 강한 이용법을 알지 못했다. 함포전을 택할 것인가, 아니면 충각전을 택할 것인가를 두고 자신의 확고한 결심도 하지 않았고-또한 자신의 의도에 대해 부하들과 자주 논의하지도 않았고-함포전을 수행하는 데 적합한 진형을 택하긴 했지만, 그 진형을 구체적으로 어떻게 활용할 것인가에 대해서는 알지 못했다. 2척의 함정을 잃고 난 뒤에도 여전히 세력이 우세했음에도 그는 과감한 공격을 재개하지 않았다.

　* 당시에는 동시충각의 관점에서 여러 함정들 가운데 가장 강력한 진형으로 간주되었다.

결론적으로 테게토프가 승리를 거둘 수 있었던 이유는 충각에 의한 승리라기보다 오히려 아무런 준비도 없는 무능한 적에게 결정적인 공격을 가함으로써 승리한 것이라고 볼 수 있다.

끝으로 양측의 피해보고는 별도로 설명하기로 하고, 이 해전의 결과를 요약하면 다음과 같다.

이탈리아함정 2척이 오스트리아함대의 행운의 충각으로 침몰됨 : 이

'탈리아함 및 팔레스트로함

오스트리아 측 함정전투력 상실 : 카이저함

이탈리아함정이 맞은 명중탄수 : 약 200발〔그 중 아폰다토어함이 22발〕,

전사 상자 42명〔그밖에 침몰함정 2척의 승조원이 추가됨〕

오스트리아함정이 맞은 명중탄수 : 약 250발, 전사자·사상자 183명

함정의 손상 : 이탈리아함정 9척〔침몰함 2척 포함〕, 오스트리아함정 12척

〔이밖에 경미한 손상을 받은 함정 약간〕

이상의 통계에 따르면 이탈리아 함정들은 지휘결함과 훈련부족에도 불구하고 아주 잘 싸웠다는 것을 알 수 있다.

2. 압록강해전 Battle of Yaru(1895)

이 해전은 청일전쟁 Chino-Japanese War(1894.6~1895.4) 중 공해상에서 벌어진 유일한 해전이었다. 하지만 양측 교전국이 공동의 전선을 갖지 않았던 관계도 해양을 사용하지 않으면 안되는 입장이어서 전쟁에서의 해양력은 결정적인 역할을 하였다.

이 해전은 이토Ito 제독이 지휘하는 일본 전대가 압록강 외해에서 정여창 제독이 지휘하는 청나라 전대를 조우한 1894년 9월 25일에 발생하였다. 이 때 청나라 전대는 군대를 압록강 부근에 양륙시킬 수송선단을 호송해서 뤼순항으로 귀항 중에 있었다. 양국의 해군세력

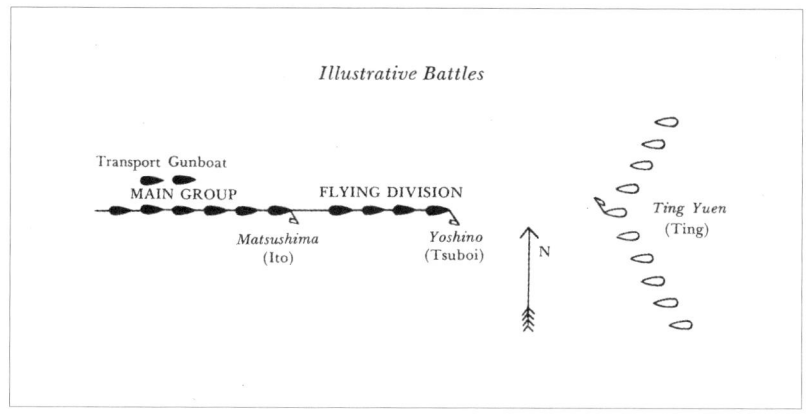

[그림 38] 압록강해전

은 다음과 같았다.

청나라 전대는 7,300톤의 장갑함 2척이 주력을 이루었다. 이 장갑함은 속력이 14노트이며, 사선으로 배치된 2기의 포탑에는 4문의 305mm포를 주포로 장착하였다. 또한 3천 톤급의 순양함 2척이 있었는데, 순양함의 속력은 16노트이며, 선수방향으로만 사격을 최대 집중시킬 수 있는 254mm포를 장착하였다. 그 외에 230mm포를 갖추었고 15노트의 속력을 지닌 2,500톤급의 순양함 2척과 1천~2천 톤급의 방호순양함 6척이 있었다. 모두 12척 가운데 전투에 직접 참가한 것은 10척이었다.

일본측 세력으로는 각현에 2문씩, 모두 4문의 240mm포를 주포로 장착하고 14노트 속력을 지닌 4천 톤급 장갑함 3척과 선수포탑에 설치된 320mm포 1문과 여러 문의 120mm포를 장착하고 17노트의 속력을 자랑하는 2,500톤급의 방호순양함 3척이 있었다. 그리고 속력 16노트,

254mm포 및 152mm포를 장비한 2,200톤의 방호순양함 2척과 152mm포 및 120mm포를 장착하고 속력 16노트를 가진 보다 현대화된 소형 방호순양함 2척이 있었다. 그밖에 포함 1척과 수송함 1척이 파견되었으나, 직접 전투에는 참가하지 않았다.

전투가 시작될 당시에 양측의 전개상황은 [그림 38]과 같았다. 이토 제독은 휘하의 세력을 2개 분대로 편성하고 단종렬진을 형성하였다. 전위에는 차석사령관 쓰보이Tsuboi 제독이 지휘하는 4척의 쾌속순양함이 배치되었으며, 후위는 이토 제독이 직접 지휘하는 나머지 순양함 3척과 그보다 저속인 장갑함 3척으로 구성되었다. 그리고 좌현후미 쪽에는 포함과 수송함을 위치시켰다.

정여창 제독은 휘하의 함정 10척을 쐐기진으로 전개하였다. 전함 2척을 중앙에 위치시키고, 좌우현에 각각 4척씩 나머지 함정 모두를 배치하였다. 이것은 일정한 기준 아래 배치된 것은 아니었다.

전체적으로 보아 청나라 함대는 무장과 장갑면에서 훨씬 강력하였다. 8문의 305mm포를 갖춘 2척의 장갑함만으로도 우세권을 확보하기에 충분하였다. 이에 비해 일본 전대는 속력이 우세한 함정을 많이 보유했다는 점에서 유리하였다.

그러나 승리의 여신은 일본 전대에게 미소를 보냈다. 속력의 우세성을 이점으로 이토는 능숙하게 기동하며 자신의 의도대로 모든 화력을 적극적으로 활용한 반면, 다루기 힘든 쐐기진 기동의 제한을 받던 정여창은 역기동을 전개하거나 자기편 중화력의 이점을 최대

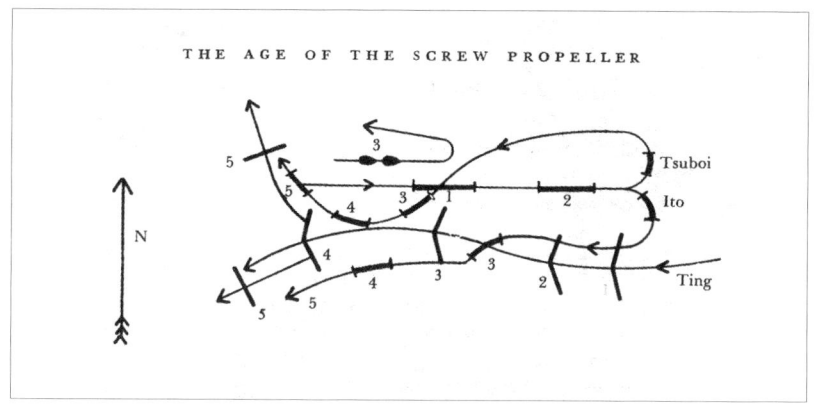

[그림 39]

1. 12:30시경 사격이 개시되기 직전의 초기위치.
2. 이토 분대가 청나라 전대의 우익을 향하여 맹렬한 종사를 가하면서 공격함.
3. 청나라 전대가 협공받음. 쓰보이 분대가 이미 거리를 벌린 포함과 수송함을 방호하기 위하여 선회함.
4. 일본 전대가 청나라 전대의 쐐기진 양익에 양면공격을 가함.
5. 청나라 진형은 3척의 함정을 상실하자(우측에서 2측, 좌측에서 1척) 둘로 분리됨. 1530시경, 마침내 붕괴된 청나라 전대는 전투에서 이탈하며 철수를 시도함.

한으로 활용할 수도 없어 그 활용 또한 시도하려 하지 않았다.

결국 이 해전은 화포가 뒷받침된 기동성이 화포가 뒷받침되지 못한 완만한 기동성에 승리했다는 것을 단적으로 말해 준다. 또한 충각은 그것을 사용하려는 측이 그 적보다 저속일 경우에는 사용할 수도 없었고, 시도해서도 안된다는 것을 입증시켰다. 그 전투경과는 [그림 39]에 나타난 것처럼 양측 전대의 상대방위로 표시되어 있다.

15:30시경부터 청나라 전대는 위기에 빠졌다. 청나라 전대는 함정 3척을 상실한 것 외에도 함정 2척이 심한 손상을 입어 전투현장을 이탈하지 않을 수 없었다. 또한 나머지 5척의 함정도 경상을 입었으

며, 게다가 탄약도 모두 소비하고 말았다. 중포였지만 산만한 청나라 전대의 사격은 일본함정에게 그다지 큰 손상을 주지 못했다.

진형을 재정비하고 선두에 위치한 이토는 전투를 재개하였다. 그러나 중구경포탄 1발이 이토의 기함을 명중함에 따라 기함은 진형을 이탈하지 않을 수 없었다. 제독의 기함이 향도함으로 행동할 수 없자, 이토의 신호에도 불구하고 일본 전대의 진형은 다소 산만한 상태가 되었다. 일본 전대가 진형을 재차 재정비한 두 시간 뒤인 17:30시경, 이토는 청나라 전대의 나머지 함정추격을 재개하였다. 그러나 청나라 어뢰정 몇 척이 출현하면서 일몰이 가까이 오자 이토는 추격을 단념하였다. 다음 날 이토는 위하이웨이에 이르는 항로상에서 적을 탐색했으나, 청나라 함정들은 무사히 뤼순항에 귀항하였다.

만약 끝까지 전투했다면 청나라 전대의 완전한 패배로 나타날 전투가 일단 거기서 종결되었다. 그 후 위하이웨이에 봉쇄된 청나라 전대는 요새에 대한 이토의 집요한 공격과 어뢰정의 공격으로 묘박지가 완전히 사라지고 말았다.

3. 쓰시마해전 Battle of Tsushima(1905)

1905년 5월 27~28일에 발생한 쓰시마해전은 러일전쟁에서 해군작전의 대미를 장식했는데, 사실상 이로써 러일전쟁의 종결을 가져왔다. 이 해전의 전술적 결과는 트라팔가해전과 견줄 수 있다. 이 해전은 구식전함 사이에 발생한 해전으로서는 마지막이자 중요한 해전이었다.

두 나라 전대의 전투력은 거의 비슷하였다. 그러나 양국의 사기와 훈련정도에는 상당한 차이가 있었다. 일본 전대는 충분한 훈련을 할 기회가 있었으며, 전쟁을 치르면서 이미 승리를 쟁취한 경험이 있어 사기가 충천해 있었다. 장기간의 위험항해를 무릅쓰고 블라디보스토크로 항해하는 러시아함대가 쓰시마해협에 도착하였을 때 이미 상당히 지쳐 있었다. 러시아함대의 승조원들은 피로에 지쳐 사기가 저하되어 있었고, 거의 전투훈련을 해보지 못했다. 다만 예외적이면서 불행한 사령관 로제스트벤스키Rozhdestvensky 제독의 강철 같은 의지와 모범에 의해 그들은 그럭저럭 결집된 상태였다. 두 함대의 구성은 다음과 같다.

[표 5] 양측 함대세력[함정순위는 항해서열임]

구분	러시아함대	일본함대
1	Suvorov(Rozhdestvensky)	Mikasa(Togo)
2	Alexander III	Shikishima
3	Borodino	Fuji
4	Orel	Asahi
5	Oslyabya(Folkersam)	Kasuga
6	Veliki	Nisshin(Rear Admiral)
7	Navarin	Izumo(Kamimura)

8	Nakimov	Yakuma
9	Nicolai(Nebogatov)	Asama
10	Aprakhin	Azuma
11	Seniavin	Tokiwa
12	Ushakov	Iwate(Rear Admiral)
	엔퀴스트 소장 지휘하의 방호순양함 8척, 구축함 9척 및 선단이 동행하였으나 주 전투에는 불참했다	방호순양함 12척, 구축함 21척 및 어뢰정 44척이 있었으나 주 전투에는 불참했다

[표 6] 양측 함대의 함포비교

일본함대 : 127문	러시아함대 : 92문
16×305mm, 1×254mm, 30×203mm, 80×152mm	26×305mm, 15×254mm, 2×230mm, 6×203mm, 43×152mm

두 함대의 주력함 12척의 주요무장은 다음과 같다. 대어뢰정용 소구경포는 제외되었다.

러시아함대는 대구경포에서 압도적으로 우세했으나[43문 : 17문] 일본함대의 포는 러시아함대의 포보다 실질적으로 포마다 현대화되어 사정거리가 길고 탄약의 성능도 우수하였다.

함정의 유형면에서 보면 일본함대는 전함 4척과 순양함 8척으로 구성된 반면에 러시아함대는 전함 11척과 순양함 1척으로 구성되었다. 그러나 러시아 측 전함 4척이 구형이라 전함대의 속력을 감속시키는 원인이 되었다.

일본의 2개 전대 후미에는 해군소장이 각각 위치하고 있어 침로

12. 해전연구 241

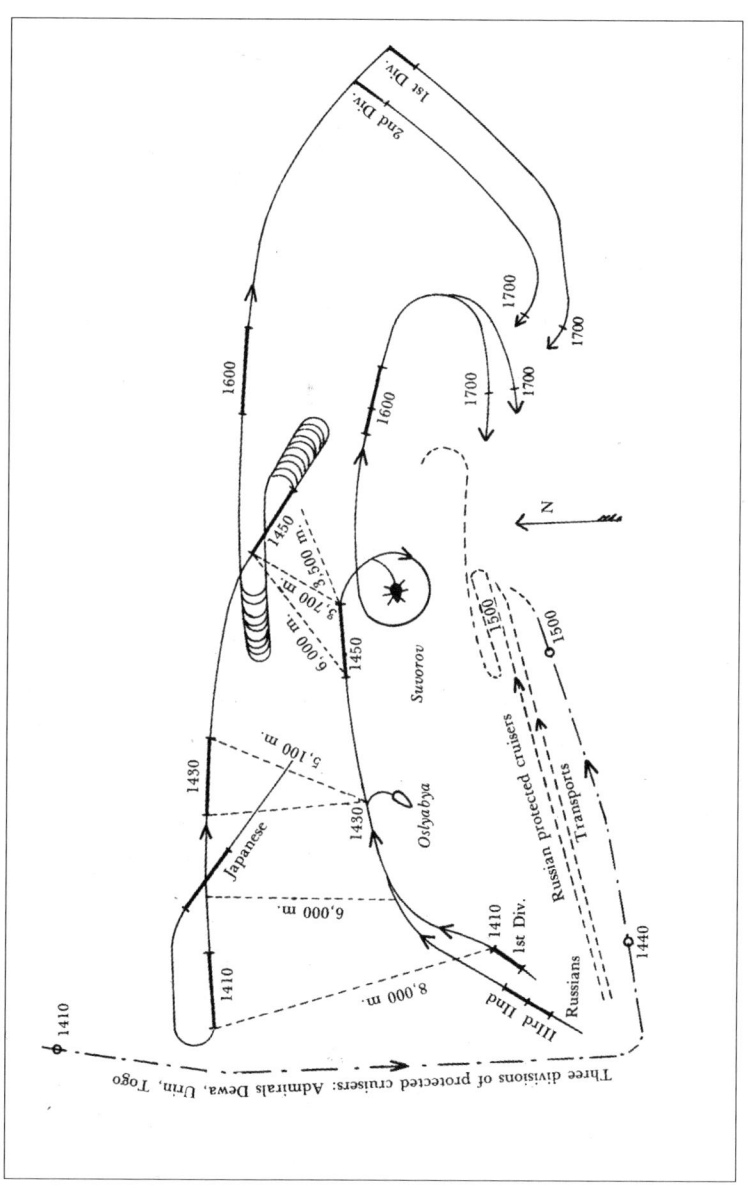

[그림 40] 쓰시마해전

가 어떻게 정해지든 간에 항상 제독이 전열을 선도할 수 있었다.

전투의 전반적인 상황은 [그림 40]에서 볼 수 있다. 전투는 일본함대가 북쪽으로 항진하던 러시아함대에게 T자를 씌우며 진로를 방해하자 러시아함대가 동쪽으로 변침하여 일본함대의 침로와 평행하게 항진할 수밖에 없던 14:00시경에 개시되었다.

전투는 14:10시에 러시아함대가 거리 8천m에서 별다른 성과도 없는 사격을 개시함으로써 시작되었다. 이 때 러시아함대는 단종렬진을 형성할 참이었지만 실제로는 복종렬진으로 항진 중이었다. 반면에 일본함대는 이미 단종렬진을 형성한 상태였다. 일본함대는 탄약을 낭비하지 않기 위해 거리가 6천m로 접근할 때까지 기다린 뒤 대구경포로 응사하였다.

전투가 시작된 지 30분도 채 지나지 않아 러시아함정 여럿 척이 손상받았다. 그로 인해 오슬리비아*Oslybia*함은 전투력을 상실하였고, 승함해 있던 제독도 전사하였다. 도고 제독은 우세한 속력을 이용해 러시아 진형을 포위하였다. 14:50시경 그의 함정들이 러시아함대의 선두와 같은 거리, T자 위치에 자리하였다.

수보로프*Suvorov*함은 타기손상으로 우현으로 회전하여 전열에서 이탈하였고, 중상을 입은 로제스트벤스키 제독은 구축함으로 이송하였다. 그러는 동안 전투거리가 3천m로 가까워졌고, 이에 도고 전대는 러시아함대와의 사격거리를 유지하기 위해 두 차례에 걸쳐 일제회전을 실시하였다. 이 때부터 그들의 험난한 항해가 계속되었다.

그러는 동안 한편에선 수송함을 방호하던 러시아 방호순양함들이 데와 제독 휘하의 방호순양함들과 치열하게 접전했다. 다른 한편으로 선두의 두 주력함대와 약간의 거리를 두고 있던 네보가토프 전대는 카미무라 전대와 교전하였다.

18:00시경 도고는 전투해역 외곽에 대기 중이던 구축함들에게 손상받은 러시아함정들을 공격하라고 명령했다. 그 결과 러시아함정 3척을 격침시켰다.

18:30시 네보가토프는 나머지 함정 가운데서 아직 항해능력이 있는 전투전대의 8척과 엔퀴스트 휘하의 방호순양함 5척 및 수송선들을 수습하여 북쪽으로 북상하였다. 네보가토프는 일몰이 되자 일본함대의 접촉으로부터 벗어나려는 희망을 갖고 일단 남쪽으로 변침한 뒤에 20:20시에 다시 블라디보스토크를 향하여 북상하였다.

5월 28일 새벽에 네보가토프가 인솔하는 러시아의 잔존함정들은 우샤코프*Ushakov*함을 제외하고 일본의 방호순양함 전대에게 항복하였다. 우샤코프함은 일본순양함 2척과 교전한 뒤 자침自沈하였다.

치열한 전장에서 성공적으로 탈출한 함정들, 말하자면 방호순양함 3척과 구축함 몇 척 그리고 수송함선 일부는 중립항인 상해와 마닐라 항에 도착했으나 현지에서 그만 억류되고 말았다. 다만 방호순양함 알마스*Almas*함 1척과 구축함 2척만 겨우 블라디보스토크항에 도착했을 뿐이다.

러시아와 주력함 12척 가운데 수보로프*Suvorov* · 알렉산더 3세*Alexander III* · 보로디노*Borodino* · 오슬리비아*Oslyabya* · 벨리키*Veliki* 및 나키모프*Nakimov*함 등 6척은 포격으로 격침되었고, 나바린*Navarin*함은 어뢰를 맞아 격침되었으며, 우샤코프Ushakov함은 자침하였다. 그리고 오렐Orel · 니콜라이 1세Nicolai I · 아프라킨Aprakhin 및 세니아빈Seniavin함 등 4척은 모두 항복하였다.

이 해전은 해군역사상 가장 처절했던 해전 가운데 하나로 손꼽힌다. 일본함대는 불과 몇 척밖에 손상을 입지 않았다. 손상이 가장 컸던 함정은 도고함대의 기함인 미카사Mikasa함뿐이었다. 방호순양함 1척은 전투력을 상실하고, 구축함 8척도 손상을 입었으며, 어뢰정 3척은 격침되었다. 일본해군은 일본인으로부터 높이 숭앙받는 일왕의 영웅처럼 싸웠고, 러시아해군도 네보가토프를 제외하고 모두 훌륭하게 자신들의 임무에 충실했다. 로제스트벤스키 제독은 사세보에 위치한 병원에 입원하여 일본인의 치료를 받고 있었다. 그는 앞으로 자신이 겪어야 할 정신적 시련이 기다리는 러시아로 출국하기 하루 전날 도고 제독의 정중한 방문을 받았다.

티스Frank Thiess는 자신의 걸작 『쓰시마』에다 이 기막힌 장면을 다음과 묘사했다.

붕대를 감고 쇠약한 모습의 로제스트벤스키 제독은 비몽사몽간에 의식이 절반쯤 나간 상태로 누워 있었다. 그 때 한 장교가 들어와 도고 제독이 그에게 경의를 표하려고 방문을 요청한다는 사실을 전했다.

잠시 뒤 도고 제독은 병상 옆에 서서 괴로워하는 적장에게 부드러운 눈길로 조용히 바라보았다. 로제스트벤스키 제독은 도고 제독의 고결한 인품을 처음 대하며 그의 표정에서 진정으로 우러나오는 친절함과 온화함 그리고 침착함을 직감하였다. 그리고 생애에 한번도 겪어보지 못한 그 어떤 위대함을 느꼈다. 어쩌면 이 고독한 제독은 면전에 있는 이 인물이 자신의 친구가 될 수도 있다는 생각을 했는지도 모른다. 자신의 상처의 아픔, 심지어 그가 겪은 커다란 불행마저 순식간에 사라지는 것 같은 느낌을 받았을 듯하다.

도고 제독은 로제스트벤스키 제독의 손을 잡으며 말하였다.

"패배는 우리 둘 누구에게나 일어날 수 있습니다. 그래서 어느 누구도 부끄러워해야 할 이유가 없습니다. 그렇지요, 문제는 우리가 자기 자신의 의무를 다했으냐 하는 것입니다. 2일간의 전투에서 귀하의 장병들은 참으로 훌륭하게 싸웠습니다. 부디 저의 심심한 경의와 유감의 뜻을 받아주시기 바랍니다. 귀하의 조속한 쾌유를 빕니다."

4. 유틀란트해전 Battle of Jutland(1916)

1916년 5월 31일 오후, 북해의 덴마크 해안 외해에서 발생한 유틀란트해전은 스크류 추진기시대에 발생한 해전들 가운데서 최후이자 가장 인상적인 해전이었다. 여기에 대해 거론하면서 잇달아 논의하겠지만, 이 해전에서 젤리코 Sir John Jellicoe 제독과 쉬어 Reinhardt Scheer 제독은 각자 처한 입장에 따라 어느 측도 전력투구하지 않았다. 때문에 이 해전은 늘 아주 우연하게 일어난 전투로 간주되는 경향이 있다.

그 날 독일해군은 스카게라크 근해에서 항로통제에 전념하던 일부 영국 해상부대에 기습공격하려고 대양함대High Seas Fleet의 세력을 총출동시킬 계획을 수립하였다. 이에 앞서 다수의 독일잠수함은 영국 해군기지 밖에서 대기하며 영국 해상세력의 출항을 감시하고 그들의 함행동에 관한 정보를 수집하기 위해 진을 치고 있었다.

무선전신으로 송신된 독일해군의 작전명령을 접수한 영국해군은 대함대Grand Fleet 전세력을 출동시켰다. 야간에 출항했기 때문에 잠복하고 있던 독일잠수함들은 아무것도 발견하지 못했고 어뢰 한 발 쏘지 못했다.

주력함의 대구경포만 비교하면 양측 함대의 무장은 다음과 같다.

[표 7] 주력함대의 대구경포 비교

주력전대		정찰전대	
영 국	독 일	영 국	독 일
16×381mm	128×305mm	32×381mm	16×305mm
110×343mm	72×280mm	32×343mm	28×280mm
10×365mm		16×305mm	
103×305mm			

겉으로 보면 영국의 해군세력이 현저하게 우세한 것 같지만, 영국함대는 장갑과 포의 견실성이 부족해 불안정한 거인과 같았다. 영국함정은 구경이 비록 작지만 독일함대의 함포-구경면에서는 열세하지만 사정거리 면에서는 뒤지지 않았다-가 명중하면 견디지 못하는 것으로 판명이 났다.

그러나 해전 바로 당일, 그것도 영국해군이 아닌 독일해군이 오히려 영국함대의 능력과 함정의 우수성을 과대평가하고 있었다. 만약 쉬어 제독이 영국해군의 전통에 근거한 이런 선입관을 가지지 않았더라면 그는 주저하지 않았을 터이고, 승전고를 울렸을지 모른다.

[표 8] 주력함대의 세력비교

영 국				독 일			
대함대(Jellicoe)				대양함대(Scheer)			
주력전대		정찰전대		주력전대		정찰전대	
노급전함	24	노급전함	4	노급전함	16	전투순양함	5
전투순양함	3	전투순양함	6	구식전함	6	경순양함	5
장갑순양함	8	경순양함	13	경순양함	6	구축함	30
경순양함	12	전단선도함	2	구축함	32		
전투순양함	6	구축함	27				
구축함	46	항공모함	1				

비티 제독 휘하의 노급전함 4척은 21노트의 다른 노급전함의 속력보다 훨씬 고속인 초노급 전함은 25노트까지 낼 수 있었다. 항공모함은 진정한 의미의 항공모함은 아니었고, 수상기모함 정도였다.

5월 31일 14:00시, 영국함대는 독일해역을 향해 항진하고 있었다. 이때 비티의 정찰전대는 주력부대의 전방 77마일에 위치하고 있었다. 반면에 독일함대는 북항 중이었다. 히퍼Franz von Hipper 제독의 정찰전대는 50마일 전방에 위치하였다.

14:30시, 비티는 동쪽에서 피어오르는 검은 연기를 발견하고 정찰용으로 수상기 한 대를 발진시켰다. 그러나 수상기가 아닌 휘하 정찰전대의 한 함정으로부터 보고를 받았고, 북항 중인 히퍼 전대의 실체를 인식하였다. 열세한 세력을 지휘하던 히퍼는 쉬어의 대양함대와 합류하기 위해 변침을 시도했다.

수평침로로 전개된 전투에서 영국 정찰전대는 전투순양함 2척과 구축함 2척을 잃었다. 독일 정찰전대도 2척의 구축함을 상실하였다. 평균 사정거리는 1만 5천m였다. 이 때는 비티의 정찰전대를 동행한 4척의 노급전함이 너무 후방에 있었다. 따라서 이들 전함의 381mm포는 그 위력을 발휘하지 못했다.

16:40시, 대양함대가 현장에 도착하는 것을 간파한 비티는 일전에 히퍼가 그랬던 것처럼 반대 침로로 변침하여 남쪽으로 이동하는 대함대 방향으로 독일함대의 유인 기동을 감행했다.

쉬어는 곧 영국함대의 전세력과 맞설 수밖에 없는 상황임은 상상도 하지 못한 채 오로지 비티 전대만 추격했다. 독일함대의 선두는 비티 전대와 대양함대 사이를 가로막고 있던 노급전함 4척과 교전하였다. 하지만 시정이 불량해서 양측의 사격은 효과적일 수 없었다. 양측 함정들은 바로 얼마 전에 전투순양함 사이의 전투가 있었던 그 해역에서 교전했다. 그래서 이 해역일대는 그 때까지 바람 하나 없고 포연만 가득했다.

결국 비티는 자신의 정찰 및 경계임무를 완수한 셈이었다. 비티 전대는 독일 주력전대를 접촉한 뒤 이를 계속 유지하며 적 세력에 관한 정보를 젤리코에게 보고했다. 그러나 그의 정보는 연기 때문에 그리 정확하지 않았다. 비티는 히퍼 전대가 대함대에 대한 정찰임무를 수행하지 못하도록 대양함대 방향으로 압박하였다.

비티와 젤리코가 서로 시각을 통해 접촉한 시간은 18:00시였다. 이 때 4척의 기함위치는 [그림 41]에 나타난 것과 같다. 쉬어는 갑자기 동쪽으로 변침하였다. 휘하전함을 6개 분대 종렬진으로 남동쪽을 향해 항진하던 젤리코는 좌현으로 부대를 전개하여 거의 12km에 달하는 긴 단종렬진을 형성하였다.

두 함대의 침로가 서로 만나는 침로였던 터라 18:35시에 쉬어는 자신이 T자로 만나는 불리함을 피하기 위해 휘하 함정을 일제회전을 시키며 변침하였다. 그 후 19:00시에 쉬어는 진형을 남동쪽으로 향하도록 침로를 회전시켜 젤리코의 주력부대를 향했다. 그러는 동안 젤리코는 대양함대의 도주가능성을 차단하기 위해 대양함대와 그들의 기지 사이에 대함대를 위치시켜 쉬어 함대를 둘러싼 거대한 포위기동을 집행하였다.

젤리코의 기동은 매우 성공적이었다. 20:00시경 젤리코의 대함대는 독일함대와 독일연안 사이에 위치했다. 그러나 점점 더 어두워지자 그는 더 이상 접촉할 수 없었다. 그러자 잇달아 20:25시에 양측 주력함대 사이에 위치하던 정찰부대끼리 접촉이 다시 시작되었다.

양측의 전함진형 사이에서 경계하던 함정들 사이의 치열한 전투가 전개되었다. 히퍼는 영국의 전투순양함을 세번째로 격침시키는데 성공했다. 그러나 그의 기함인 전투순양함 루초우 *Lutzow* 함도 격심한

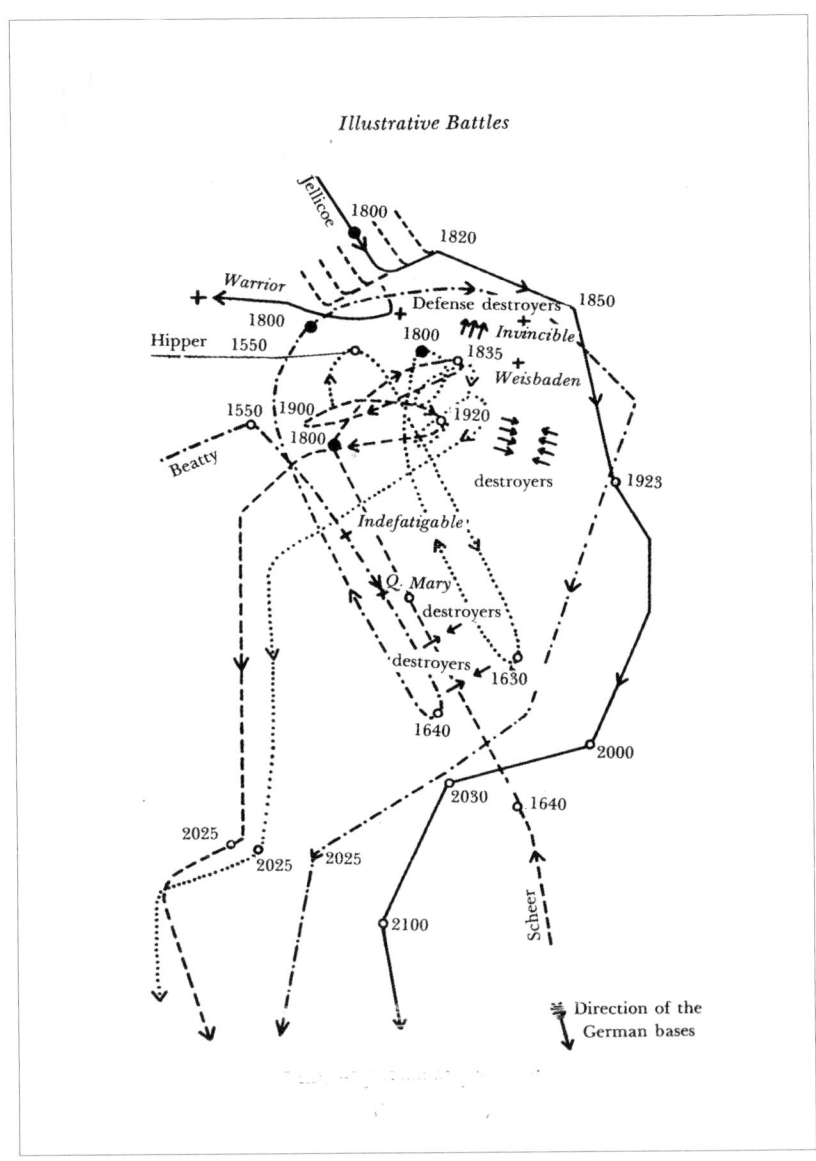

[그림 41] 유틀란트해전 주간전투(1916.5.31)

12. 해전연구 251

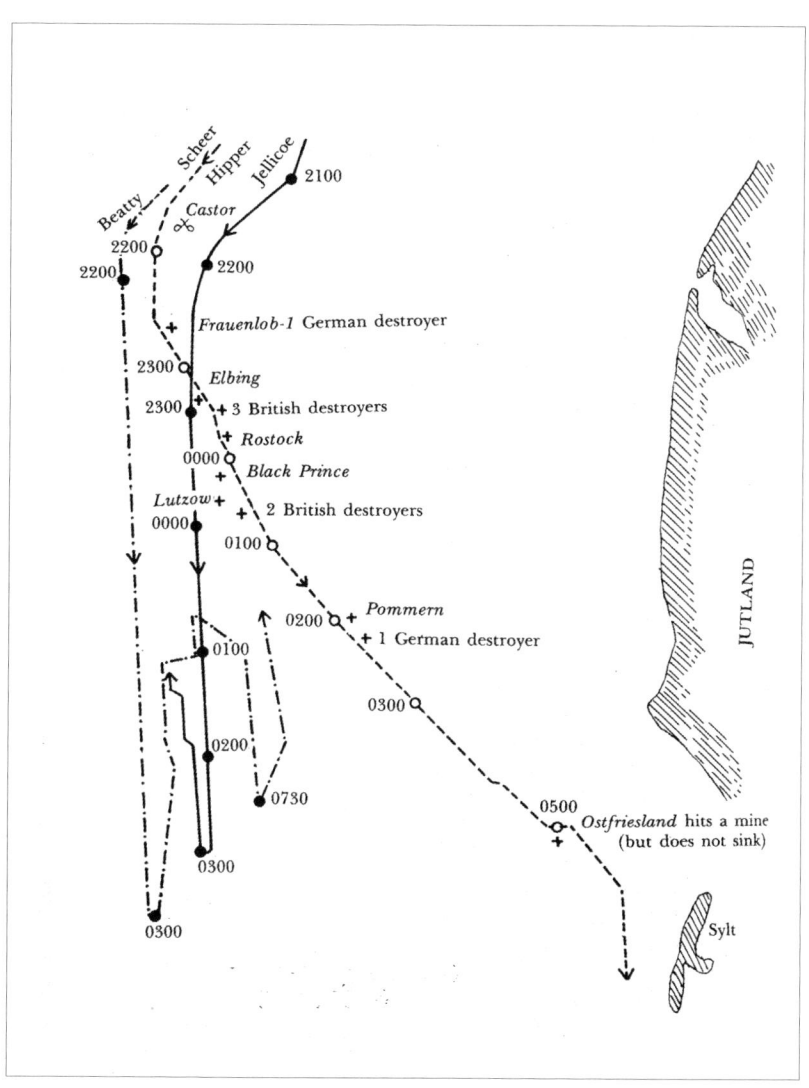

[그림 42] 유틀란트해전 야간전투(5.31~6.1)

포격과 몇 차례의 어뢰공격을 받아 한밤중에 침몰하고 말았다. 그밖에 영국함대는 순양함 2척과 구축함 2척을 잃었고, 독일함대는 경순양함 1척을 잃었다.

쉬어는 대함대와의 거리가 가까워지는 것을 막기 위해 세 번에 걸쳐 구축함에 의한 공격을 시도했다. 첫번째 공격은 18:35시에 실시되었다. 이 때 영국의 노급전함 1척이 어뢰에 피격되었으나 다행히 항해할 수는 있는 상태였다. 구축함에 의한 2차·3차 공격은 각각 19:20시 전후로 대양함대가 서남방향으로 철수하는 것을 포획하기 위해 감행되었다. 독일구축함들의 공격은 영국함정들을 명중시키지 못했다. 그러나 19:23시, 영국함대는 엄청난 양의 어뢰를 회피하려고 연막을 짙게 쳤다. 이 때 대양함대는 세번째 동시회전을 행하며 영국함대와의 접촉을 피하려 하였다. 연막과 연막 사이를 겨우겨우 비껴가며 함정들은 포격을 간헐적으로 주고받았다.

야간으로 접어들자 쉬어는 영국함대의 야간공격에 대비해 항로를 열도록 모든 구축함들을 전방에 배치한 뒤 기지로 항진시켰다.

젤리코도 남쪽으로 항진하였다. 일몰시에는 양측 함대 사이의 위치를 통해 판단하고 차단가능한 침로를 취한 젤리코는 대양함대가 후미를 통과할 것이라 예상했다. 그래서 그는 독일함대를 공격할 목적으로 구축함들을 후위에 배치했다.

23:00시, 대양함대는 대함대에게 들키지 않게 후미를 가로질렀다. 이미 22:00시경에는 구축함전단 사령관이 탑승한 경순양함 카스토르 *Castor*함이 전투 중에 무선통신기 안테나를 잃은 상태였다. 그래서 아

무런 지시도 내리지 못해 휘하의 구축함들이 밤을 이용해 동쪽으로 분산하도록 내버려 두었다. 때문에 이들 구축함들만 이따금 대양함대를 접촉하였다. 이를테면 야간에 발생한 격렬한 전투로 독일 측은 구식전함 1척, 경순양함 3척, 구축함 2척을 잃었고, 영국 측은 순양함 1척, 구축함 5척을 상실했다.

그날 새벽 독일함대는 자신들의 기뢰원을 안전하게 통과한 뒤 귀항하였다. 그러나 영국함대는 연안에서 멀리 떨어져 서쪽으로 항해한 뒤 본국으로 향하는 침로를 택해야 했다.

통상적으로 볼 때, 영국 측은 6,097명의 인원과 약 12만 톤의 함정을 잃었고, 독일측은 2,551명의 인명과 함정 약 6만 톤을 소실했다. 그럼에도 불구하고 양측은 서로가 승리했다고 주장했다. 실제로는 독일함대가 세력은 열세했지만 해군의 기술력 때문에 그들이 입은 손실에 비하면 오히려 적에게 두 배의 손실을 가한 셈이다. 따라서 이 해전에서는 독일 측이 '전술적 승리'를 거두었다고 할 수 있다.

한편 영국함대가 입은 손실은 세력의 비율을 바꾸게 하지는 않았다. 여전히 그들은 해상통제권을 유지하고 있어 영국 측은 '전략적 승리'를 거두었다고 할 수 있다.

이 해전을 주제로 한 저서는 헤아릴 수 없다. 영국에서는 제목이 인상적인 베이컨의 『유틀란트의 추문 The Scandal of Jutland』이란 저서가 나왔고, 이를 비롯해 이탈리아에서는 코르비노Epicarmo Corbino의 『경제학자의 입장에서 본 유틀란트해전 The Battle of Jutland Viewed by an Economist』이란 저서까지 선보였다. 때로는 젤리코 제독이 좌현으로 부대를 전개함으로써-혹자는 우현으로 전개하는 것이 보다 좋지 않았느냐 하는 생각도 하였다-시작된 운동학적-전술적 국면에 관한 분석적 기법이 시도되기도 하였다.

여기서는 이러한 기술적인 사항에 대한 미련은 과감히 버리고, 대신 과연 양측 함대사령관이 취한 결정에 무엇이 영감을 주었는가, 또한 함정을 손실하면 몇 년 동안 대체할 수 없다는 사실과 함께 조국함대의 주력함대가 위기에 봉착했을 때 각각의 지휘관들이 고취했던 것은 무엇인지를 탐구하려 한다. 이것은 세력운용에 관한 전술적 이론이나 규칙과는 상관이 전혀 없다. 뿐만 아니라 이런 사항은 성문화된 규칙의 영역을 초월하여 고도의 지성과 영성 그리고 책임의 영역 내에 존재하는 것이다.

제1차 세계대전이 발발하기 직전, 독일해군은 넬슨으로부터 공격적인 전통을 물려받은 영국해군이 독일연안을 철저하게 봉쇄할 것이라고 확신했다. 그리하여 그들의 전쟁계획은 이런 가정을 근거로 수립되었다. 독일해군의 전쟁계획은 어뢰정·잠수함 및 기뢰라는 수단을 총동원하여 영국해군에게 지속적인 손실을 가하겠다는 것이었다. 그래서 독일함대와 비교해 영국함대가 차지하고 있는 우열의 격차를 해소하겠다는 것이었다.

그에 반해 영국해군은 지리적인 조건을 이용해 독일의 해군기지로부터 가장 멀리 떨어진 북해의 출구를 경계하는 것으로 만족해 했다. 따라서 독일해군은 대양으로 진출하기 위한 출구를 확보하겠다던 자신들의 희망의 기회조차 얻지 못한 채 영국해군에게 그 주도권을 빼앗

기고 말았다. 그러므로 적을 고립시키는 전술적 공세를 수행하기 위해 내세운 영국해군의 목표는 방어적 전술이었다고 할 수 있다.

제1차 세계대전은 전적으로 이런 개념으로 특징되었다. 그 결과 대양함대사령관인 젤리코 제독은 1914년 10월 31일에 전투함대의 운용에 관한 지침이 포함된 비망록을 작성했고, 여기에 자신의 견해를 덧붙여 해군성에 상신했다.

1916년 5월 31일, 휘하의 대함대 세력 전부를 지휘했던 그는 전쟁기간 내내 단 한 차례만 독일의 대양함대와 조우했는데, 바로 그날 전투해역에서 전략적 공세를 충족시키기 위한 방어적 전술을 운용하였다.

젤리코 제독은 신중한 찬사와 가혹한 비평을 동시에 받았다. 그는 공격적, 다시 말해 넬슨적 정신이 결핍되었고 중책을 감당하기에는 용기가 부족하다는 비난을 받았다. 오늘날도 모든 사람이 납득할 수 있는 견해를 제시하기란 쉽지 않은 일이다. 하지만 어느 정도 논리적이고 상식적인 선에서 말할 수 있는 사람은 오직 그 사람뿐이었다.

젤리코 제독은 말할 것도 없이 연합국 측의 승리는 대함대의 보존에 달렸음을 알았고, 대함대가 대양함대를 조우한 그날의 결전은 단지 두 시간 내로 승패가 결정나고, 바로 그 승패가 전쟁을 좌우할 수 있음을 알았다.

이러한 상황과 심적 상태에서 젤리코 제독은 자신의 정치적·전략적 그리고 기술적으로 유리한 조건을 이용해 단호하게 공격했다. 만약 그가 기회가 있을 때마다 전투에서 교전하지 않았다면 자기 조국은 승리를 쟁취하지 못했을 것이다. 범선의 비 예측성을 고려할 때 19세기 초만 하더라도 대양에 면한 연안을 가진 적국을 고립시킨다는 것은 불가능했다. 그러나 1914~1918년 전쟁에서는 결전을 통한 전투와 승리와는 무관하게 전쟁에서 승리를 거둘 수도 있었다.

　더욱이 1914년 12월에 쉬페 전대를 대양에서 구축하려고 노력하였을 당시에, 그들은 같은 영국해군이면서도 그들의 매우 다른 능력과 의지를 보여주었다. 지리적·전략적 시각에서 보면 당시상황은 넬슨 시대의 상황과 비슷했고, 결전 이외에 다른 해결책은 없던 상황이었다. 때문에 그들은 마음만 먹으면 적 세력을 격파할 수 있는 전투세력을 포클랜드 제도Falkland Islands에 보내서 결전을 행할 수 있었다.

　4년간의 전쟁이 끝나자 자존심 상한 독일함대가 스카파 플로우에 억류되어 명예롭지 못하게 북해를 횡단할 때, 이탈리아 해군이 오스트리아 전대를 접수하기 위해 베니스로 이동할 때처럼, 영국해군의 사기는 역사상 가장 극적인 전투에서 승리를 거두었을 때의 사기와 전혀 다르지 않았다.

　하지만 필자는 해군세력의 주력을 예비로 보유함으로써 승리를 거둔 전쟁을 옹호할 생각이 없다. 다만 특정한 세력비율로 특별한 지리적·전략적 상황에 기여하는 전쟁방법에 대해서는 적절한 해석을 부여하고자 노력할 뿐이다.

　제2차 세계대전 때 영국해군은 1940년 7월 9일을 기해 푼타 스틸로에서 첫 교전을 가진 뒤 지중해에는 결코 개입하지 않았다. 그들의 질적 우세가 함정척수의 열세를 보상했다는 점을 고려하면 영국해군은 지중해에서 분명 열세한 상황이 아니었다.

　제2차 세계대전 때에도 영국해군은 자신들의 목표를 전투에서 승리를 쟁취하는 데 두지 않고 승리를 획득하는 데 두었다. 때문에 젤리코 제독이 행한 것처럼 넬슨적 정신에 대해서도 똑같은 해석을 시도했다. 그들은 전투로부터 벗어나 가능한 한 온전한 세력을 보유하려고만 했다. 그것은 현명한 생각이었다. 그러나 그들이 수세기 동안 호황을 누릴 만큼 전세계적으로 계속해서 구축한 강력한 지리적·전략적 위치는 20세기 들어와서는 따로 전투를 치르지 않고서도 승리를 획득할 수 있게 만들었다. 그들은 1941~1945년 미국해군이 태평양에서 수행했던 것과는 분명 전혀 다른 방식으로 활동했던 것이다.

쉼터

제5편
해군항공시대
The Age of Naval Aviation

쉼터

13.
함선의 특성
Ship Characteristics

1. 해군기술과 군축정책

『해군기술과 군축정책*Naval Technology and Disarmament Policy*』이라는 제목의 책자가 1932년 피사의 이름난 기관학교에서 발간되었다. 이것은 같은 해 2월 당시 소령이던 필자가 장기간 강의한 내용을 수록한 책이다.

이번 항에서는 양차 세계대전 사이 20년 동안 해군기술을 둘러싸고 정치적 사건이 끼쳤던 영향에 대해 언급하면서 책자의 내용을 요약 설명하겠다.

전투함정은 다음과 같은 몇 가지 구비조건을 갖춘 합리적 절충안을 거쳐 구축된 산물이다. 가령,

1) 무장(armament)

2) 장갑(protection)

3) 소력(speed)

4) 내해성(endurance)

5) 용적(dimensions)

6) 설계(design)

(7) 안정성(stability)

8) 통신장비(telecommunications equipment)

등은 전투함정이 갖추어야 할 필수 조건들이다.

처음 네 가지는 각각 공간과 무게를 필요로 하는 배열에 따라 충족된다.* 따라서 함정을 건조하는 문제는 배수톤수displacement와 용적톤수tonnage의 한계 내에서, 다시 말해 함정의 중량과 내부 용적의 한계 내에서 무게와 공간의 조화된 배분이라고 정의할 수 있다.

  * 통신장비가 차지하는 공간과 무게는 상대적으로 무시해도 좋다.

함정의 전투능력은 주로 무장과 장갑에 달려 있다. 속력·내해성 및 설계는 함정의 기동성mobility을 결정하며, 용적·설계 및 안정성은 근본적으로 함정이 폭풍우를 이겨낼 수 있는 능력, 황천에서도 전투할 수 있는 능력을 좌우한다. 통신장비는 명령과 보고를 송·수신함으로써 함정의 작전능률을 결정한다.

세계 각국은 정치적 목표와 군사적 필요성에 따라 가장 적당하다고 판단되는 해군을 건설함에 있어 그들 나름의 방법에 따라 문제를 해결하는 데 그 결정이 비교적 자유로웠다. 이런 자주성의 결과로 해군의 기술분야에는 치열한 경쟁이 야기되었다. 이런 경쟁은 예전에는 볼 수 없던 강력하고 결과적으로는 거대한 경쟁으로 치닫게 하였다. 그리하여 마침내 각국마다 국고를 압박하는 결과를 빚었다.

제1차 세계대전이 끝나자 거대한 규모의 함정을 생산하려는 미국과 일본 양국 사이에는 군비경쟁의 위험성이 일기 시작했다. 미국 해군은 평화를 수호하기 위하여 이 세계에서 가장 강력하고 훌륭한 해군을 건설하는 것을 희망한다고 해군장관의 발언을 통해 명확히 밝혔다.

그와 같은 선언은 정치적 시기도 부적절했을 뿐 아니라, 도덕적으로도 불합리하고 경제적으로도 분명 파멸적이었다. 바로 그러한 때 하나의 전쟁이 힘겹게 끝나자 승자와 그 동맹국들은 존경과 신뢰, 그리고 군축에 입각하여 영속적인 평화를 재건한다는 가정 아래 국제연맹League of Nations이 창설되었으나 그들 자신은 이미 치열한 군축경쟁에 뛰어들고 있었다.

그리하여 1921년 말 미국의 제안으로 해군군축에 관한 첫 회의가 워싱턴에서 열렸다. 통상 군축에 관한 회담이 전에는 완전히 실패로 끝났던 데 비해, 이 회의는 1919~1939년* 사이에 합의를 이끌어낼 수 있던 유일한 회담이었다.

□* 첫 회의부터 후속회의가 잇따랐던 기간 전체는 1919~1939년이었다.

해군군축은 다음과 네 가지 점에서 엄밀한 검정과 협정을 수월하게 실현시켰다. 첫째로 당시 군비에 관심있는 열강들은 본래부터 해양국가들이었다. 둘째로 해군은 타군에 비해 평화시의 식민주의 정책과 직접적이며 명시적일 뿐 아니라 특별한 결속관계를 가졌다. 이것은 통상무역과 국가 사이의 경쟁에서 해양이 차지하는 중요성 때문이었다. 셋째로 해군은 평화시에도 모든 전투력을 갖추고 항상 준비되어 있어야 하며, 국제적으로 국력행사의 의지표명을 신뢰성 있게 표시해야 한다. 끝으로 해군군비는 임시변통으로 조성될 수 없으며, 비밀 또한 유지할 수 없기 때문에 정확하게 평가되고 제한될 수 있다는 점이다.

당시 5대해군국이었던 미국・영국・일본・프랑스 및 이탈리아가 이 회의에 동참하기로 한 근본동기는 그들이 평화를 애호해서라기 보다 또 다른 이유가 있었기 때문이다. 이 협상의 실제목적은 상충되는 각국의 이익을 협정으로 조정하기 위해 제안된 것이고, 외견상으로는 해군 군비부담을 제한시킬 목적이었다.

그러나 협정의 배경에는 최근 들어 획득한 미국의 우세한 기득권을 인정하고, 그 동안 영국이 전통적으로 누리던 우세한 기득권을 옹호하며, 지금까지 해상에서의 우위를 점령하지 못하던 열강인 일본・프랑스・이탈리아의 해양력 성장을 제한시키려는 의도도 포함되어 있었다. 게다가 모든 국가들에게도 이러한 협약이 확대적용이 될 수 있도록 했기 때문에 앵글로-색슨 국가들은 자국의 몫을 크게 희생하지 않고서도 우세한 환경을 보장받을 수 있었다.

워싱턴회의에서는 함정의 배수톤수와 밀접하게 관련을 가진 주요무기, 이를테면 포에 관한 사항이 중점 논의되었다. 함정은 주력함과 보조함 두 개의 범주로 분류되었다. 첫번째 범주에는 전함과 전투순양함이 포함되었다. 일반적으로 표준 배수톤수가 1만 톤 이상인 함정과 구경이 203mm를 넘는 포를 최소한 1문이라도 장착한 함정은 모두 이 범주에 속했다. 두번째 범주에는 그밖에 모든 함정이 포함되었는데, 항공모함은 특별 관심대상이었음에도 여기에 포함되었다.

5대강국 해군에게 부과된 주력함과 항공모함의 규모와 척수제한은 다음과 같은 지수로 환산되었다. 미국 15, 영국 15, 일본 9, 프랑스 5, 그리고 이탈리아 5의 비율이 그것이다. 그리고 기타 함정의 최대 배수톤수와 포의 구경도 제한이 되었으나 양적인 제한은 가해지지 않았다.

각국이 보유할 수 있는 주력함의 척수가 확정되자 그 규약에 따라 초과하는 것은 폐함처리시켰으며, 조약의 유효기간, 말하자면 해군휴일naval holiday은 1932년까지 10년간 유효한 것으로 채택되다가 그 후 1930년 런던회의에 와서 1936년까지 연장되었다. 함정의 규모와 무장의 제한사항은 다음의 표와 같다.

[표 9] 워싱턴조약(1921)

함정의 종류	배수톤수	함포 구경(mm)
주력함	35,000	406
보조전투함	10,000	203
항공모함	27,000	203

* 표준 배수톤수는 기관과 장비를 모두 갖추고 승조원까지 포함한 것이지만, 단 연료와 예비관수는 포함되지 않는다.

[표 10] 런던조약(1930)

함정의 종류	배수톤수	함포구경(mm)
주력함	35,000	406
순양함	10,000	203
구축함	1,850	130
항공모함	27,000	203
경항공모함	10,000	155
잠수함	2,000	130

과연 이런 제한사항이 구체적인 정책과 해군기술에는 어떤 영향을 미쳤는가? 워싱턴회의는 값비싼 함정의 건조경쟁을 서로서로 자제하게 하는 효과가 있었으나, 잠수함의 출현으로 더욱더 열띤 논쟁의 여지를 남겼다. 회의의 본의와는 달리 경전투함과 잠수함의 수적인 우세를 확보하기 위한 경쟁이 야기되었다. 런던회의를 통해 미국·영국 및 일본의 경쟁은 종결되었다. 역설적으로 모든 종류의 공격에 실질적으로 저항 능력을 갖춘 유일한 함정, 즉 전함에 대한 관심은 나태해진 반면 잠행성 무기와 공중위협 때문에 협소한 작전해역에서는 매우 취약한 함정으로 판단된 함정의 발전이 이루어졌다.

국제적 협정에 따라 함정과 무기의 크기제한이 가해지기 이전에 각국 해군은 함포의 구경과 함정의 배수톤수를 증가시킴으로써, 그렇지 않으면 함정의 다른 특성을 개량시킴으로써 우세를 구축할 수 있었다. 그러나 함포의 구경과 배수톤수의 제한이 가해지자 중요한 함정이 우세를 차지하는 유일한 방법은 함정의 건조기술 향상이었다. 따라서 군축정책은 기술연구와 발명을 자극하는 유익한 효과를 가져왔다.

그리하여 포의 초속을 증가시키고 포의 사정거리를 연장시키며 정확도를 높이는 경쟁이 벌어졌다. 1939년도의 203mm포 사정거리는 1918년도의 391mm포보다 멀었다. 포의 성능이 꾸준히 개량됨에 따라 신형 포는 더 큰 위력으로, 더욱이 고속으로 발사할 수 있도록 고안되었다.

거듭된 실험결과 수면 아래 방호구조와 선체형태가 개선되었다. 추진계통도 끊임없는 노력 결과로 놀랄 정도로 경량화되었다. 선체의 중량도 감소되었다. 이는 고강도의 강철이 일반적으로 중요한 지지부분에 사용되기 시작한 때문이고, 리베팅을 대신해 전기용접이 사용되고, 게다가 부하도 크게 받지 않는 경합금이 사용되었기 때문이다.

그러나 국가들 사이의 신속하고도 빈번한 문화교류로 인해 각국의 함정 건조기술은 거의 같은 수준을 유지할 수밖에 없었다. 그리하여 어떤 국가도 우세를 실질적으로 확보하고 유지할 가능성이 거의 없었다. 각국 해군이 함정건조와 무기운용 면에서 동일한 진보를 이뤘다고 가정한다면 취할 수 있는 나머지 유일한 방법은 속력과 장갑 문제에서 가장 이상적인 균형을 찾아내는 것이었다.

속력을 20~25노트까지 낼 수 있는 함정이 조금만 속력을 감소하는 것만으로도 중량을 상당히 줄일 수 있었다. 그로 인해 장갑은 크게 증가시킬 수 있었다. 이러한 절충은 설득력 있었다. 속력을 조금

낮춰서 항해하는 것으로 만족하는 함정은 그만큼 침몰을 면할 능력도 향상될 수 있다. 제1차 세계대전시의 경험을 통해 볼 때, 추진계통이 취약한 함선은 기관실 구역을 관통하는 포탄 한 방으로 운명이 좌우되었다. 그 결과 속력의 이점도 쉽게 상실되었다는 것이 입증되었다. 따라서 안전을 고려하지 않은 고속은 그 자체가 문제였다.

한편 함정의 척수제한으로 전체세력에서 각 함정이 차지하는 비중은 커졌다. 그로 인해 개별함정의 가치도 증대하였다. 해상전투에서 대형함정의 손실위험도 강조되었는데, 그 손실위험을 감소시키려면 장갑을 강화시키는 것 외에 다른 방법이 없었다.

이탈리아 해군에서도 1919년부터 1939년까지 20년 동안 이러한 속력과 장갑 사이의 절충안 논쟁이 끊임없이 제기되었다. 왜냐하면 군비를 절충한다는 것은 거의 불가능했기 때문이다. 이탈리아 해군에서의 장갑의 중요성은 다음과 같은 이유에서 분명했다.

이탈리아 해군의 작전해역은 두 해역, 즉 넓은 해역과 좁은 해역으로 나뉜다. 전자의 경우에서 공간은 지배적인 요소로서 이 해역은 수심이 깊었다. 반면 후자는 공간도 좁고 수심도 낮았다. 넓은 해역에서 작전하기를 희망하는 해군은 좁은 해역에서 작전하고자 하는 해군보다 자급자족이 가능하고 내해성이 있는 함정을 필요로 한다.

보다 중요한 차이점은 다음과 같은 논리에서 추론된다. 현대해상전의 기본적인 특성 가운데 하나는 해군세력이 해상에서 네 가지 형태의 적, 이른바 잠수함 · 기뢰원 · 항공세력 및 수상함정 가운데서 어느 하나와 순간적으로 조우할 가능성이 항존한다는 사실이다. 해군기지가 적의 항공세력의 행동반경에 위치한 해역의 함정은 항구에 정박하고 있는 동안에도 적의 항공공격을 대비해야 한다. 그리하여 모든 형태의 조우전이 전개될 확률은 그 해역의 해상공간과 반비례한다고 할 수 있다. 때문에 넓은 해역의 해군보다 좁은 해역의 해군이 더욱더 큰 위험에 직면할 수 있다는 것은 명약관화한 사실이다. 따라서 대양해군의 경우 함정의 기본특성은 내해성을 가져야 하고, 좁은 해역에서 활동하는 해군함정은 무엇보다 생존성이 기본요소가 되어야 한다.

좁은 해역에서의 운용이 매우 위험하고 불안정한 함정은 경순양함급 함정처럼 중형 배수톤수를 가진 함정이다. 이런 함정은 공중 및 잠수함 공격으로부터 자연적으로 면제될 정도로 소형이 아니며, 인위적으로 무시할 만큼 그리 대형도 아니다.

속력과 장갑의 상대적 가치에 관해 말하면 속력에 대한 장갑의 우위를 옹호하는 자들은 전쟁에서 적보다 신속하게 항해함으로써 승리가 획득되는 게 아니고, 적보다 더 오래 해상에 떠 있어야 승리를 획득할 수 있다고 주장한다. 적의 함정보다 중무장을 하려면 속력의 희생은 불가피하다. 불과 몇 노트의 속력을 희생하면 수백 톤에 달하는 기관의 중량을 절약할 수 있다. 속력을 30노트에서 35노트로 증속한다고 해보자. 그러면 추진계통은 거의 두 배에 달하는 힘이 필요할 것이다.

고속의 함정을 확보하는 것이 좋다는 논리를 지지하는 사람들은 전투를 추구하든 또는 회피하든 어느 쪽이든 선택할 수 있는 이점이 있다고 반론을 제기하였다. 여기에 대해 장갑의 옹호자들은 다음과 같이 반증하였다. 첫째로 자신이 강력하다는 것을 확신하는 함정은 전투를 피하기보다 전투에 응하려는 경향이 짙다. 둘째로 강력한 적이 접근하면 해상 및 항공정찰로 적이 포의 사정권 내에 도달하기 전에 기지로 철수할 시간적인 여유를 갖고 경고할 수 있다. 그러므로 실제로는 속력의 우세가 결코 중요하지 않다. 자기보다 속력이 더 빠른 적 함정이 전투를 감행할 의사가 없다면 그 적을 따라잡을 수 없다. 그러나 분명한 것은 전쟁에서 도주함으로써 승리를 거둔 자는 없었다는 사실이다.

제1차 세계대전시 독일함정과 영국함정 사이의 격전이 있었을 때, 피격을 받은 영국함정들이 침몰하거나 큰 손상을 입었던 데 반해 독일함정은 거의 침몰하지 않고 그대로 해상에 잔류하거나 경미한 손상만 입었다. 이는 독일함정들이 영국함정들에 비해 속력도 낮고 무장도 미미했지만 장갑이 우수했기 때문이다.

이러한 사고는 『해상에서의 전쟁과 전체로서의 전쟁』 제1장에 수록해 놓았는데, 다음과 같은 매우 역설적인 경구로 집약시켰다.

> 천부적인 고도의 공격력을 지닌 지휘관에게는 우수한 방어적 특성-즉 모든 공격에 대항할 수 있는 강력하고도 양호한 방호능력-을 갖춘 함정이 필요하다.

2. 함정의 특성과 무장의 개선

　해군항공시대에 건조되어 제2차 세계대전시 운용된 전투특성은 대체로 제1차 세계대전 때 참전한 함정의 전투특성과 거의 비슷하다. 앞 장에서 살펴보았듯이, 국제적인 정책결정에 따라 함정의 척수와 크기에 제한이 가해졌던 것인데, 이로 인해 과학 및 기술의 진보가 촉진되었다.

[표 11] 만재 배수톤수의 중량배분율

구 분	전 함	전투순양함	경순양함	구축함	잠수함
선 체	25	27	28	29	37
장 비1)	10	11	11	10	15
장 갑2)	25a 35 10u	16 24 8	9 14 5	-	-
기 관	7	18	22	39	29
무 장	16	12	10	6	5
승조원3)	3	3	4	4	2
연 료	4	5	11	12	5
폭발용 발라스트	-	-	-	-	7
계	100	100	100	100	100

1) 전기계통·냉동장치·배관·통풍장치·계류장치 및 침실의 비품을 포함한다.
2) 용도와 재질에서 차이가 있는 장갑(a)과 수면 아래 장갑(u) 두 부분으로 나뉜다.
3) 인원과 개인용품·식량 및 청수를 포함한다.

위의 도표는 제2차 세계대전 때 운용된 주요함종의 전투능력에서 각각의 요소들이 차지하는 중량이 어떻게 배분되었는가를 보여준다.

이 기간 중에 말 그대로 매우 독창적으로 유일하게 설계된 함정은 항공모함이었다. 게다가 항공모함은 처음부터 용적이 클 수밖에 없었던 함정이기도 하다. 항공모함의 기본적인 요구사항은 두 가지였다. 항공기를 수용하기 위한 공간과 항공기의 이함 및 착함을 위한 공간 확보였다. 그러나 아르키메데스의 원리에 따라 공간이란 무게에 상응하는 정수학적 압력에 지나지 않는다.

항공모함의 중량은 만만치 않았다. 고강도의 수면 아래 장갑, 적어도 중구경포의 명중에도 견딜 수 있는 현측 장갑, 무엇보다 폭탄에 저항할 수 있는 수평장갑, 고속을 낼 수 있는 강력한 추진계통, 매우 효과적인 대 어뢰정 포와 매우 강력한 대공화기, 항공기의 수용과 운용을 위한 다양한 장치, 장거리 항속거리를 가능하게 하는 연료용량, 그리고 안전한 연료탱크의 구조 같은 것은 거대한 용적에 상응하는 배수톤수의 허용한도 내에서의 중량을 요구한다는 의미였다.

1930년에 항공모함이 그런대로 만족할 만한 특성을 가지려면 계산해 보니 표준 배수톤수가 최소한 1만 6천 톤 내지 2만 톤 정도는 되어야 한다는 걸 알았다. 여기서 최소한이라고 말한 것은 개념적 사항에 지나지 않는다. 실제로는 훨씬 큰 배수톤수가 요구된다. 1939년에 건조되거나 계획된 항공모함 대부분은 표준 배수톤수가 2만 톤 내지 3만 3천 톤에 달했다. 이러한 항공모함은 공격항공모함이라 명명되었다.

전시 중에는 공격항공모함 외 호위항공모함이라 불리는 선단의 방호를 위해 비교적 배수톤수가 작은 경항공모함이 제법 만들어졌다. 호위항공모함의 항공기는 항상 선단 근처에서 활동하였고, 선단 주변에서 수상함정이 수행할 수 있는 것보다 훨씬 큰 행동반경을 갖고 있어 보다 신속하고 신뢰성 있게 잠수 중인 잠수함을 접촉 공격할 수 있었다. 때문에 해군의 선단호송 때 가장 효과적인 협력자임을 인정받았다.

1936년경에는 또 다른 형태의 함정이 영국해군에서 새롭게 첫 선을 보이기 시작했다. 이는 제1차 세계대전 말기에 건조된 4,500톤급의 경순양함 가운데 일부의 무장을 개선시켜 고안된 대공순양함이었다. 1939년 영국해군은 모두 8천 톤급의 대공순양함 9척을 건조하기 시작했고, 나중에는 4척을 더 건조하기로 계획하였다. 필자는 이러한 함정건조를 이미 1921년에 주창했고, 그 건조를 위한 비공식 계획도 제출한 바 있다.

구축함은 제1차 세계대전 때 각별하게 사용되었다. 뿐만 아니라 제2차 세계대전 때에도 매우 유용하게 사용된 함정이다. 구축함은 다음과 같이 다양한 과업을 할당받았다. 앞으로도 이러한 과업은 그대로 할당될 것이라 본다.

1) 주력함 사이의 교전시 어뢰정에 대한 공격 및 방호

2) 잠수함 및 항공기의 공격으로부터 전투함 및 상선대를 방호하기 위한 호송
   3) 해상에서 적을 탐색하기 위한 활동, 필요시 항공정찰과 협동 실시
   4) 항공기와의 협동 또는 선단에 대한 야간공격
   5) 적 해군세력 또는 단독작전으로 대잠수함 해상초계
   6) 상륙작전을 위한 화력지원 제공
   7) 적의 항로를 차단하기 위한 공격기뢰원 부설
   8) 긴급시의 소해

 이러한 과업을 수행함에 있어 갖가지 공격 및 방어용 무기와 장치를 운용할 수 있도록 하기 위해 구축함의 규모는 꾸준히 증가되었다. 또한 제2차 세계대전시에 프리깃함(대양용)과 코르벳함(연안용)은 선단과 수송함선의 특별 호송목적으로 건조되었다.
 해군항공시대 초기의 기술자들은 항해용 무기를 비롯해 전술기동을 지휘하기 위한 무기와 그 무기를 유도하기 위한 무기 등 함상무기를 개선함에 있어 자신들의 창의력을 유감없이 과시하였다. 그 양상은 다음과 같다.
 그런 무기 중에는 정밀한 자이로콤파스·자동조타장치 그리고 지휘관에게 예상되는 상황과 사태의 진전을 평가하는 데 도움이 되도록 하는 전투상황을 도시(圖示)하기 위한 자함침로 및 적함침로 기점기가 있었다. 또한 황천시 연속적으로 계산하는 중앙 사격통제소와 각종 장치, 고도의 성능과 광도를 갖춘 측거의 range finder와 갖가지 광학기기가 있었다.

수중잠수함을 접촉하는 장비도 있었으며, 이러한 장비는 잠수함이 잠항한 상태에서도 잠수함을 보지 않고 어뢰를 발사할 수 있도록 제작되었다.

더욱이 어디에 있든 통신할 수 있는 무선전신기, 잠수 중인 잠수함과 교신할 수 있는 초장파 무선전신기, 함정과 항공기 사이의 즉각적인 통신을 위해 없어서는 안될 무선통신 장비가 등장했다. 그리고 초기에 유리한 상황을 구축하고 적이 그러한 상황을 획득하기 이전에 손상을 가함으로써 먼저 적을 타격할 수 있도록 할 목적을 이루도록 하는 갖가지 발명품이 나왔고, 장비개선도 이루어졌다.

제2차 세계대전 때에는 수중무기로 항공기용 어뢰 외에도 항적이 보이지 않는 전기추진어뢰와 표적유도음향어뢰가 등장하였다. 또한 함정 또는 항공기로 부설할 수 있는 즉시촉발 또는 지연촉발자기 및 음향기뢰도 등장했다. 그러나 신무기가 출현한 얼마 뒤에는 항상 그 대응수단도 잇따라 나왔다.

그러나 뭐니뭐니해도 해군전술에서 일대혁명을 불러일으킨 도구는 레이더였다. 레이더는 더 이상 말할 필요가 없을 만큼 잘 알려진 도구다. 제2차 세계대전이 발발하기 이전 영국과 독일에서 비밀리에 연구 제작되었으며, 전쟁이 행해지는 동안 완성됨으로써 함정과 항공기에 설치되어 널리 사용되었다. 방대한 자원을 가진 미국은 대영제국과 협력하여 레이더를 개발하고 이를 신속하게 운용할 수 있도록 하는 데 크게 기여했다.

이탈리아에서는 육군 무선통신연구소 교수로 재임하다가 뒷날

해군 무선통신연구소 교수로 자리를 옮긴 티베리오 교수가 1934년부터 레이더 개발연구와 실험에 착수했었으나 경제적 뒷받침이 전혀 없어 갖가지 어려움으로 신속하고 폭넓은 실험은 순조롭지 못했다. 그리하여 최초의 신뢰성있는 레이더가 1942년까지 출현할 수 없었다. 이탈리아는 적의 접촉과 사격의 지휘 그리고 육지나 함정으로부터 무선통신으로 전투기를 유도하는 등의 가치 있는 수단-이런 수단들은 특히 야간 또는 저시정 기상 아래서 매우 유용하다-을 갖지 못한 채 전쟁에 돌입해야 했다. 이러한 점에서 이탈리아는 영국보다 열세했고, 그 결과 훨씬 큰 손상을 입게 되었다.

레이더가 출현하기 전까지 각국 해군의 전술교리는 어뢰정의 야간전투를 제외하고 대부분 야간전투 가능성은 배제되어 있었다. 하지만 레이더가 출현함에 따라 야간전투는 가능해졌다. 이탈리아 해군은 직접 아군을 볼 수 있던 적의 공격이 아닌, 자신을 방호하는 데 지장을 받던 야간전투에서 오히려 여러 척의 전투함과 상선을 상실하였다.

제2차 세계대전 때 수동적인 방어수단의 하나인 인공적인 연막장치가 널리 사용되었다. 제1차 세계대전에는 인공안개가 사용되었다. 특히 피공격함의 대어뢰정 포화로부터 자신을 은폐하려는 어뢰정이 흔히 사용했다. 그 후 인공안개는 보일러의 연소공기를 감소시켜 생성되는 연막으로 대체되었고, 각국 해군은 실험과 훈련을 통해 연막을 만들고 운용하는 문제를 연구하는 데 더욱더 박차를 가했다.

한편 어느 해군에서는 수시로 연막을 만들 수 있는 화약연막 생성기도 사용하였다. 이탈리아 해군은 해군기지와 항구위장을 위해 연안에서 운용했던 것처럼 증기와 혼합연료를 사용하는 연막생성기를 함상용으로 채택했다. 함미와 연통에 설치된 이들 연막생성기는 무제한으로 사용할 수 있는 장점이 있었다.

연막은 주간 못지않게 야간에도 사용가치가 있다고 증명되었다. 이는 낙하산을 이용해 투하되는 밝은 조명탄으로 함정을 조명하려는 정찰항공기가 레이더로 유도되는 뇌격기의 공격으로부터 함정을 방호하는 데 아주 유용했다. 연막 확장을 위해 정찰항공기도 연막생성기를 장착했다.

쉼터

14.
전 술
Tactics

1. 진형과 기동술

　　제2차 세계대전에서도 종렬진은 기본 전투진형으로 계속 사용됐다. 기동방법에서 다소 나아지긴 했지만 근본적인 변화는 아니었다.
　　한 가지 획기적인 진전이 있었다. 즉 공중으로부터의 위협 때문에 연장거리와 분산진형을 고려할 필요성이 대두된 것이다.〔그림 43 참조〕 이러한 진형에서 각 함정은 인접한 피격함정으로부터 폭탄의 영향력이 확산되는 것을 방지하기 위해 투하되는 폭탄의 평균 확산거리보다 넓은 간격을 유지해야 했다. 경험상 그 거리는 1천m 정도로 증명되었다.
　　또한 함정은 야간에도 공중·어뢰 및 함포공격을 피하기 위해 상당한 기동량이 필요했다. 마침내 함정은 야음에서나 연막 속에서도 최대한 숙련되고 침착하게 행동함으로써 별다른 사고없이 기동할

280 세계사 속의 해전

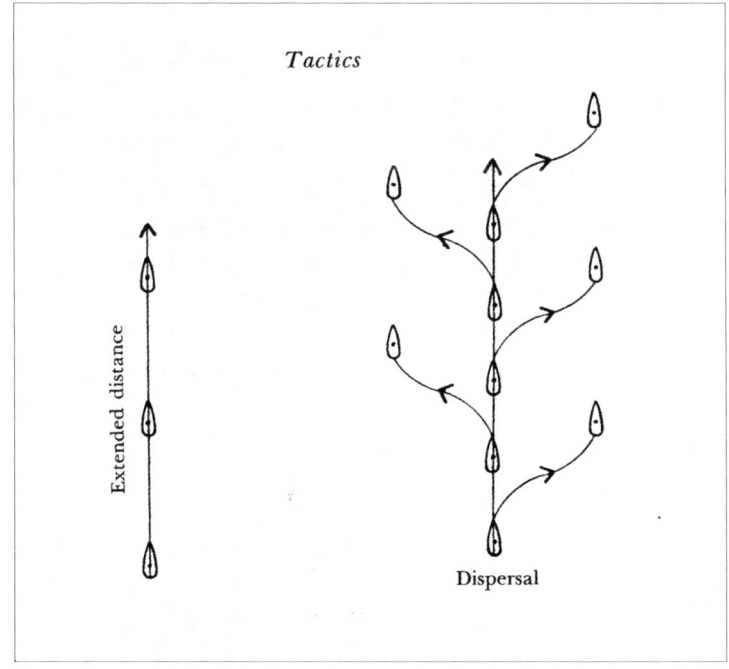

[그림 43]

수 있는 수준에 이르렀다.

제1차 세계대전 때와는 달리 'Z자'항해를 중단없이 Z자항법으로 계속 항진하며 기본침로를 변침시킬 수 있는 기동체계가 강구되었다. 함정은 신속하게 집행할 수 있는 기민한 기동성 때문에 높은 고도에서 급강하 하는 폭격기의 공격을 피할 수 있었다. 1943년에 유도폭탄guided bombs이 출현할 때까지 항공기는 폭탄을 투하하는 순간적 낙하방향을 정확히 계산한 침로를 따라 공격하지 않으면 안되었다.

[그림 44]는 항공기의 기동과 관련된 복잡한 사항을 보여준다. 여

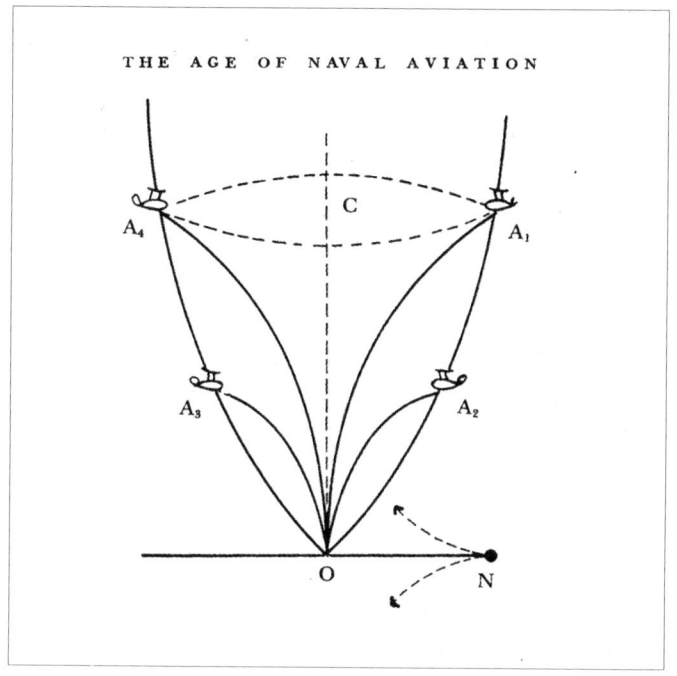

[그림 44]

기서 항공기는 적함 N의 속력에 폭탄이 낙하하는 시간을 곱한 거리 만큼 N의 전방에 위치한 해상의 O점을 명중시키기 위해 기동한다. 만약 N이 정지상태에 있다면 O점은 N의 위치와 일치시킨다. 이 경우 우리가 원을 취급하지 않고 원추체의 표면을 취급한다는 점을 제외하면 바로 공격권의 원리와 같다. 이 때 원추표면은 항공기가 표적을 명중시키기 위해 도달해야만 하는 점의 궤적을 설명하는데, 이 순간 항공기는 O점에 수직되는 선을 가로지르는 일정한 고도의 평면상에 위치한 C점을 향하고 있다.

공격하는 동안 항공기는 반드시 N을 관측하고 있어야 한다. 또한 순간적으로 공격각을 결정해야 하는 문제해결을 위해 특수한 관측장치가 필요하다.

항공기는 N의 침로와 속력을 판단하거나 최소한 추정하지 않으면 안된다. 만약 N이 적절한 순간에 어느 한 쪽으로 변침하는 데 성공한다면, 다시 말해 항공기가 공격침로를 변경하기가 너무 늦을 경우에는 함정은 자신의 속력과 선회를 이용하여 폭탄의 영향권인 원추를 벗어남으로써 폭탄의 명중을 피할 수 있다. 여하튼 함정의 선회는 명중가능성을 감소시킨다. 잠수함을 혼란시키는 데 유리한 Z자항법은 무엇보다 항공기의 공격을 분열시키는 데도 똑같이 유효하다. Z자항법은 침로의 변침을 줄여준다.

2. 전술개념

이 시대의 전술개념은 본래 1918년까지 운용되던 전술개념과 세 가지 점에서 중요한 차이가 있다. 첫째로 앞에서 언급하였듯이 18km에 달할 정도로 증가된 어뢰의 주행거리에 기인한 점이다. 어뢰는 구축함뿐만 아니라 순양함에서도 발사되었다. 그것은 다음과 같은 논리적 근거가 있었다. 일단의 순양함군 A가 적 N보다 주행하면서 N과 교전한다면 침로 p를 따라 발사될 어뢰의 주행거리 d는 최대

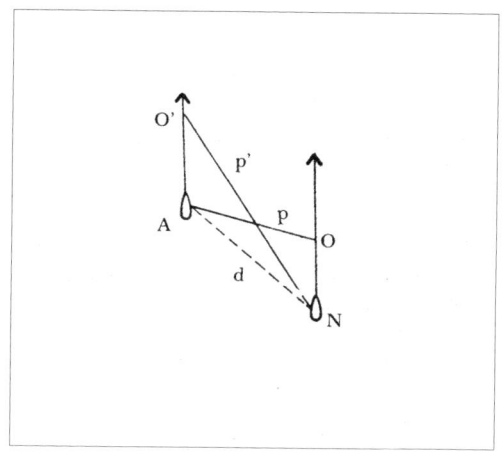

[그림 45]

주행거리를 넘지 않을 것이다.〔그림 45 참조〕 반면 A보다 훨씬 후방에 위치한 N은 p'가 최대 주행거리를 추월하기 때문에 어뢰를 사용할 수 없다. 결론적으로 말해 제4장에서 이미 설명한 이유도 그렇거니와 어뢰 운용의 가능성 때문에 적보다 전방에 위치하는 것이 유리하다는 것이다.

둘째로 장거리 육상기지 항공기 및 함재기로 수행되는 신장 및 조직화된 전략적 항공정찰에 기인한 점이다. 항공정찰은 〔그림 35〕에서 보여준 것처럼 이동진형을 제공해 주지 못한다. 하지만-그렇다고 이러한 이동진형이 필수불가결한 것도 아니다-상설의 정찰방벽으로서의 구실을 하면서 해군부대의 전면에 연장된 정찰선 R을 제거해도 될 수 있을 가능성을 제기하였다. 정찰선을 제거하면 그 대신 전투전대를 보충하기 위해 경순양함을 집결시킬 수도 있고, 막강한 화력으로 적을 초기에 타격할 강력한 함정을 정면에 배치할 수도 있을 것이다.

셋째로 이 점은 해상작전에서 가장 기본적인 고려사항인데, 해전에 항공기가 기여함으로써 제기된 점이다. 우리가 지금 고찰하는 제한된 전술영역과 관계된다. 제2차 세계대전이 발발했을 당시 4개국 해군, 즉 미국·영국·일본 및 프랑스 해군만 항공모함을 보유하고 있었다. 당시 프랑스에서는 1척이 취역 중이었고, 2척은 건조 중이었다. 독일해군에서도 2척을 건조하고 있었으나 끝내 취역시키지는 못했다. 이탈리아 해군만이 "이탈리아 자체가 지중해의 중앙에 위치한 거대한 항공모함이다"라는 그릇된 경구를 수용한 무솔리니의 뜻에 따라서 항공모함을 보유하지 못했고 건조계획조차 수립하지 않았다. 당시 이탈리아 해군에서는 유감스럽게도 국방장관이 제기한 이런 주장에 굴복하지 않을 수 없었다.

항공모함을 보유한 해군에게 해군항공은 자신들의 해군편제에서 필수불가결한 구성요소가 되고 있다. 실제로 미국과 일본은 당시 독립된 군으로서의 공군을 보유하지 못했다. 판단컨대 함정의 지원 없이 항공기가 태평양을 횡단해서 작전할 수 없었기 때문이다. 태평양은 당시 항공기의 행동반경에 비해 너무 광대했다. 반면에 독일과 이탈리아 해군은 해군항공을 전혀 보유하지 않은 상태였다. 이탈리아만 해군의 작전관할 내에 속한 해상 정찰항공기를 보유했으나 이들 항공기는 모두 공군에 예속되어 있었다.

할 수 없이 독자적이고 일원화된 훈련체계를 갖춘 해군항공력의 운용에 관한 교리는 미국·영국·일본 및 프랑스 해군에서나 찾아볼 수밖에 없었다. 이탈리아에서는 공군 스스로 자신들의 규칙과 규정에 따라 해상전투에 개입하는 것을 제한하는 지침서가 고작이었다. 해군에게는 그런 지침마저도 거의 알려지지 않았다. 개전 이후 10개월 동안 공군과 해군 사이의 협동문제에서 그들은 말도 안되는 경험을 하고 난 뒤 1941년 5월에 최고사령부는 이런 심각한 문제를 과감히 풀려고 결심했다. 당시 이 문제와 관련있던 필자와 공군의 카파파Umberto Capapa 중장이 이를 연구하고 해결책도 제시할 자로 임명받았다.

모든 사실이 명확히 드러난 바로 그 해 무솔리니는 대서양횡단 여객선 2척을 항공모함으로 개조시켰다. 그러나 개조작업이 복잡하고 너무 힘든 일이라 전쟁이 끝날 때까지는 그 작업은 완료되지 못하리란 것을 뻔히 알았다.

이탈리아 국내외 관점에서도 주목해야 한다는 시각을 가졌던 필자는 1930년 당시 미래전의 완전한 전략개념을 다음과 같이 간단히 요약 정리한 바 있다.

어떤 공격이든 대응할 수 있는 능력을 갖춘 함정이 강력한 항공세력과 결합했을 때에만 능동적으로도 적극적으로 충천한 사기로 직면한 해전을 기술적으로 수행할 수 있다.

다음 내용들은 해전을 수행하는 도구의 전술적 운용에 관한 교리로서 「미래해전의 양상 Picture of the Naval Battle of the Future」이라는 필자의 논문에서 발췌한 것이다. 이 논문은 1938년도에 『이탈리아 해군연감』에 게재된 것으로서 미국에서 발간되는 이탈리아 판 일간지에 재차 게재되기도 했다.

… 해군부대에서 규모가 큰 독립부대는 저마다 여러 종류의 함정으로 구성되어 있다. 여기에는 최소한 순양함과 어뢰정 그리고 순양함에서 발진하는 항공기가 포함된다.

전함으로부터 항공모함·경수상함정으로부터 잠수함에 이르기까지 갖가지 종류의 함정으로 구성된 대규모 해군부대는 전대 또는 함대로 분류된다. 따라서 필자는 이런 규모의 조직을 가진 해군부대 사이의 해전을 사례연구의 대상으로 삼았다.

결과적으로 양측은 각각 서로가 접근하는 기본침로를 따라 해상으로 진출하게 된다. 그래서 양측이 해결해야 할 우선적인 과제는 항해 중의 안전, 다시 말해 수많은 형태로 나타날 수 있는 제반 기습공격에 대비한 안전이다. 가령 기습공격의 형태로서는 잠복하여 대기하고 있는 잠수함·기뢰원·항공기 그리고 갖가지 함정으로 구성된 해군부대 등을 들 수 있다.

그러나 해군은 적이 점령할 수 있는 공간에 비해 매우 광대했다. 때문에 안전을 보장하려면 해군부대는 적의 위치를 파악해야 한다. 해군작전에서 볼 수 있는 제1의 특성은 '적의 위치에 대한 불확실성'이라고 할 수 있는데, 그래서 적 탐색은 불가피한 일이었다.

해군정찰은 해군부대 자체로 발진시키는 항공기에 의해 수행되는 항공정찰을 종합 실시할 수 있다. 따로 뒤에서 언급하겠지만 순양함부대는 주 전투에 참가하는 주력부대의 인근에 위치할 수 있다.

항공기는 대잠호위를 안전하게 받으면서 항해하는 항공모함에서 발진할 태세를 갖춘다. 적의 폭격기 및 뇌격기의 예상치 않은 위협이 예상될 경우 그들은 적기를 격추시킬 태세로 돌입할 것이다. 반면에 사령관은 그런 위협을 제거할 충분한 명분이 있다고 판단되면 즉각 뇌격기를 발진시킬 것이다. 그는 함포로 적과 교전하기 전에 미리 항공기로 적을 공격하는 태세를 갖출 것이다. 그러다가 어느 순간 양측 전대 가운데 어느 한 측 또는 양측 휘하의 정찰부대로부터 상대방 실체에 관해 보고가 전달된다. 간략한 첫 접촉보고 이후 곧바로 적의 구성·진형·속력 및 침로에 관한 상세보고가 추가로 올라올 것이다.

이런 정보를 근거로 두 지휘관은 즉시 예하의 아군과 적의 세력비율을 고려하며 적에게 접근시킬 것인가의 여부를 결정해야 한다. 그러면서 가장 유리한 조건 아래서 전투를 개시할 수 있을 적합한 기동방안을 구상해야 한다.

이러한 제1의 특성으로부터 해상교전의 제2·제3의 특성이 차례로 도출된다. 제2의 특성은 "어느 한 측이 교전을 원치 않으면 교전이 불가능하다"는 점이다. 두말할 필요도 없지만 해전은 양자의 요구에 따라 성립된다. 이런 교전 불가능성은 무엇보다 그 전투가 양측 주력부대 사이의 결전일 경우 더욱더 현저히 나타날 것이다. 그러므로 전투는 어느 한 측이 전투력을 투입하려는 의사를 전혀 갖지 않을 경우에는 절대로 발생할 수 없다.

제3의 특성은 '사전 전투준비의 불가능성이다.' 지상전에서는 지형이 결정적인 전략·전술적 징후를 제시하지만, 해상전은 그렇지 않다.

정찰대가 해군부대의 전방에서 탐색하기 때문에 양측 사이의 최초접촉은 이들 항공기와 적 전방에 배치된 해군전대 사이에서 일어날 것이다. 대부분 항공기는 자신이 적에게 발견되기 이전에 그 적을 먼저 발견할 수 있다. 그리고 전방을 탐색할 목적으로 발진한 항공기는 상대방을 동시에 발견할 수 있다고는 보기 어렵다. 이런 사실은 설령 공중에서는 발견이 용이할 수 있어도 공중엄호를 충실히 준비한다는 게 불가능하다는 점도 알려준다. 충실한 항공엄호는 그 어떤 적 정찰기도 침투할 수 없도록 전투기에 의한 치밀한 방호망을 설정함으로써 달성될 수 있다.

항공기의 최초보고에 의거해 순양함의 지원을 받는 해군 정찰부대가 적의 전투력을 보다 상세히 평가하려면 적에게 직접 접근해야 한다. 사실 항공기는 최초접촉을 설정하는 데 아주 적합하다. 이에 반해 해군 정찰부대는 접촉을 지속적으로 유지할 수 있고, 그 적을 시각적으로 접촉한 뒤 정찰부대 사이의 예비전투를 통해 적정에 관한 최신의 정보를 사령관에게 정확히 제시할 수 있다.

어느 측이든지 적의 정찰부대 압도에 성공한 정찰부대는 감시와 엄호를 지속적으로 제공할 수 있고, 시의적절한 기동을 실시함으로써 아군의 주력부대에게 유리한 공격방향으로 적의 주력부대를 유인할 수 있다. 만약 양측이 세력비율을 고려해 교전하겠다는 의지를 발동한다면—이 경우 두 전대의 전투력은 거의 대등한 것으로 간주한다—두 전대는 각각 순양진형으로부터 전투진형으로 전환됨과 동시에 상대방을 향해 돌진할 것이다.

각 전대는 대양에서의 전투에 적합한 함정으로 구성되어 있어서 자신의 특성과 능력을 잘 이용할 수 있는 가장 유리한 위치를 선점하는데 노력해야 한다. 다시 말해 각 전대는 자신의 기동성·공격력·무기의 특성 그리고 적의 공격에 저항하는 능력을 고려하여 최적의 상황 아래에서 적의 주력부대와 전투를 위해 어떻게 배치시킬 것인가 하는 문제를 해결해야 한다. 그러므로 각 전대는 여러 단위부대로 구성된 전대가 수행할 다양한 전투에서 시간과 공간을 합리적으로 조정하는 전술상의 문제를 해결해야 한다.

각 전대를 구성하는 무기운반체의 종류도 다양하다. 즉 폭탄이나 어뢰를 적에게 기습적으로 투하하는 고속항공기로부터 저속잠수함에 이르기까지 다채롭다. 이 가운데 잠수함은 역시 전투가 행해지는 각각의 단계에서 자신이 위치한 근해를 통과하는 함정을 연속적으로 공격할 수 있는 유리한 상황이 아니면 단지 한 번의 공격만 수행할 있을 것이다. 그 중간 운반체로는 대부분 중구경포의 순양함·어뢰운반 소형 경함정 또는 대구경포의 전함이다. 이들 함정의 속력도 경함정의 최대속력으로부터 전함의 저속력-그러나 경함정의 최대속력과는 큰 차이가 있다-에 이르기까지 다양하다.

그런데 이러한 함정들 가운데서 치명적인 공격을 받았음에도 굴하지 않고 지속적으로 전투할 수 있는 능력을 갖춘 함정은 전함이 유일하다. 이런 공격에 가장 취약한 함정은 순양함이다. 일반적으로 순양함은 거의 경장갑으로 덩치가 큰 자신의 선체 때문에 취약성을 보상하지 못한다. 반면에 어뢰정은 장갑은 전혀 없지만 작은 선체와 기동성으로 이를 보상받는다. 그러므로 지속적인 전투력을 가진 전함이 신중하고 정확한 포격으로 적에게 최대한의 손상을 가할 수 있는 근접전투에서는 적을 압박하는 동안 나머지 함정들이 주력함 사이의 포격전이 전개되는 동안 발생하는 돌파구를 이용해 단거리 포격을 가하거나 잠행성 어뢰공격을 가할 것이다.

또한 어뢰는 자신을 명중시키려는 표적의 속력과 별로 차이가 없는 무기라는 점에 유의해야 할 것이다. 그래서 어뢰를 효과적으로 운용하려면, 다시 말해 어뢰를 표적에 맞춰 명중시키려면 적의 전방에서 발사되지 않으면 안된다. 적의 후방에서 발사된 어뢰는 표적에 도달하지 못할 수 있다.

잠수함은 적의 전방해역, 즉 잠수함의 잠행성 공격위험에 노출되는 방향으로 진행하면서도 그러한 적의 전방해역에 위치한 경우에 한하여 공격에 가담할 수 있다.

지금까지 설명한 개념들을 종합해 보면 당연한 결론을 얻을 수 있다. 어뢰정이 적의 선수방위에서 어뢰공격을 개시할 수 있도록 보장하려면 주력부대의 전방에 시의적절하게 위치해야 한다는 것이다. 그러나 어뢰정의 속력이 주력함의 속력보다 월등하지 않다는 점을 감안하면 필요한 만큼 어뢰정 전방에 위치한다는 것이 반드시 쉬운 일일 수만 없다.

그러므로 기본침로상의 전방에 위치하여 적과 교전하는 데 성공한 전대는 그 전대사령관이 포를 효과적으로 운용할 수 있을 뿐만 아니라, 어뢰정도 모두 사용할 수 있어서 분명 전술적인 이점을 가졌다고 할 수 있다. 더욱이 이런 경우는 어뢰를 장착한 순양함 투입도 생각할 수 있을 것이다. 지금까지 전투에 임하는 전대들이 어떻게 전개할 것인가 하는 기본개념에 대하여 간단히 살펴보았다. 이제부터는 전개가 능한 여러 전투국면을 예측해 보겠다.

양측 주력함대 사이의 주전투는 거의 평행을 이루며 서로 마주보는 선상에 배치된 함정들이 전개하는 병항전並航戰으로 나타날 것이다.

이 현상은 서로 역기동의 효과를 보일 것이다. 때문에 함포는 다 같은 역할을 하게 될 것이다. 그 동안 상대측의 전방에 위치하는데 성공한 전대는 어뢰정을 운용하거나 적을 기뢰부설 해역 또는 잠수함 위협해역으로 유인할 수 있는 전술적인 이점을 가질 것이다.

주력부대 사이의 전투에 앞서 정찰부대 사이의 조우전도 전개될 것이다. 이 조우전에서는 보다 심한 손상을 받은 측이 상대방의 추격을 받아 자기 측의 주력부대 쪽으로 철수하게 될 것이다. 이 때 추격하는 정찰부대의 소형 경함정들은 상대측 진형을 돌파하여 가급적 순양함이나 전함을 목표로 어뢰를 발사할 것이다. 하지만 이렇게 적 진형을 돌파하려면 순항시 대잠호송, 전투시 어뢰정의 공격을 방호하도록 배치된 소형경함정의 경계진부터 돌파하지 않으면 안된다. 이는 막대한 저항에 부딪힐 것이다.

이러한 예비적인 전투단계에서는 항공모함으로부터 발진한 폭격기와 뇌격기들이 주력함대 사이의 전투에 앞서 적의 주력부대를 약화시키기 위해 투입될 수 있다. 이렇듯 만일의 사태를 대비한 적 함대도 최초의 접촉을 하자마자 곧장 항공기를 발진시킬 것이다. 그리고 그 전투기들이 함대가 대공화기를 갖추는 동안 자함대의 상공을 계속적으로 선회할 것이다.

양측 주력부대는 사격 가능거리에 도달하면 곧바로 포격을 개시할 것이다. 사격은 2만~2만 5천m가 넘는 원거리에서 항공관측의 도움을 받아서 실시될 것이다.

그 동안 정찰부대는 각자의 주력부대와 재합류할 것이고, 거리가 점점 단축될수록 사격은 더욱더 정확해질 것이다. 연막이 자기 측에 유리하고 효과적으로 사용할 수 있다고 믿는 측은 함정이나 어뢰정

분대 또는 항공기로 연막을 구축할 것이다. 그 효과는 바람방향에 따라 지배적인 영향을 받을 것이다. 연막을 형성한 측은 함정의 상층부에서 연막의 상공을 뚫고 적을 관측 후 사격을 통제할 수 있어서 계속적인 사격이 가능한 데 반해, 그런 연막으로 인해 적은 직접적인 탄착관측이 불가능할 것이다. 따라서 상대방은 비록 관측조건이 최상의 상태는 아니더라도 탄착관측을 항공기에 위임하지 않을 수 없다.

한편 해상전이 전개되는 동안 상공에서는 공중우세권을 장악하려는 공중전이 개시될 것이다. 공중전에서 적 전투기를 격퇴하여 승리를 쟁취하는 측은 항공정찰-이는 적이 어떠한 행동을 취하자마자 포착하여 보고하기 때문에 유리하다-과 높은 고도에서의 탄착관측-이는 한 측 혹은 양측 전대가 대대적인 연막을 사용할 경우 불가능하다-을 수행하는데 아무런 지장도 받지 않을 것이다. 뿐만 아니라 승리를 확정하려는 폭격기와 뇌격기의 결정적인 출격이 가능해서 명백한 우세력을 얻을 것이다.

항공모함은 자신들의 안전 문제가 바로 탑재된 공세력을 충분히 운용할 수 있느냐 하는 문제와 불가분의 관계를 가진다. 때문에 전투해역으로부터 다소 떨어진 곳에 위치해야 할 것이다. 항공모함은 자신을 목표로 하는 잠행성 공격과 공중공격으로부터 충분한 호위 및 방호되어야 한다. 해상에 떠 있는 작전기지라 할 수 있는 항공모함은 적의 공중세력으로부터 멀리 떨어진 안전거리에 위치해야 한다.

전투는 연막으로 표적이 가려지고 기습을 은폐시키는 가운데 이루어진다. 게다가 어뢰운용이 유리한 공격 개시위치를 차지하려는 경함정들의 역기동이 난무하는 가운데 지속된다. 양측 전대는 포격에 의해 각자 손상을 입을 터이지만, 사격의 곤란성 때문에 결정적인 손상은 받지 않을 것이다. 접근하는 동안 주력부대와 더불어 있던 어뢰정들은 그 때까지 전투에는 가담하지 않은 상태이다. 항공기는 항공기대로 각자 예방전투preventive battle를 전개할 것이지만, 그 때까지는 어느 한쪽에 유리할 정도로 균형이 깨어지지는 않을 것이다.

적보다 전방으로 진출한 전대의 사령관 또는 적어도 전방으로 어뢰정을 진출시킨 사령관은 적에게 결정타를 가하기 위하여 그 때까지 보존하던 항공기와 경함정들을 전부 투입할 것이다. 만약 전투해역이 자기 측의 연안과 상당히 인접한 해역에 위치하고, 또한 적시에 지원이 가능하다고 판단되면 사령관은 가장 가까운 연안기지에 대기하는 항공세력의 지원을 요청한다.

사전에 설정된 신호에 따라 짙은 연막으로 보호받던 어뢰정들과 항공모함의 뇌격기 및 폭격기들이 적에게 동시에 집중공격을 가하기 위해 출격한다. 경수상함정들이 적 진형의 내부를 공격하는 동안 고속의 뇌격기들은 적 진형의 외곽을 공격할 침로를 따라 출격한다. 그렇게 되면 적은 양측으로부터 어뢰공격을 받아 곤경에 빠질 것이다. 비교적 행동반경이 짧은 폭격기는 뇌격기가 출격한 뒤 적 진형을 향해 출격한다. 순양함은 자기 측 경함정들이 적 진형을 공격하는 동안 함포로 그들을 방호하기 위해 그 뒤를 따른다.

이 때 연안기지로부터 지원가능한 항공세력이 적시에 도착하면 상황은 훨씬 호전될 것이다. 그렇지 못하면 그들은 적함과의 거리를 벌리면서 이미 크게 손상받은 적을 쉴새없이 공격할 수 있다. 그렇게 되면 적 또한 강력한 대공 및 대어뢰정 탄막사격을 할 것이며, 상대방의 공격세력에게 역습하기 위해 경함정 세력을 돌진시킬 것이다. 그들은 그 때까지 마음대로 운용하려고 보존해 둔 항공기를 모두 발진시켜 반격을 가한다.

　이러한 종류의 전투양상이 꼭 이렇게만 실현된다고 볼 수는 없다. 주력부대는 자욱한 연무와 포탄의 낙하로 엄청난 물기둥에 휩싸일 것이다. 심하게 손상된 함정은 거의 항해할 수 없어 진형을 분열하거나 이탈해 표류하는 사태가 발생한다. 한편 어뢰정 전대는 신속하게 사격하며 연막을 치고 어뢰를 발사하며 침로상 교차로 기동한다. 이런 극심한 연무와 굉음, 가공할 근접전투가 전개되는 상황에서는 대승하면서도 동시에 신중을 기하는 측이 승리할 것이다. 적을 압도하는 데는 개별적 주도권과 냉정한 판단이 최선의 무기일 것이다.

　간략하지만 미래의 해전에서 전개될 법한 상황에 관한 설명에서 '전투의 다양성the multiformity of action'이라는 제4의 특성을 도출할 수 있다. 이런 특성은 해전술the art of war at sea이라는 단일의 전투체계에 서로 다른 차이가 많은 갖가지 전투체계를 융통성있게 혼합할 수 있는 능력이 요구된다는 것을 뜻한다.

　이런 특성은 오늘날 공격무기로 무장된 지상전에서도 공통된다. 그러나 지상전에서는 다양한 무기를 운용하는 여러 단위부대들이 사전에 조용히 전개될 뿐만 아니라 실제전투가 개시된 뒤에도 부대의 전개를 신중하게 변경시킬 수 있다.

　반면에 해상에서의 단위부대 기동성은 전투를 지배하는 요소일 뿐만 아니라, 다양성 외에도 상황의 불안정성이라는 제5의 특성을 갖는다. 특히 단위부대의 능력에 걸맞게 교전하려면 가장 적절한 위치에 모든 유형의 함정을 배치해야 한다는 전술적 문제를 해결해야 하는 어려움이 있다. 이런 문제는 전투에서 지휘술의 중요한 국면 가운데 한 요소다.

또한 해전에서의 고속기동성, 해군무기의 신속한 사격능력, 갖가지 무기의 동시운용 능력, 그리고 단판승부의 실효성 등은 단시간 내로 승리를 결정짓는 요소다. 한편 포탄·어뢰 및 폭탄의 공급은 거의 제한받지 않는다. 왜냐하면 실제로 함정에서는 이러한 무기를 한 시간 내로 완전히 소모할 가능성은 거의 없기 때문이다.

적대자 상호간에는 서로 최대 사정거리에서 최대로 강력한 무기를 운용해서 자신이 명중되기 전에 상대방을 먼저 명중시키려 노력할 것이다. 이러한 관점에서 해전은 어느 측이 먼저 신속하고 효과적으로 타격할 수 있느냐, 즉 누가 먼저 보고 먼저 쏘기의 경쟁이다.

바로 여기서 '전투의 신속성the rapidity of the action'이라는 제6의 특성을 도출할 수 있다. 이 특성은 적대자들이 자신들의 모든 자원을 소진할 때까지 교전하든, 아니면 혼란스런 손상을 겪은 뒤 양자 가운데 어느 한 측이 전투를 중지해야 할 필요성을 인식하고 서둘러 철수할 때까지 교전하든 간에 신속한 이동은 모든 상황에서 문제꺼리다.

여기에 관해서는 최초접촉이 이루어진 뒤 전투가 결정적인 단계에 이르기까지-최초접촉이 200~250마일 거리에서 발생한 경우-평균적으로 3~4시간이 경과할 것으로 가정할 수 있다. 그래서 적을 적극적으로 결전에 끌어들이고자 하는 측은 일몰로 인해 확실한 성과도 거두기 전에 전투가 중지되는 것을 막기 위해 일몰 훨씬 이전에 적과 접촉하려고 노력해야 할 것이다. 반대로 전면적인 대결을 피하려는 측은 주간에 강제로 적과 교전하는 회피기동을 해야 할 것이다.

야간은 전투를 수행하기에는 적합하지 않다. 야간에는 어뢰공격으로 적을 끊임없이 괴롭히는 경함정의 운용이 가능할 뿐이다. 간혹 야간의 어뢰정 공격이 주간전투로 이어지는 경우도 많은데, 이는 승자가 주간에 겪은 손실과 잔여함정마저 손상받아 약화될 대로 약화된 적에게 더 큰 손실을 가하는 데 유리하다.

　끝으로 전투적 요소와 관련해 한 가지만 더 언급하겠다. 이는 현재 아주 중요하다고 평가되는 것으로서, 필자도 여러 차례 언급했듯이, 전투의 여러 국면에서 적용되는 연막에 관한 사항이다.

　함정이나 항공기에 의해 형성된 연막은 두 가지 목적에 기여할 수 있다. 즉 연막은 함정이 전투하는 동안 스스로를 은폐시켜 적의 공격으로부터 함정을 방호하거나 철수를 엄호하기 위해 방어적으로 사용된다. 또한 연막은 가능한 한 최후의 순간까지 은닉을 유지하며 시도해야 할 공격을 은폐시키기 위한 공격이다.

　비록 서로 다른 목적으로 사용되지만, 연막은 양측 모두 광범위하게 사용하기 때문에 전투해역의 시정을 크게 감소시킨다. 이 때문에 '전장의 혼미성the fogginess of the battle area'이라는 제7의 특성이 나타나는데, 이 특성은 지휘와 집행의 곤란성을 크게 증대시킨다. 그러므로 해군의 지휘관은 우수한 성격과 신속한 감식력·직관력 그리고 결단력 등을 갖추어야 한다는 게 필자의 결론이다.

지금까지 설명한 내용은 양측 해군함대 사이의 실제적인 교전에 관한 사례, 다시 말해 가장 복잡한 전술적 상황을 고찰한 것이다. 다만 앞으로는 유틀란트해전 같은 유형의 해전이 발생하지 않으리라는 것이 연구를 통해 입증되었다. 또한 예견했던 것처럼 그런 해전은 스틸로갑해전을 제외하고는 발생할 가능성이 없었다는 것이다.

　1930년에 발간된 『해군항공의 운동학과 전술』의 제2판을 통해 미래에는 동일한 종류의 함정으로 구성된 전대가 아니라, 모든 종류의 함정 또는 몇몇 종류만으로 구성된 전대를 기초로 한 해군부대로 편성할 필요성이 있음을 언급한 바 있다. 그런 차원에서 독자적으로 작전할 능력을 갖춘 여러 단위부대로 조직되고, 수행해야 할 작전들의 성격에 따라 다양하게 배속된 "함대는 융통성있고 언제든 조정 가능해야 한다"는 점을 자주 역설했다. 그 후 발간된 여러 저서를 통해 필자는 이러한 개념을 발전시켜 훗날 '기동부대task force'와 '기동전대task group' 개념을 예상하였다. 이런 조직은 그 후 태평양전쟁에서 운용되었으며, 전후 전술교리로 채택되었다.

 전쟁의 경험을 통해 사실은 더욱 명확해졌다. 제2차 세계대전 발발 이전에는 항공모함이 보조함으로 간주되기도 했지만, 항공모함은 전시에 결정적인 역할을 수행하는 전함의 역할을 능가하는 주력함임을 스스로 입증시켰다.

 끝으로 1939년에 발간된 이 책은 1924년 해군전술에 관해 저술한 문헌과는 몇 가지 점에서 형태적 차이가 있긴 하지만 실질적인 차이는 거의 없다는 것을 밝힌다. 이런 예상은 경험을 통해 확증되었으며, 해군항공력의 보유를 염두에 두고 있지 않던 이탈리아 해군장교들을 위해 1924년부터 제2차 세계대전 때까지 사고하고 저술했던 필자의 개념을 나도 모르는 사이에 대해군들이 해군항공력의 전술적 운용에 관한 교리로 공식화시켰던 것이다.

 필자는 네 차례에 걸친 해전을 무기의 운용이라는 관점에서 시대의 해전마다 무차원(점)·1차원·2차원 및 3차원에서 발생한 해전으로 정의했다. 그리고 전술적 기동을 포함한 공간의 견지에서 시대마다의 해전은 다음과 같이 설명될 수 있다. 즉 노선시대의 공간은 최소한의 예를 제외하면 적대진영이 점령하는 해상으로 제한되었다. 범선시대의 공간은 노선시대의 공간과 비슷했지만, 전투기간 중의 두 세력이 차지할 수 있는 범주거리로 연장되었다. 다시 스크류 추진기시대에서는 그 공간이 함포의 사정과 함정의 속력 때문에 수십 평방마일 또는 수백 평방마일로 확대되었다. 이러한 것들은 오히려 전투의 제한 요소였다. 해군항공시대에 접어들자 해군전의 공간은 수백 평방마일 또는 수천 평방마일로 늘어났다.

15.
해전연구
Illustrative Battles

 진정한 의미에서 해군항공전은 태평양 전역에서만 전개되었다. 왜냐하면 각자의 해군항공력을 보유한 양측 해군이 바로 이 해역에서 대결했기 때문이다. 대서양에서는 대부분 잠수함에 의한, 잠수함에 대한 투쟁이 있었다. 그리고 지중해에서는 수상함정 사이의 치열한 투쟁이 있었으나, 적대적인 해군 가운데 한쪽인 영국해군만 해군항공력을 보유하고 있었다.

 태평양에서 발생한 여러 해전 가운데서 산호해해전·미드웨이해전·레이테만해전을 해전연구의 대상으로 삼았다.

1. 산호해해전 Battle of Coral Sea(1942.5.7~8)

 1941년 12월 7일, 진주만 미국 해군기지에 대한 일본해군의 기습

공격을 시발로 태평양전쟁이 일어났다. 그 후 1942년 2월 27~28일 양측의 경함정전대(일본해군의 순양함과 구축함 대 영국·미국·네덜란드와 오스트레일리아 해군의 순양함과 구축함) 사이의 자바해해전이 발생했다. 연합군 측에서는 육상기지 항공기가 몇몇 참전했다. 이 해전은 일본해군이 탄착을 수정하기 위해 항공관측을 이용하여 연합국 해군보다 한층 더 효과적으로 사격할 수 있다는 점에서 무엇보다 주목된 해전이었다.

　자바해해전은 다소의 항공작전이 수행되었으나, 상당규모의 항공력이 지속적으로 참가하진 않았다. 그런 점에서 이 해전은 과거 전통적인 해전범주에 속했다.

　그 후 발생한 해전은 산호해해전이었다. 이 해전은 양측의 항공모함이 최초로 개입된 해전이었다. 해군 항공기술도 첫선을 보였다. 또한 이 해전으로 인해 태평양에서는 일본해군의 팽창을 저지하려는 미국해군이 공세를 취했다. 미군은 뉴기니아 남해안에 위치한 포트 모리즈비Port Moresby에 상륙하려는 일본군의 시도를 좌절시켰다. 일본군의 포트 모리즈비 상륙은 이미 그들이 북부 솔로몬제도와 뉴기니아의 북구해안의 일부를 점령함으로써 가한 오스트레일리아에 대한 위협을 가중시킬 수 있었다.

　산호해에서 일본군의 침공부대는 상륙군 부대(수송함 11, 몇 척의 호위함 및 보조함)와 지원부대(7,500톤급의 소형 항공모함 및 함재기 21대, 순양함 4척과 구축함 1척), 그리고 이들 부대를 직접 방호하기 위한 강습부대(2만 6천 톤급의 항공모함 2척과 함재기 125대, 순양함 4척과 구축함 6척)로 편성되었다. 이들 기동부대는 다까기 제독이 지휘했다.

한편 미군 해군부대는 플레처 제독 지휘 하의 기동부대〔2만 2천 톤급 항공모함 요크타운 Yorktown함과 항공기 72대, 3만 3천 톤급 항공모함 렉싱턴 Lexington함과 항공기 71대, 순양함 5척과 구축함 9척〕와 크레이스 제독이 지휘하는 혼성부대*로 구성되었다. 그밖에 전투에 참가하지 않은 소수의 세력도 있었다. 양측의 세력을 비교하면 다음과 같다.

□*오스트레일리아 순양함 2척, 미국순양함 1척 및 구축함 2척으로 구성되었다.

[표 12] 주력함대의 세력비교

일 본 함 대		미 국 함 대	
항공모함	3척	항공모함	2척
항공기	146대	항공기	143대
순양함	6척	순양함	8척
구축함	7척	구축함	11척

몇 개의 전투국면으로 이어진 이 해전은 24시간 이상 일정한 간격을 두고 다음과 같이 전개되었다.〔그림 46 참조〕5월 5일, 정보기관으로부터 경보를 받은 미국해군의 기동부대는 포트 모리즈비에 상륙하려는 일본군을 대적할 준비를 해서 산호해에 진입했다. 5월 7일 08:45시, 미국정찰기가 미시마섬 근해에서 지원부대와 함께 서진(西進) 중인 일본군 수송선단을 발견했다. 이보다 160마일 남쪽에 위치한 플레처 제독의 항공모함은 항공기를 발진시켜 선봉을 공격했는데, 선봉부대는 폭탄으로 13척, 어뢰로 7척을 명중시켜 11:50시에 침몰시

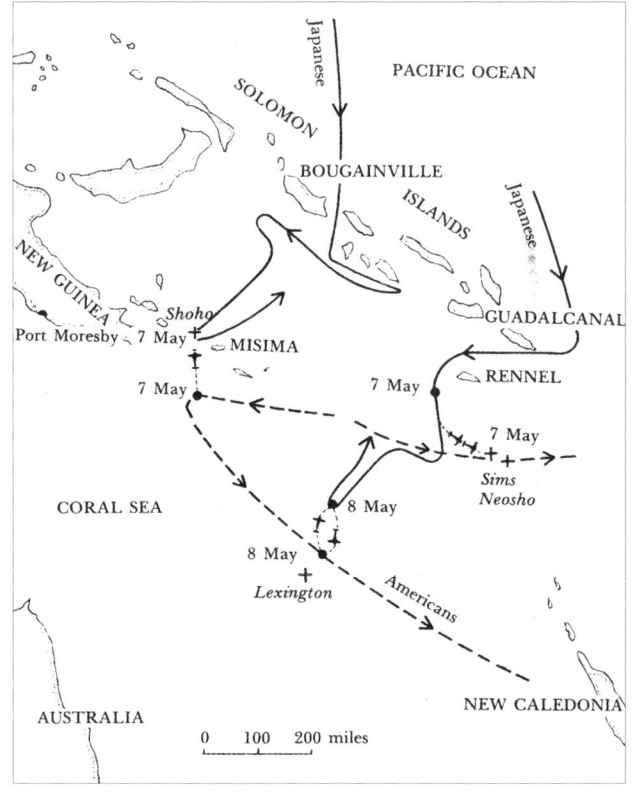

[그림 46] 산호해해전

켰다. 그 결과 일본군은 상륙을 포기하고 회항했다.

한편 이날 오전 렌넬섬 남방에서 미국 항공모함을 공격하기 위해 일본 강습부대에서 발진한 항공기들이 급유작전을 마치고 미국 구축함 심스*Sims*함의 호송을 받으며 회항하던 2척의 유조선을 공격했다. 반복된 공격으로 심스함과 유조선 네쇼*Neosho*호가 침몰했다.

같은 날 오후, 미국 항공모함은 기상악화로 적의 공중공격을 모면했다. 일본측은 공격기를 발진시켰으나 미군전투기와 교전하더라도 일몰 후엔 모함으로 귀환할 수밖에 없는 곤란 때문에 상당수 항공기를 잃었다.

야간을 맞이하여 양측의 기동부대는 서로 상당한 거리를 둔 채 다음날 결전에 대비 중이었다. 5월 8일 오전, 약 200마일 밖에 있던 양측의 기동부대는 각각 상대방을 공격하기 위해 항공기를 출격시켰다. 추이카쿠Zuikaku함은 때마침 낮게 드리운 구름에 가려져 공격을 모면했으나, 쇼카쿠Shokaku함은 급강하 폭격기의 공격으로 심한 손상을 입었다.

한편 렉싱턴함은 2발의 어뢰, 2발의 폭탄을 맞고서도 작전을 수행했다. 그러나 얼마 뒤 선체 내에 있던 가솔린이 증발하면서 폭발하여 부득이 퇴함하지 않을 수 없었고, 동료구축함이 발사하는 어뢰에 의해 어쩔 수 없이 침몰해야 하는 운명을 맞았다.

전투는 이렇게 해서 끝났다. 그 후 일본 기동부대가 미국 기동부대 탐색에 나섰으나, 이미 그들은 자신들의 기지인 뉴 칼레도니아로 철수해서 더 이상의 접촉은 없었다.

이 해전에서 양측 손실을 비교하면, 일본해군에서는 항공모함 1척이 침몰하고 1척이 대파된 반면, 미국해군에서는 항공모함 1척이 침몰하고 1척이 대파된 이후 구축함 1척과 유조선 1척을 더 잃었다. 양측은 각각 80대와 66대의 항공기를 상실했다.

이 해전에서 양측 함정은 너무 멀리 떨어져 상대방을 전혀 보지 못한 상태에서 싸웠다는 점*과 항공모함이 주요표적이 되었다는 점에 각별히 유의할 필요가 있다. 특히 양측이 항공모함을 주요표적으로 삼았다는 것은 그 후 발생할지도 모를 순양함 사이의 전투에서 유리한 상황을 조성할 공중우세권을 장악하기 위해 노력했다는 것을 의미한다.

　※ 이 점은 새로운 해군항공시대의 전형적인 특성이다.

2. 미드웨이해전 Battle of Midway(1942.6.6)

　미드웨이섬은 하와이에 이르는 가장 근접한 징검다리로서 일본과 진주만을 잇는 선상에 위치하고 있었다. 그래서 이 섬을 점령하는 것은 일본군의 팽창계획상 매우 중요했다. 일본군은 미드웨이섬을 점령함으로써 미군을 파멸의 위기에 몰아넣을 속셈이었다. 그러나 미드웨이섬을 침공하기에 앞서 일본원정군과 미군 사이의 전투에서 미군이 승리함에 따라 태평양전쟁은 전환점을 이루었다. 이 해전으로 말미암아 동쪽으로 팽창하려던 일본군의 기도가 좌절되었고, 미군은 그 후 3년간의 힘든 전투를 거쳐 일본군을 점진적으로 압박하여 마침내 일본군을 패망의 길로 접어들게 만들었다.

　산호해해전 이후 미해군에게 움직일 수 있는 항공모함이 2척밖에 없을 것으로 알았던 일본해군은 가급적 재빨리 미드웨이를 공격하기로 결심했다. 그러나 긴급수리 끝에 장장 5천 마일 항해를 마치고 진주만에 도착한 항공모함 요크타운함이 불과 3일 내에 전투준비를 완료했다. 산호해해전을 마친 요크타운함은 불과 4주 만인 6월 4일에 일본해군 면전에 다시 모습을 드러냈다.

일본해군의 미드웨이 방호부대는 제1차 공격을 감행할 부대로서 항공모함 4척*, 항공기 272대, 전함 2척, 중순양함 2척, 경순양함 1척 및 구축함 12척으로 구성되었다. 침공부대는 미드웨이상륙작전을 감행하고 이를 엄호하는 부대로서 전함 2척, 항공모함 1척, 중순양함 8척, 경순양함 2척, 수상기모함 2척, 구축함 21척 그리고 수송선 및 보조함 12척으로 구성되었다.

□* 참가한 항공모함의 배수톤수는 아카기 Akagi: 36,500톤, 카가 Kaga: 38,200톤, 히류 Hiryu: 17,300톤, 소류 Soryu: 15,900톤이었다.

주력부대는 이상의 두 부대를 지원하고 필요시 전투에 투입할 능력을 갖추었다. 이 부대는 전함 7척, 경항공모함 1척, 항공기 10척, 경순양함 3척, 수상기모함 2척, 구축함 13척 그리고 다수의 지원함으로 구성되었다. 끝으로 일본잠수함 13척도 정찰임무로 배치되었다.

함대사령관 야마모도 제독이 전함 야마토 Yamato함에 승조하여 전함대를 지휘했다. 야마토함은 6만 4천 톤급 최신예 전함으로서 포탄 1발의 무게가 약 1.5톤에 달하는 초거포 460mm포 9문을 장착했다.

일본해군의 미드웨이 공략부대는 한 마디로 위압적인 무적부대였다. 일본해군은 소수의 미국 해군함정과 대적할 것이라 믿었고, 어쩌면 미국해군이 태평양의 여러 해역에 분산되어 있어서 전투에 응하지 못할 것이라 여겼다.

이에 반해 미국 태평양함대 사령관인 니미츠 제독은 이미 일본 해군이 사용하는 무선통신을 접수하고 암호를 해독한 뒤 일본해군의 기도를 인지하고 있었다. 그리하여 그는 하와이와 미드웨이의 인접해역에 소집할 수 있는 모든 함정을 집결시켰다. 니미츠 제독은 앞에서 언급한 3척의 항공모함과 항공기 233척, 그밖에도 중순양함 7척, 대공순양함 1척, 구축함 14척과 잠수함 19척을 동원하여 플레처 제독의 지휘 하에 배치시켰다.

항공모함에 탑재한 항공기만 본다면 일본측은 분명 수적 우세를 유지하고 있었다. 그러나 미국측은 미드웨이 기지에 전투기 21대를 비롯해 해군폭격기 및 뇌격기 40대와 육군폭격기 21대, 그밖에 정찰기 여러 대를 보유하고 있었다. 때문에 미드웨이 주변에서의 공중우세권은 미국이 차지하고 있었다. 즉 미드웨이는 비교적 소구역에서의 전투라는 점에서 대형의 불침 항공모함으로서의 가치를 가지고 있었다. 미국조종사들 중에서도 고도의 훈련수준을 지닌 해군조종사들이 이 기지에 배속된 상태였다. 그리고 미국 측은 무엇보다 일본 측의 암호를 해독하여 그들의 기도를 간파하고 있어 크게 유리하였다.

1942년 6월 4일 일본함대가 미드웨이 공습과 함께 작전을 개시했을 때, 그리고 일본의 기동부대가 그들의 위치로부터 동북방 200마일 해상에서 접근하는 미국 항공모함의 위치 파악에 실패했을 때, 미국 항공모함이 뜻밖에 출현하여 일본함대에게 집중공격을 한 것은 전술적으로나 전략적으로 매우 중요한 의미를 지닌다.

전투의 격렬성은 산호해 해역과 비슷했지만 그보다 규모가 큰 해전인 이 해전에서 일본 측은 주력 항공모함 4척 모두를 상실했다. 그밖에 순양함 1척이 침몰하고 전함 1척과 순양함 1척 그리고 구축함 3척도 잇달아 손상을 입었다. 또한 항공기 272대를 상실했고 2,500명의 장병들이 전사했다.

한편 미국 측에서는 항공모함 요크타운함 1척, 구축함 1척 그리고 항공기 147대를 잃었고, 307명의 전사자가 속출했다. 교전 동안 플레처 제독은 기함 요크타운함의 손상으로 전투력을 거의 상실하자 기함을 떠나지 않을 수 없었다. 그러자 기동부대사령관인 스프루안스Spruance 제독에게 전술지휘권을 이양했다.

이렇듯 일본해군이 참패하자 야마모도 제독은 휘하의 막강한 수상부대가 건재했음에도 미드웨이 침공계획을 포기해야 했다. 더욱이 일본의 산업능력이 미국의 산업능력과 비교할 수 있을 정도로 열세하여 일본해군이 4척의 항공모함과 함께 함재기를 모두 상실했다는 것은 그 후 수년간 지속해야 할 전쟁수행 능력에 심각한 타격을 입은 것이다. 미국의 기동부대는 일본잠수함이 잠복하며 기다릴지도 모를 위험해역에 빠져들지 않도록 퇴각하는 일본해군을 계속해서 추격하지는 않았다.

무엇보다 이 해전은 항공모함 앞에서 전함이 무력하다는 것을 처음으로 입증시켰다는 점에서 매우 중요한 해전이다. 같은 맥락에서 이 해전은 거리라는 문제에서 마치 함포가 충각을 대치한 것처럼 항공기라는 초장거리포가 통상적인 함포를 대치했음을 입증한 것일 수도 있다. 최대거리에서 적을 타격할 수 있는 자가 적보다 우세권을 획득할 수 있다는 것이다.

3. 레이테만해전 Battle of Leyte Gulf(1944.10.23~25)

 해전역사상 유례를 찾아볼 수 없는 넓은 해역에서 복잡하게 수행된 레이테만해전과 관련해서는 수많은 저서가 나왔다. 특히 이탈리아에서는 베르노티Bernotti 제독이 『세계대전시의 제해전Warfare upon the Seas in the World War』이라는 제목의 저서 제3권을 통해 명쾌한 필치로 이 해전을 평가했고, 이아치노lachino 제독도 1954년 4월 5월에 『해양평론Rivista Marittima』에 게재된 그의 논문에서 예리하게 분석하여 흥미 있는 비평을 가했다. 이 해전의 전술적 국면에 관해 두 사람이 기술한 내용일부는 이 분야의 지식을 얻으려는 사람들에게 크게 도움이 된다.

 전쟁초기 미국은 일본군이 점령한 태평양의 여러 해역에서 일본군을 점진적으로 내몰면서 일본을 향하는 접근전략의 일환으로 1944년 10월에 필리핀에 상륙할 생각이었다. 그래서 민다나오섬 북방에 위치한 레이테만에서 실시한 미군의 상륙작전은 10월 17일부터 이곳에 인접한 작은 도서들을 점령함으로써 시작했다. 그 후 상륙군은 제7함대의 방호 아래 10월 20일부터 22일 사이에 레이테만 상륙작전을 실시한 뒤 잇달아 해안두보를 구축했다.

한편 레이테만 북쪽에 위치한 제3함대로부터 출격한 항공기가 대만과 루존섬 등지의 일본 항공기지를 공격했다. 일본군의 저항을 물리치고 미군항공기는 작전구역의 공중우세권을 장악했다. 이 공중우세권을 장악하기 위한 전투에서 미국은 1천 대에 달하는 적 항공기 가운데 적어도 680척의 항공기를 지상과 공중에서 격파시켰다. 미군은 95대의 항공기만 상실했다.

미군의 필리핀 점령은 일본해군의 필연적인 반격을 불러냈다. 왜냐하면 일본이 필리핀을 잃는다면 자신들에게 없어서는 안될 액체연료를 비롯해 기타 원자재를 공급하던 동인도제도와 연결된 교통선도 유지하지 못할 수도 있었기 때문이다.

대만에서의 항공전 때문에 긴장하던 일본해군은 10월 17일 레이테 근해의 여러 도서에서 감행되는 미군의 상륙을 인지했다. 그러자 그들은 사전에 수립된 작전계획에 따라 전체 해군세력과 항공력을 동원하여 반격하기로 결정했다. 양측 세력의 편성을 보면 다음과 같다. 세분된 몇몇 부대와 부대별 임무도 제시했다.

가. 미국해군

킨케이드T.C. Kinkaid 제독이 지휘하는 제7함대에는 전투함으로 구형 전함 6척*을 비롯해 중순양함 5척, 경순양함 6척, 호위항공모함 18척, 구축함 86척, 프리깃함 11척 및 코르벳함 25척이 배치되었다.

이러한 전투세력을 포함해 총 738척의 함정으로 구성된 제7함대의 임무는 상륙작전을 집행하고 직접 지원을 수행하는 것이었다. 이를 위해 제7함대는 3개 기동부대로 편성되었다.

□* 이들 전함 대부분이 진주만 기습 때 생존한 전함들이었다.

할제이W.F. Halsey 제독이 지휘하는 제3함대는 406mm포로 장착된 최신예 고속전함 6척을 포함하여 공격항공모함 8척, 경항공모함 8척, 중순양함 6척, 경순양함 9척 및 구축함 59척으로 구성되었다. 제3함대의 임무는 필리핀 해역을 위협하는 공중과 해군세력을 격파하고 중앙태평양의 해상 및 공중교통로를 방호하며 상륙작전을 간접적으로 방호하기 위해, 주변해역의 초계를 실시하는 것이었다. 즉 제3함대의 주요목표는 유력한 적 함대의 출현에 대비하고 기회가 포착되면 이를 격파하는 것이었다. 제3함대는 4개 기동부대로 편성되었다.

나. 일본해군

구리다 제독의 지휘 하에 있던 주력부대는 460mm포를 탑재한 최신예 전함 2척을 포함한 전함 5척 외에도 중순양함 10척, 경순양함 2척, 구축함 15척으로 구성되었다. 구리다함대의 임무는 10월 22일 보르네오의 브루네이만을 출항해 안전한 듯한 시부얀 해와 산 베르나르디노해협을 돌파하고, 25일 오전에는 북쪽으로부터 레이테만에 돌입하는 것이었다. 구리다 부대는 목적구역에 이르는 동안 미 해군세력과 만나면 격파하기로 했다.

남방공격부대는 2개 전대로 편성되었다. 니시무라 제독 휘하의 제1공격부대는 구리다 제독의 직접 지휘 하에 있는 주력부대의 일부로서 구형전함 2척, 중순양함 1척 및 구축함 4척으로 구성되었다. 니시무라 전대는 브루네이만을 출항하여 수리가오해협을 통과한 다음 25일 새벽 레이테만에 도착하기로 되어 있었다. 한편 시미 제독이 지휘하는 제2공격 전대는 중순양함 2척, 경순양함 1척 및 구축함 4척으로 구성되었다. 시미 전대의 임무는 앞서 언급한 부대들과 비슷했으나 10월 21일에 페스케도어를 출항하여 북쪽으로부터 레이테만에 진입하는 것이었다.

오자와 제독이 지휘하는 유인부대는 비행갑판을 가진 구형전함 2척의 공격항공모함 1척, 경항공모함 3척, 경순양함 3척 및 구축함 10척으로 구성되었다. 오자와 부대의 임무는 구리다 부대가 안전하게 산 베르나르디노해협으로부터 레이테만에 도착하도록 하기 위한 것으로서, 미군의 항공공격과 해군부대를 북쪽으로 유인하는 임무였다.

오자와 부대가 보유한 항공기는 116대에 불과했다. 이미 엄청난 손실을 당한 일본해군으로서는 기지항공기를 증원하려면 150대의 항공기가 필요했다. 이 기지항공기는 대만과 루존섬에서의 증원 이후 고작 400대의 항공기만 필리핀에 집결시킬 수 있었다. 합동훈련의 결함과 갖가지 대립관계로 일본해군이 필리핀 인근에 배치된 200대 정도의 육군항공기를 계산에 넣기란 말처럼 쉬운 게 아니었다.

미국해군이나 일본해군 모두는 이 작전만을 위한 최고사령관을 임명하지 않았다. 때문에 양측은 제반작전을 조정하기 위한 능동적인 지휘와 해군부대들의 작전을 총괄할 주도권을 행사하지 못했다. 이 해전의 작전경로는 다음과 같이 요약할 수 있다.〔그림 47 참조〕

 1) 10월 23일 오전, 구리다 부대는 팔라완 북방에서 미국잠수함의 공격을 받아 순양함 3척을 상실했다. 그 가운데 1척은 간신히 브루네이로 귀항했다. 구리다 부대는 목적지로 이동하던 중 여러 차례 방해받았다. 특히 10월 24일에는 미 제3함대에서 발진한 항공기로부터 6차례에 걸친 맹렬한 어뢰공격 및 급강하 폭격을 받았다. 그 결과 전함 무장武裝함이 격침되었고, 순양함 1척이 전투력을 상실했다. 구리다는 기지항공대 전투기의 엄호를 끊임없이 요청했으나, 결과는 허사였다. 이날 전투에서는 전함 2척을 포함해 거의 모든 함정이 손상을 입었다.

 미국해군은 포릴로섬 근해에서 일본해군의 기지항공대와 오자와 부대에서 발진한 항공기 공격으로 경항공모함 프린스턴함을 상실했다. 일본의 기지항공대는 공격기를 발진시키는 적 항공모함을 위협함으로써 구리다 부대를 간접 엄호하기 위해 출격했다.

 2) 한편 24일 오후에는 제3함대의 정찰대가 루존섬 동북쪽에 위치한 오자와 부대를 발견했다. 그 때까지 할제이는 오자와 부대의 존재를 인식하지 못했다. 할제이는 오자와 부대의 항공기가 소수에 지나지 않는다는 사실을 알지 못했고, 모든 조종사들이 그러하듯 순진하고 낙천주의자인 미 해군조종사들의 보고, 이를테면 구리다 부

15. 해전연구 313

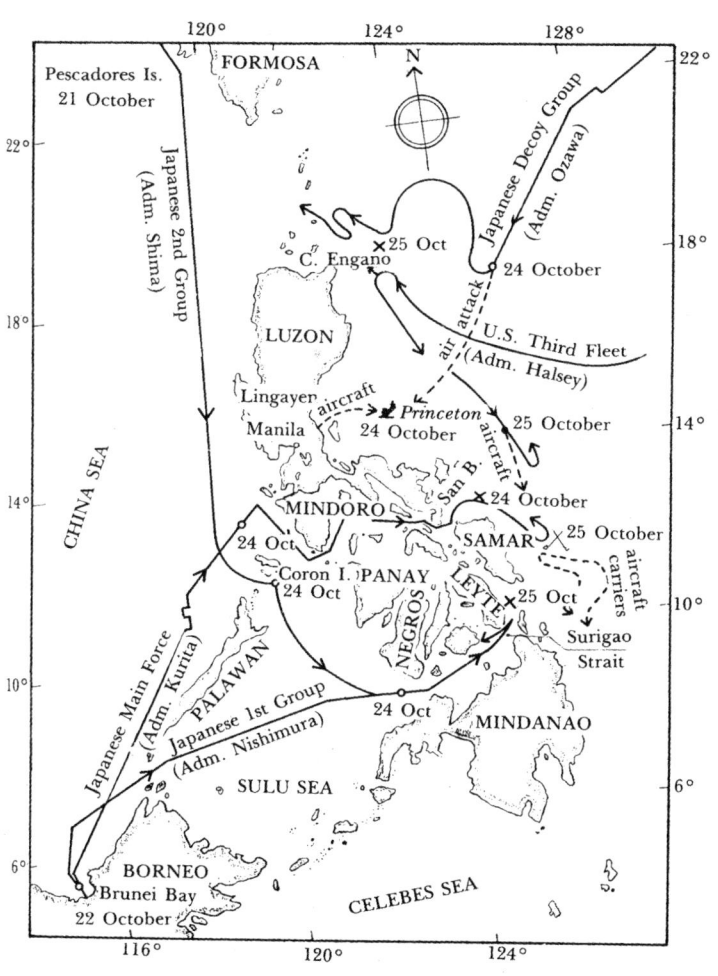

[그림 47] 레이테만해전

대가 일대 타격을 받아 크게 약화되었다는 보고를 액면 그대로 받아들여 산 베르나르디노해협 방어는 방치한 채 휘하의 전체세력을 이끌고 오자와 부대를 공격하기로 결심했다. 할제이는 킨제이드 제독의 제7함대가 레이테만 외해에서 세력이 크게 약화된 것으로 판단된 구리다 부대를 능히 대적할 수 있으리라 확신했던 것이다.

할제이의 결심은 킨케이드에게는 명확히 통보되지 않았다. 할제이가 휘하의 각 부대에 시달한 명령을 부분적으로 접수한 킨케이드는 제3함대의 강력한 기동부대 일부가 산 베르나르디노 근해에서 구리다 부대의 진출을 저지하기 위해서 대기하고 있다고 믿었다.

3) 한편 남쪽에서는 니시무라 전대가 아무런 방해도 받지 않고 수리가오해협을 향해 진출하고 있었다. 25일 09:00시에 두 부대가 상봉할 수 있을 때까지 레이테만의 진입을 지연시키라는 구리다의 명령이 떨어졌음에도 니시무라 전대는 25일 01:30시에 남쪽으로부터 해협에 진입했다. 그러는 동안 시마 전대 역시 적으로부터 이렇다할 방해도 받지 않고 북쪽으로부터 남하한 다음 03:00시경에 남쪽으로부터 수리가오해협에 진입했다.

양측 전대는 모두 제7함대와 교전할 것이라고는 생각하지 않았다. 왜냐하면 24일에 레이테만 일대 항공정찰을 하지 않았고, 레이테만의 상황정보를 누구도 통보해 주지 않았기 때문이다. 그러나 수리가오해협에는 30척의 어뢰정을 포함한 킨케이드 휘하의 부대가 일본함대의 진출에 대비하고 있었다.

레이더를 장착하여 일본함정보다 좋은 조건을 갖춘 미국함정들은 일본해군이 수리가오해협으로 진입하는 것을 허용하지 않았다. 미국해군은 일본의 두 전대에 맹렬한 포격과 어뢰공격을 가했다. 25일 새벽 무렵 니시무라 전대에서는 손상을 받아 처참한 상태에서 생존의 안간힘을 다하는 순양함 1척과 구축함 1척만 해상에 떠 있을 뿐 거의 전멸한 상태였다. 시마 전대의 순양함 1척은 어뢰에 명중했고, 또 야간혼전 중에 시마의 기함인 순양함이 니시무라 전대에서 겨우 생존해 있던 순양함과 충돌한 이후 전투를 포기했다. 시마 전대는 퇴각하다가 07:00시에 킨케이드의 호위항공모함에서 발진한 항공기 공격을 받았다. 그 결과 시마 전대는 순양함 1척을 잃고 팔라완섬 북방 코론으로 철수했다.

4) 10월 25일 오전, 레이테만을 향하여 계속 항진하던 구리다 부대는 난데없이 미국의 호우항공모함 몇 척을 발견했다. 이들 항공모함들은 여러 척의 구축함과 호위구축함들의 호송을 받으며 대잠작전을 주목적으로 이 해역에서 초계를 실시 중이었다. 구리다 부대는 이들이 순양함과 구축함의 호위를 받고 있는 것을 보고 이들의 순양함과 구축함에게 호위받는 공격항공모함 기동부대를 포기한 것으로 믿었다. 구리다함대는 그들을 인식하려고 기도했으나 재빨리 연막을 치며 회피함에 따라 정체식별에 실패했다. 비록 구리다 부대가 전력이 크게 약화되었다곤 하지만 여전히 전함 4척을 비롯해 중순양함 6척, 경순양함 2척과 구축함 11척으로 구성된 위용을 갖추고 있

었다. 그래서 구리다는 휘하에 명령하여 각 함정이 자유롭게 기동하면서 적을 발견하는 족족 공격하라고 지시했다. 이런 명령에 따라 전함 3척이 북쪽으로 공격하는 한편, 나머지 전함 1척과 그 뒤를 따르는 순양함들이 동쪽으로부터 미국의 호위항공모함을 포위하려고 시도했다.

이 전투는 사마르섬 근해에서 두 시간 동안 진행되었다. 미국의 호위항공모함들은 기동과 연막을 이용해 일본함정의 포격으로부터 자신들을 방호했으며, 탑재한 항공기로 반격을 가했다. 그러나 이들 항공기의 임무가 상륙작전을 지원하고 잠수함을 공격하는 데 있었기 때문에 대함공격용 폭탄을 장착하지 못한 공격은 위력을 발휘할 수 없었다.

한편 구리다 부대는 연막 때문에 탄착수정과 적 세력에 관한 정확한 정보획득에 지장을 받았다. 때문에 정찰기 2대를 발진시켰으나, 이들 정찰기는 정보를 송신하기도 전에 미국항공기에 격추되고 말았다. 이 전투의 마지막 단계에서 일본순양함들의 포위망을 뚫다가 미국의 구축함들이 3척이나 격침됐으나, 일본순양함 2척을 어뢰로 명중시켰다. 몇 척의 또 다른 일본순양함들이 항공기 공격으로 큰 타격을 받았다. 이 전투에서 미국의 호위항공모함 1척이 일본군의 포격으로 격침되었다.

구리다는 휘하의 함정들이 사방으로 분산되어 있어 진형을 정렬해서 집결하도록 명령했으며, 손상을 입은 함정들에게는 산 베르나르디노해협으로 철수하라고 지시했다. 휘하의 함정들이 모두 집결한 뒤 구리다는 미국해군의 위치를 정확히 알지도 못하면서 결정적인 공격을 가하기 위해 레이테만을 향해 전진했다.

5) 한편 킨케이드는 뜻밖에 구리다 부대가 레이테만 외해에 출현하자 크게 당황했다. 그는 구리다 부대보다 제7함대가 열세한 점을 우려했다. 제7함대는 해상전 지원을 위해 편성된 것이 아니라 상륙작전 방호 목적으로 구성된 세력으로서, 야간에 니시무라 전대와 시마 전대에 대응하느라 탄약을 남김없이 소진하는 바람에 탄약마저 턱없이 부족한 상태였다. 그러자 킨케이드는 할제이에게 위급사태를 알리고 즉각적인 지원을 요청했다. 킨케이드는 할제이 휘하의 1개 기동부대가 산 베르나르디노해협을 안전하게 방호할 목적으로 인접해역에 배치된 것으로 믿었으며, 그래서 즉각적인 지원이 가능하리라 생각했다.

제3함대의 1개 항모기동부대가 제7함대 지원을 위해 북쪽으로 급히 남하했다. 그런데 기동부대가 몇 시간 동안 탐색했음에도 사마르 근해에서 구리다 부대를 접촉할 수 없었다. 따라서 킨케이드는 강력한 구리다 부대를 대적하기 위해 레이테만에 도착해 있다는 것과 또 다른 부대가 북쪽으로 접근하고 있다는 것을 구리다 부대에게 믿게 하려고 평문으로 무선통신을 발신하는 등의 임기응변책을 사용했다.

이제 휘하의 세력이 전함 4척, 중순양함 2척, 경순양함 2척 및 구축함 7척으로 줄어든 구리다는 사태를 신중히 검토한 뒤 마침내 12:36시에 모든 계획을 포기하기로 결심했다. 13:15시에 북쪽으로부터 남하하던 제3함대 항모기동부대의 함재기들이 구리다 부대를 포착하자 그들이 퇴각하는 오후까지 계속 맹렬히 공격했다. 같은 날 25일 21:30시, 만신창이가 된 일본해군의 기동함대는 산 베르나르디노해협을 통과 뒤 안전한 필리핀 해로 향했다.

6) 이 해협의 마지막 국면은 루존섬의 북동해역에서 별로 강력하지 않은 오자와의 기동부대와 할제이함대의 3개 기동부대 사이에 전개되었다.* 24일 오전, 구리다 부대가 산 베르나르디노해협을 단호하게 통과하기로 결정한 사실이 알려지자 오자와는 비행갑판을 갖춘 함정들에게 항공모함을 방호하라고 지정하고 남쪽으로 항진했다. 이제 오자와 부대의 항공기는 불과 25대뿐이었고, 그것마저 거의 전투기였다. 할제이 휘하의 기동부대 역시 같은 시간에 북쪽으로 이동 중이었다.

　* 제4의 기동부대는 킨케이드의 지원요청에 따라 레이테만으로 출동했다.

25일 02:00시가 조금 지난 뒤 레이더를 장착한 미국 기동부대의 정찰대가 오자와 부대의 위치를 포착했지만, 레이더 고장으로 그 후 접촉을 놓쳤다. 그러는 동안 오자와 부대는 변침했다. 그러자 야간 교전이 있으리라 예상하고 전함과 순양함으로 항공모함의 방호를 위한 경계진을 배정한 할제이는 자신이 기대한 04:00시까지 오자와 부대를 포착할 수 없었다.

바로 그날 새벽, 예상되는 포격전에 대비한 진형을 그대로 유지한 채 제3함대는 적 기동부대의 탐색을 재개했다. 미국 기동부대의 항공기들이 기습적으로 오자와 부대를 접촉하자 수차례 공격을 가했다. 이 전투에서 오자와는 자신의 대공포와 동료함정의 대공포 이외에 아무런 방어수단도 없는 항공모함 4척을 전부 잃었다.

오자와 부대를 격파한 할제이는 구리다 부대가 필리핀해로 귀환하기 전에 포착할 것이란 희망을 갖고 레이테만으로 향했으나 시기를 놓쳤다. 할제이는 1개 기동부대를 현장에 남긴 채 오자와 부대의 나머지 함정들을 계속 공격하도록 지시했다. 16:40시, 이 기동부대의 순양함들은 손상된 항공모함을 구조하던 일본구축함들과 교전을 벌였다. 나머지 함정들 즉 전함 2척, 경순양함 1척과 구축함 7척을 지휘하며 철수하던 오자와는 그 때 재차 반격하여 미국순양함들을 공격하려 했으나 접촉에 실패하였다.

7) 끝으로 레이테만해전에서 일본군이 가미가제를 조직적으로 운용하기 시작했다는 사실을 언급할 필요가 있다. 일본은 가미가제로 태평양전쟁 말기에 거의 무시해도 될 만큼 미미한 자신들의 해군항공력의 유효성을 보상하려고 노력했다. 구리다 부대가 레이테만 외해에서 미국의 호위항공모함 기동부대를 공격하고 있을 때, 상륙기지로부터 출격할 가미가제가 제7함대의 항공모함을 맹렬히 공격했고, 그 가운데 1척을 격침시킨 적이 있다.

이런 경험을 하고난 뒤 가미가제는 특공대라는 명칭을 가진 상설의 항공대로 조직되었다. 레이테만해전에서 일본해군은 전함 3척을 비롯해 항공모함 4척, 중순양함 6척, 경순양함 4척, 구축함 11척을 상실했고, 그밖에도 많은 함정이 손상을 입었다. 미국해군은 경항공모함 1척, 호위항공모함 2척과 구축함 3척을 상실했다. 이 해전은 미국해군에 상대할 만한 해군항공력으로서 일본해군의 마지막 쇠퇴를 의미한 해전이었다.

이 해전을 종합하면 하나의 해전이 아니라 5개 해전이었고, 산만한 지휘로 인해 협조가 불완전한 가운데 행해진 해전이었다. 또한 이 해전은 위도상으로 12°, 경도상으로 10°에 걸친, 즉 필리핀 영토 8만 5천 평방마일을 포함해 43만 2천 평방마일에 달하는 광대한 구역에서 발생했다. 엄격한 의미에서 여러 형태의 복잡한 전술적 투쟁은 약 11만 평방마일에서 발생했다.

지금까지 살펴본 5개의 주요전투를 요약하면 다음과 같다.

1. 구리다 부대가 시부얀해에서 산 베르나르디노해협으로 향하던 10월 23일과 24일 미국잠수함과 항공기가 둘로 나뉘어 구리다 부대 공격
2. 포릴로섬 외해에서 발생한 미국 항모기동 부대에 일본해군의 항공공격
3. 야간에 수리가오해협을 통과하려던 니시무라 전대와 시마 전대의 불운한 기도
4. 25일 오전 구리다의 해상세력과 미국의 호위항공모함 기동부대 사이에 발생한 사마르섬 외해에서의 전투
5. 25일 루존섬 외해에서 발생한 할제이함대와 오자와 부대 사이의 전투

이 해전을 수행하는 과정에서 자주 나타난 중대한 과오의 원인과 결과를 두고 왈가왈부한다는 것은 이 책의 연구범위를 벗어난다. 또한 앞에서 언급했듯이 이런 과오가 주로 양측의 지휘통일의 결함과 몇몇 제독의 결심에 기인한 것이어서 여기서는 단지 우리가 유의해야 할 몇 가지 교훈만 도출하는 데 국한시키려 한다.

미래전과 이해관계가 있는 모든 전술적 교훈 가운데 가장 중요한 것은 항공모함 함재기 부분에서 일본해군이 미국해군에 비해 엄청나게 열세했다는 점이다. 결국 항공력의 열세가 절대적인 패배의 요인이었다. 당시 이 지역에 있던 기지항공기는 비록 그 대부분이 해군과 함께 훈련하고 또한 해군의 한 부대로 구성되었어도 전투에서 아무런 공헌도 하지 못했다. 이러한 사실은 소해역에서의 전쟁교리를 기초함에 있어 기지항공대의 효과적인 지원을 전제로 한다는 것은 1924년에 이미 중대한 오인이라고 예고했기 때문에 필자 자신에게는 전혀 놀라운 일이 아니다.

역시 중요하면서도 성격을 전혀 달리하는 또 다른 교훈은 지휘의 통합이 해상에서는 필수불가결하다는 점이다. 지휘의 통합은 작전 중인 각 부대를 지휘하는 최고지휘관 또는 선임제독에게 위임될 사항이다. 지휘통일의 면에서는 미국해군이 일본해군보다 오히려 열등했다. 비록 제3함대와 제7함대에게 할당된 과업이 달랐다고는 하지만 작전의 원활한 수행을 위해서는 오로지 한 사람의 지휘관에게 총체적인 책임이 위임되는 것이 당연했다.

제3함대가 니미츠 제독의 지휘 아래 있었던 반면, 제7함대는 맥아

더 장군의 직접적인 지휘 아래 작전했다. 이것이 바로 미국해군에서의 지휘통합이 이루어지지 않은 중대한 이유였다. 이러한 상황으로 인해 구리다 부대가 킨케이드 몰래, 또 그의 방해를 받지도 않고 산 베르나르디노해협을 통과할 수 있었다. 만약 구리다가 레이테만에 도착하려던 계획을 포기하지 않고 관철시켰다면-돌이켜 보면 이 점은 매우 의문시되는 사항이다-킨케이드는 압도당했을 것이다.

비단 군사조직에서만 아니라 모든 조직에서 지휘 또는 통제의 통일성은 필수불가결한 요소다. 그것이 해군항공시대에서는 더 더욱 중요한 요소다. 사실 지금의 시대에는 광대한 공간상의 전술로 특징되며, 완전하고 신속한 통신으로부터 지원을 받는 권위있는 단일지휘체제없이는 시간과 공간상에서 완전한 체제를 이루며 이런 전술을 수행할 수 없다. 그러므로 레이테만해전에서는 당연히 취했어야 할 기능을 수행하지 않았던 것이다.

이 해전을 통해 대략적으로 확립된 특수한 전투교훈을 들면 다음과 같다.

잠수함에 의한 효과적인 전투의 가능성 : 잠수함이 적시에 지정된 위치에 배치했을 때.
경함정의 야간운용의 유효성 : 특히 레이더를 장착했다면 적보다 매우 효율적이다.
연무가 자욱한 전투상황 하에서 적의 세력과 기동에 관한 정확한 평가의 곤란성 : 이 점에 있어서는 구리다가 사마르섬 외해에서 대결한 적 함정의 진형을 과대평가했을 때 경험했다. 구리다는 휘하함정이 약 30노트의 속력으로 항진하고 있을 때, 적함이 신속하게 이동하지 않고 있어서 그들의 최고 속력이 아주 미미한 것을 주목해야 했다. 호위항공모함의 속력은 17노트 이상 낼 수 없었다.

포격전의 가능성 : 항공세력이 포격전 단계 이전에 결정적인 결과를 획득하지 못했을 때.

주간공격에서 어뢰정의 유효성 : 아군주력함에 대한 적 주력함의 압박 감소, 항공모함의 방호 및 경계를 위한 적절한 유형의 수상세력 운용.

쉼터

16.
미래전의 예상
Predictions

1. 제2차 세계대전의 교훈

본질적인 문제를 벗어나서 오늘날 과학기술의 급진적인 발전으로 미래의 분쟁을 예측하기란 과거의 분쟁과는 달리 분명 적지 않은 차이가 있을 것이다. 따라서 근래의 경험을 토대로 미래전에서도 고려될 만한 가치가 있다고 생각되는 중요한 교훈을 몇 가지를 강조한다.

무엇보다 가장 기본적인 교훈에 포함시켜야 할 것은 바로 해·공 합동작전의 중요성이다. 해·공합동작전의 중요성은 바로 지난 40년간의 경험을 통해 매우 가치가 있는 기억으로 남아 있다. 합동작전은 전장에서 항공세력의 단순하고 피상적인 '참가participation'가 아닌 지속적이고도 능동적인 '현시presence'를 필요로 한다. 이러한 경험은 주로 시의적절한 기회에 근거하여 얻어진 것이다. 이러한 사항에 대한 정확성을 증명하려면 우리가 겪었던 전쟁경험에서 세 가지 예를 들고자 한다.

첫째로 크레테는 독일의 공격으로 영국해군이 치명적인 손실을 입었던 곳이다. 왜냐하면 당시 영국의 지중해함대에는 항공모함이 전무하여 지속적이고도 신뢰성있는 공중방호를 할 수 없었기 때문이다.

둘째로 영국전함 프린스 오브 웨일즈 Prince of Wales 함과 전투순양함 리펄스 Repulse 함이 1941년 12월 10일 말레이시아 근해에서 일본항공기의 공격을 받아 격침된 것이다. 그 이유는 당시 해상지휘관이 싱가포르 지역에 대한 항공작전 책임을 맡은 공군소장에게 항공지원을 계속해서 요청했음에도 항공기에 의한 방호가 시의적절하게 이루어지지 않았던 데 있다.

셋째로 레이테만 해전에서 일본해군의 부대들이 필리핀 해역에서 항해할 때, 해군조종사들이 운용하는 지상기지 항공기의 지원을 받아야 했음에도 최소 이틀 동안이나 항공지원을 제공받지 못했다. 그러므로 해상세력과 함께 지속적인 해군 항공세력의 현시가 필요한 점에 대해서는 이의가 있을 수 없다.

항공모함에 탑재된 항공기의 전투효율성을 입증하기 위해 매우 권위있는 학자이면서도 해군항공작전의 대가인 프랑스의 바르조 Pierre Barjot 제독의 말을 인용하고자 한다. 그는 1953년 1월과 1954년 8~9월에 발간된 『해군평론』에 수록된 두 편의 논문에서 다음과 같이 언급했다.

미국의 항공모함은 태평양에서 총 1만 2,268대의 일본항공기를 격추하거나 파괴했다. 주목할 것을 그 가운데 93%에 달하는 1만 1,400대의 항공기가 지상에 기지를 둔 항공기였고, 더욱이 40%에 해당하는 5,814대는 항공모함에서 발진한 헬컷Hellcat기와 헬다이버Helldiver기에 의한 공격, 말하자면 공격적인 작전결과로 지상에서 격파되었다. 나머지 60%에 해당하는 6,444대의 일본항공기는 공중전에서 격추되었으며, 그 가운데 절반은 일본 항공기지 상공이나 그 근처에서 격추되었다.

격파된 상황을 좀더 자세히 설명하면, 그 가운데 28%는 미국해군이 자체방어를 하는 과정에서 격추시켰고, 72%는 미국해군의 공격작전에 의해 격추되었다. 이 가운데 32%는 일본 해상세력을 공격하는 과정에서, 그리고 40%는 비행장이나 지상의 목표물을 공격하는 과정에서 각각 격추되었다.

이러한 수치는 고도의 방어력과 사격통제장치를 집중적으로 운용할 수 있고, 가능한 한 항공세력을 가장 효율적으로 운용할 수 있는, 최적의 표적거리까지 기동가능한 항공모함을 중심으로 한 해군 항공작전의 효율성을 입증한다.

이탈리아가 지중해에서 경험한 바에 의하면, 일부러 해군 항공세력과의 협동작전을 말하지 않더라도 1941년에 이르러 무솔리니와 최고사령관은 그런 문제에 정면으로 봉착하지 않을 수 없었다. 그 가운데 전술분야에서 가장 심각했던 두 가지 사항을 예로 들겠다. 하나는 해상전에 참가할 공격항공기(폭격기 및 뇌격기)의 활동이 부진했거나 부족한 것이고, 다른 하나는 해상에서 함정을 방호할 전투기의 '공중엄호air umbrella'가 결여된 점이다.

　이러한 결점들은 오로지 항공모함의 출현으로만 해소될 수 있다. 그러나 이탈리아는 항공모함을 전혀 보유하지 못해서 해상작전사령부와 항공작전사령부 사이의 신속하고도 직접적인 통신체계를 확립하여 해상전투에서 항공지원의 소요시간을 단축시키려 노력했다. 사실, 1914년 5월 말까지 모든 항공기의 지원은 어쩔 수 없이 많은 시간지연을 감수해가면서도 반드시 해군부대를 거쳐 공군부대에 요청해야만 되었다. 그 후 이러한 상황이 다소 개선되긴 했으나 그러한 여건 속에서 이루어진 작전은 늘 불만족스러웠다.

　이탈리아 해군이 원활한 항공지원 세력을 보유할 수 없던 동안 영국해군은 공중엄호를 받고 있었다. 그리하여 이탈리아 해군은 전쟁이 수행되는 전기간을 통해서 그로 인한 고통을 감수해야 했다. 사실 이탈리아의 뇌격기나 폭격기는 영국진영의 유효사정권까지 접근하는 과정에서 치명적인 위험을 받아야 했다. 반면에 영국정찰기는 아무런 손상도 입지 않은 채 이탈리아 함정을 육안과 레이더로 접촉할 수 있는 거리까지 접근했고, 이탈리아함정들은 이를 대공위협사격 정도로 저항할 수밖에 없었다.

　1941년 3월 28일 마타판해전Battle of Matapan에서 불운한 경험을 하자 해상세력에 대한 공군의 계속적인 항공지원이 가능할 수 있는 조치로서 가장 가까운 공군기지로부터 100마일 이상 떨어진 해역에서는 적과는 교전해서 안된다는 지시가 떨어졌다. 만약 이런 지시가 엄격하게 지켜졌다면 이탈리아는 전쟁을 더 이상 지속하려는 생각을 포기했을 것이다. 그러나 이런 지시가 중시되지 않아 함정들만 계속 피해를 입었다. 전투기의 작전반경을 증가하고 전투기를 적 항공기 쪽으로 유도하는 함정과의 통신을 개선시켜서 전투기의 운용방안을 증대하려는 시도가 있었다. 함정이 항공기를 육안으로 접촉해서 추적하는 거리는 전투기 자신이 수행하는 거리보다 훨씬 더 멀다는 것이 경험적으로 입증되었다.

그러나 이러한 시도와 함께 다른 수단들도 갖은 고심 끝에 고안되어 적용되긴 했으나, 크고 복잡한 문제에 직면하면서 단지 미온적인 결과로만 나타났을 뿐이다. 오직 이러한 문제는 항공모함만이 해결할 수 있었다.

우리는 흔히 이해하기 쉽게 말하는 해군항공 세력이란 것을 조직적으로 훈련되고 전문화되어 작전할 수 있도록 배치되지 않으면 해상에서의 전투를 효과적으로 수행할 수 없는 존재라고 확신한다. 역시 지상전투의 경우에도 이러한 점은 마찬가지로 간주된다. 이런 관점에서 오늘날 존재하는 군 가운데서 가장 잘 통합된 군대가 미국의 해병대라고 할 수 있다. 미국의 해병대는 제2차 세계대전을 경험하면서 이런 장점을 잘 살린 숙련된 군으로 성장했다.

이런 주장은 독립된 공군이란 개념과는 상충되지만, 일반적으로 전쟁 특히 오늘날 말하는 총력전에서 독립된 요소로 찾으려 해도 찾기 힘든 것이다. 군사적이든 경제적이든 또는 산업적이든 간에 모든 전쟁의 활동은 상호의존적이다. 결국 전쟁에서의 승리는 인간이 존재하는 지상에서 쟁취되는 것이지, 인간의 생활욕구를 충족하기 위한 특수한 여행의 목적지로서의 공중이나 해상에서 쟁취되는 것은 아닙니다.

보다 정확히 표현하면 군사력은 정치-전략적으로 전쟁을 수행함에 있어 절대적으로 상호의존적이지만 육·해·공 3군이 각기 전투를 수행함에 있어서는 전투에 반영된 모든 작전요소, 즉 지상전에서의 공군 및 지상군, 해상전에서의 공군 및 해군, 그리고 육상작전에서의 공군·해군 및 지상군 사이의 행동통합과 더불어 각 군 고유의 전술적 자주성을 필요로 한다.

합동작전이란 항공기의 단순한 참가가 아닌 현시에 의해 이루어지며, 특수한 목표를 성취하기 위해 동원된 여타의 모든 전투요소들과 완전하고 지속적인 행동의 통합으로만 달성될 수 있다. 독립된 공군은 이런 경향을 촉진시키는 자주적인 수단과 영예를 보유한다. 전시에 가장 중요한 항공작전의 유형으로는 장거리 폭격[전략폭격]의 수행, 적의 공중공격 및 낙하산부대의 침공으로부터 영토방어, 그리고 적 영토에 대한 공중부대의 침투가 있다. 여기에 대해서는 1945년 8~9월호 『해양평론』에서 미국인 작가의 사고에 대한 평가와 의견을 제시한 필자의 논문 「항공력에 대한 세버스키의 견해」를 참조하기 바란다.

그러나 해상전투 해역에서 상시적으로 공중공격 및 방어력을 제공하려면 말할 것도 없이 유도탄으로 무장된 항공기 확보가 최선의 방안이다. 그러므로 항공모함과 이를 동반하는 함정들은 점차적으로 대치할 수밖에 없다.

제2차 세계대전을 통해서 해군에게 직접적으로 적용될 수 있는 두번째 교훈을 제시하겠다. 이에 대해서는 베르노티 제독이 그의 저서 『세계대전시의 여러 해전』 제2권에서 산호해해전에 관한 평론에서 다음과 같이 언급하였다.

산호해해전은 항공모함이 각각 수평선 너머에서 대기한 상황 속에서 전개된 최초의 해전이었다. 따라서 이 해전은 해군전술에 있어서 새로운 국면의 시작이며, 앞서 언급한 변화—즉 전투거리의 점진적인 증대—의 연속이었다. 그러므로 항공모함에서 발진한 항공기는 바로 해군무기의 사정거리 증대와 똑같은 효과를 가진다.

이러한 해전양상의 발전은 먼저 적 항공모함을 발견함으로써 유효한 전략적 정보를 획득하는 데 성공한 해군세력이 바로 주도권을 먼저 얻는다는 진리를 창출했다. 이것은 아무런 피해없이 적을 타격할 수 있는 유리한 전술적 상황임을 의미한다. 또한 함포전을 수행할 때 적이 최대화력을 발휘할 수 없는 기나긴 선상에 배치되어 있는 동안 T자 씌우기로 유리한 위치를 선점하는 것과도 유사하다. 양측 해군세력이 대기 중인 항공세력을 발견하면 그들은 그것이 바로 2개의 해군전대가 함포전을 수행하는 병항전의 전술적 상황과 동일하다는 것을 인식하게 되었다.

'기본전술위치 fundamental tactical position'는 대기 중인 진형의 기하학적인 관계로 정해지는 것이 아니라, 작전적인 요소에 의해 정해지는 것이다. 여기서 작전적인 요소란 적의 조기탐지를 의미한다.

세번째 교훈은 해군전대naval squadron 즉 기동부대로서 함정 상호간의 적절한 질서를 유지하면서 배치된 단위부대의 진형의 집합체가 아니라, 어떤 계기와 목적에 부합된 전술적 지침에 따라 독립적으로 분산 배치된 전대의 진형을 의미한다. 각 진형 내의 단위부대들은 적의 공중위협에 대비하고 부차적으로 잠수함의 위협 또는 위협들 가운데 주요위협이 된다고 판단되는 위협이면 어느 것이든 효과적으로 대응하기 위해 적절한 간격을 유지한다.

네번째의 교훈은 해군전이 장거리 항공전으로 변질되고 있다는 점이다. 항공기는 항공기를 운반하는 함정의 초장거리포로 간주될 수 있다. 함포만을 가진 함정은 포탄으로 표적을 명중시키기 위해 예상되는 적의 저항을 극복하고 표적까지 접근하는 방법을 강구하지 않으면 안된다.

이 때 주력함이란 적의 공격을 방어하기 위하여 강력한 대공 및 대잠무기를 장착한 함정군이 호위하는 항공모함을 말한다. 만약 한 쪽이 해군항공대를 보유하고 있지 않다면, 해군항공전을 전제로 하고 있는 오늘날의 통념에 걸맞은 진정한 의미에서의 전투는 없을 것이다. 해군항공대를 보유하지 않은 측이 저항을 한다는 것은 백해무익한 노력에 불과하다.

다섯번째의 교훈은 대서양해전을 통해 도출되었다. 이 해전에서 잠수함이 결정적으로 패배한 것은 무엇보다 호위항공모함에 탑재된 항공기 때문이었다. 호위항공모함들은 잠수함의 탐색·식별 및 파괴에 있어 가장 효과적인 수단으로서 호송선단의 상공에서 지속적인 항공기의 현시를 보장했다. 더욱이 항공모함에 탑재된 항공기는 정확한 정보를 시의적절히 제공함으로써 해군방호에 참가한 해군함정들의 대잠작전을 도와주었다.

　마지막 교훈은 군수분야에 관한 것이다. 이 교훈은 산호해해전을 분석할 때 언급되었는데, 해상보급작전을 마치고 귀항하던 중에 피격된 유조선에 관한 사항으로 해상보급작전의 중요성이다. 해상보급작전은 함정의 항속거리를 증대시키고 안전에 기여한다는 측면에서 매우 가치있고, 태평양처럼 광대한 해역에서는 필수불가결한 것으로 입증되었다. 그리고 유류수급을 위하여 기지로 회항해야 한 필요성을 제거함으로써 해상에서 발생할 수 있는 손실을 감소시켰다. 또한 항공기에 의한 공습위험이 해상보다 항구에서도 더 크게 발생할 수 있는 손실을 사실상 제거시켰다.

2. 전후의 발전

　20세기는 인류가 가진 관습이 좀더 나아지고 지적으로 추구하는 방향이 진보하는 등 발전의 기운들로 충만한 시대이다. 여기서의 발전은 바로 우리 자신의 생활과 사고방식의 일부로서 이 글 속에도 내재하며, 바로 우리 자신인 것이다. 우리의 부모들은 신문을 읽고 무엇인가 새로운 소식을 전할 때마다 놀라워한다. 그러나 우리는 신문을 읽었음에도 지난 24시간 동안 어떤 새로운 사건이 발생하지 않으면 오히려 더 놀라워한다. 이러한 상황은 정치·사회 및 경제분야는 물론이고 과학분야에서도 마찬가지다.

이러한 상황이 과연 좋은 것인지 나쁜 것인지 우리는 잘 모른다. 우리는 단지 의학이 인간의 사망률을 줄여주고 수명을 연장시키기 위해 애쓰는 동안, 악용될 경우 물리학자들이 인류가 평생에 걸쳐 이룩한 수많은 창조물을 파괴할 수도 있을 원리와 그 적용법을 연구 개발하는 데 대해 슬픈 심정으로 지켜볼 뿐이다. 이러한 세태는 확실히 비극이며 생활방식의 괴상한 모순으로서 진정한 문명사회라고 볼 수 없다.

그러나 염세적이고 철학적인 푸념은 이것으로 족하다. 자연적으로 발생하는 문제는 가까운 장래에 발생할지도 모를 전쟁에서 우리가 어떻게 싸워야 할 것인가 하는 문제이다. 하지만 그 해답은 진보가 급진적인 속도로 이루어지는 현실을 감안하면 그렇게 간단하지 않다.

어느 날에는 확실하던 것도 그 다음 날에는 시기에 맞지 않고 낡고 시대착오적이며 심지어는 구시대적인 것으로 전락하는 일이 흔하다. 이런 상황 속에서 오늘날 아무 것도 아닌 것이 놀랍게 변하는 것을 생각하면 우리는 우리 마음대로 예상할 수도 있다. 이 문제는 흥미로울 수도 있고 그렇게 심각하지 않을 수도 있다. 따라서 현실을 바탕으로 과학적이고 기술적인 진보경향에 관한 깊이있는 연구가 이루어져야 할 것이다.

강력한 무기의 발달에 관해서는 다음과 같이 설명될 수 있다. 인류는 보다 큰 파괴력을 갖고 보다 빠른 속도로 보다 먼 거리에서 상대방을 명중시키기 위해 공격수단을 향상시키는 데 끊임없이 노력해 왔으며, 오늘날에 와서는 그 무기를 대륙을 횡단하여 상대방을 명중시킬 정도로 발전시켰다.

이미 신장된 사정거리에 원격유도 및 자동유도체계를 갖춘 무기체계까지 개발되었으며, 그와 동시에 그것에 대응하기 위한 무기체계 및 절차도 개발되었고, 원격유도 및 자동유도체계를 교란시키는 방법도 잇달아 개발되었다.

신형무기 가운데 가장 대표적이라 할 수 있는 대륙간탄도탄은 해군전술에 직접적인 영향을 미치지는 않는다. 대륙간탄도탄은 조종사들이 수행하는 전략항공작전을 대체하는 무선조종전략탄도탄이다. 이 책을 집필할 당시에는 유도탄이 아닌 탄도탄이었다. 탄도탄은 발사점과 명중시킬 목표물에 의해 결정되는 탄착점으로 구성된 지구상의 두 지점 사이를 유효적절하게 비행할 것이다. 만약 유도탄과 그것이 똑같이 빠른 속도를 가진 항공기에 의해 운반되지 않는다면 표적으로 유도탄을 유도하는 과정에서 자신에게 돌아올 손실을 최소화할 수 없을 것이다. 때문에 해상에서 항해 중인 해군부대를 명중시킬 유도탄을 운용하는 데에는 많은 어려움이 뒤따른다.

이런 경우 함정군에 대한 전략폭격은 해군전술의 연구범주에 속하지 않는다. 그러나 전술분야별로 운용될 때에는 세 가지 유형의 유도탄에 특히 더 주목해야 한다. 그 세 가지 유형은 다음과 같다.

함대함유도탄은 함정 대 함정 또는 함정 대 해안을 대상으로 사용되고, 함대공유도탄은 대공사격을 위해 사용되며, 공대함유도탄은 함정에 대한 항공기의 공격을 가능하게 한다. 유도장치가 작동되기 시작하는 어떤 특정거리 내의 표적은 레이더에 의한 유도가 가능하기 때문에 유도탄은 매우 정확한 사출탄이라고 말할 수 있다.

또 다른 유도탄의 유형 두 가지를 본다면, 잠수함에서 대공사격을 할 수 있는 수중발사대공유도탄과 수상함 또는 항공기에서 잠수함을 공격할 수 있는 대잠유도탄이다. 오늘날은 무엇보다 장거리 사격을 위하여 함포를 유도탄으로 대체하고 있는 추세다. 그러나 수평선의 가시거리 내에서는 함포, 그것도 고발사율의 반자동식 포가 아직까지도 유용하게 이용되고 있다.

하지만 가장 위대한 기술혁신 가운데 하나는 원자력의 점진적인 도입이다. 이미 아는 바와 같이 원자력 추진 함정은 범선이 그러했듯이 연료의 재보급없이도 몇 달간 항해할 수 있고 고속과 침로를 자유롭게 선택할 수 있는 이점과 함께 매우 우수한 기동성을 보유한다. 원자력 추진 함정은 공급받은 연료를 전부 사용하지 않고도 약 40~50노트에 달하는 속력*으로 원하는 기간만큼의 항해를 가능케 하였다.

□* 이 속력은 고압증기를 이용한 현대식 동력설비로 이미 달성되었다.

연료에서 발생하는 열을 에너지원으로 이용하는 증기기관 함정은 행동반경을 극대화하기 위해 경제속력-대략 최대속력의 절반정도가 된다-으로 항해해야 하며, 전투시에는 고속으로 운행할 준비가 되어 있어야 한다. 반면에 불과 몇 킬로그램의 원료로 엄청난 지속성을 갖춘 원자력 추진 함정은 필요에 따라 자주, 그리고 오랫동안 최대속력으로 항해할 수 있다. 이런 전투력은 해군부대가 24시간 이내에 1천 마일*을 이동할 수 있음을 뜻한다.

□* 나폴리에서 지브롤터까지 또는 메시나에서 수에즈까지의 거리가 대략 500마일 정도이다.

이런 새로운 추진방식이 채택됨에 따라 잠수함의 운용방식은 혁신될 것이다. 왜냐하면 부상한 상태로 항해할 때보다 완전히 잠항한 상태에서 항해할 때에는 기관효율이 크기 때문에 같은 배수톤수, 그리고 같은 동력기관을 갖춘 잠수함이 수상함보다 고속으로 잠항할 수 있기 때문이다. 그래서 잠수함은 전술적인 측면에서 가공할 만한 공격력을 과시하게 될 것이다. 어쩌면 미래의 주력함으로 부상할 지도 모른다.

이러한 희망에 따라 무기공학 분야에서는 잠수함을 보다 효과적으로 탐지하고 파괴할 수 있는 방법을 연구 중이다. 그 가운데 가장 효율적인 무기는 헬리콥터로 알려졌다.

제2차 세계대전에 사용된 적이 있는 자동유도어뢰의 발전도 매우 인상적이다. 핵탄두가 부착된 어뢰는 원자력추진 잠수함이 보유한 수중에서의 고속을 넘어 탄착점 주변의 광대한 해역을 모두 파괴하기 때문에 잠수함에 대항할 가장 무서운 무기가 될 것이다.

모든 유형의 함정은 대공무기를 중점적으로 강화하고 있다. 특히 주력함과 선단방호를 위해 설계된 함정에서는 이를 더욱 강화하고 있다. 함대공유도탄과 유도탄격추유도탄은 재래식 함포와 더불어 함정 주위의 안전거리에서 대공화망對空火網을 조성하고 있다.

오늘날의 해군공격은 장갑과 함포, 방어와 공격 그리고 보존과 파괴라는 경쟁을 초래하면서 더욱더 다양해지고 가공적이다. 앞서 잠깐 언급했듯이 건설보다는 파괴가 쉽다. 이는 사회적 관점에서도 마찬가지다. 혁명은 수세기의 경험과 노력으로 이룩한 문명의 형태를 특징짓는 사회의 모든 조직을 짧은 시간 안에 일소해 버린다.

"어떻게 설계해야 선체의 방어력을 높일 수 있겠는가?"라는 의문이 제기되는 것은 당연하다. 주제를 방어문제로 돌려보면 간단히 선체의 방어에 대한 어떤 착상을 할 수 있다. 여기에 대해서는 1956년 4월 『해군평론』에 게재한 논문에서 처음 소개한 적 있다.

재래전으로 불리는 고성능 폭탄을 장착한 탄도무기와 수중무기로 전투했을 때 함정의 상부구조물은 충격에 의해 폭발하는 사출탄의 관성을 견딜 장갑으로 방호되었다. 또한 수면 아래 선체는 아주 가까운 거리에서도 접촉 또는 감응하며 폭발하는 수중무기의 폭발에너지를 흡수할 구조물로 방호되었다. 함정의 방어능력은 배수톤수에 따라 중전투함[전함과 중순양함급 함정]·경함정[경순양함급 함정]·소형함정[초계함 및 어뢰정]으로 분류되었다.

핵무기의 급속한 채택과 확산에 따라 선체방호에 관한 문제 역시 변하고 있다. 이러한 무기들은 수상·수중을 막론하고 목표물을 관통하지 않고서도 파괴·폭격 및 충격하는 효과—물론 목표물과의 거리에 따라 그 영향이 다르다-를 가지고 있다. 수상·수중을 막론하고 이런 효과는 모두 고속의 폭발성에서 얻어진다.

이런 형태의 공격이 직면한 마당에 더 이상 중전투함이냐 경함정이냐 하는 문제를 논할 필요가 없다. 다만 함정은 강력하고 튼튼한 중전투함이 되지 않으면 안된다. 일반적으로 선체는 잠수함의 원형 단면처럼 적절한 방호구조물과 고강도의 외부구조물로 설계되어야 한다. 외부의 상부구조물도 부상·항해가 가능하도록 설계되어야 할 것이다.

다시 말해 핵무기는 함정의 종류와는 상관없이 모두 똑같은 위협을 가할 것이다. 비슷한 적함의 함포구경에 따라 그 위협도가 증가되던 과거와는 다르다. 따라서 함정의 크기에 의해 결정되는 내부구조물의 두께와 외부장갑에 따른 격차를 불문하고, 함정설계의 특징은 모두 동일해야 할 것이다. 만약 이러한 개념이 충분히 고려되지 않고 재래식 선체설계의 개념에 따라 계속적으로 건조되는 함정들은 예상되는 미래의 전쟁에 대처하기에 적합하지 않다는 것을 알게 될 것이다.

3. 미래의 전쟁에 대한 고찰

전쟁은 전투에 대한 가정이 유동적일 때 추상적으로 취급될 수밖에 없는 특정한 현상으로 나타난다. 그러나 오늘날 전투에는 서문에서 언급한 것과 같이 하나의 가정이 존재한다. 그것은 각자의 주변해역과 공중 그리고 대양으로 진출하기 위해 필수불가결한 영역의 자유를 절실히 필요로 하는 주변국 사이의 불행한 분쟁*이 될 것이다. 이것은 정치적, 지리적 그리고 전략적인 관점에서 볼 때 부인할 수 없는 사실이다.

□※ 여기서의 불행은 승자가 세계를 지배하게 되면 그것은 폐허가 된 세계를 지배하기 때문이라는 의미다.

전술적인 관점에서 서로가 싸운다는 것은 공격적이든 방어적이든 간에 그것은 무엇을 갖기 위해 싸우는 게 아니라, 현재 수중에 갖고 있기 때문에 싸우는 것이라는 사실을 기억할 필요가 있다. 이런 점들에 유념하지 못한 자는 공상적인 탈선에 빠질 위험이 있다. 그렇다면 상대방이 차지하고 있는 것과 똑같이 가지려고 하는 것은 도대체 무엇인가?

은폐와 분산이 대량파괴무기에 대한 최선의 방책이라는 것은 상식에 속한다. 그러나 인간의 본성은 빛과 더불어 사회생활의 영위를 포기하지 않으려는 것이다. 이에 대해 좀더 상세히 설명하겠다.

1919년 『해양국 이탈리아』 8월호에 투고한 「해군과 항공의 미래」라는 논문에서 다음과 같이 언급한 바 있다. 언젠가 우리 인류는 햇빛 아래서 위험하게 사느냐, 그렇지 않고 지하에서-아름다운 도시·항구·철도 또는 운하 대신에 지하도시·지하철도·지하운하·잠수함 등-살 것이냐 하는 비통한 선택을 해야 할 국면에 처할 것이다.

그러나 필자는 인간에 의해 제작된 파괴무기, 말하자면 항공기와 같은 무기의 승리로는 우리 인류가 태양을 결코 포기해야 하는 상황까지는 가지 않을 것이라 확신한다. 사실 이제까지 인류는 태양을 포기할 의도를 갖지 않았다. 도시는 햇빛 아래서 계속적인 성장을 거듭하고 있다. 그것은 태양에 대한 인간의 사랑에 기인한다.

바다에서도 상황은 마찬가지다. 만약 핵공격으로부터 벗어나는 가장 좋은 수동적 방어수단이 은폐라면 수중상선대를 건설하거나 상업용 항공기로 수송문제를 해결하지 않는 이유에 대해 우리는 의문을 제기할 수 있다. 그 첫번째 해답은 다음과 같다.

위생문제·거주습관·취급상의 곤란 그리고 경제적 가능성을 포함한 여러 난제들이 수중상선과 결부되어 있고, 어떤 노력을 기울인다 하더라도 이런 난제를 해결할 수 없다. 배수톤수와 건조시 사용된 철판의 질이 동일하다고 할 때, 수중선체는 수상선체보다 훨씬 더 강력한 구조를 필요로 한다. 제5장 1절에서 언급했듯이 수상함의 선체가 배수톤수의 27%를 차지하는 데 반해, 잠수함의 선체는 37%를 차지한다. 하지만 이 점은 특수한 군사목적, 나아가 상업용으로 수중 운송수단을 건조할 수 있는 가능성까지 배제한 것은 아니다.

더욱이 잠수함의 적재능력에는 잠항 및 부상 때 사용되는 발라스트 탱크가 포함되어야 하고, 화물의 적재 및 양륙 때 발생할 수 있는 심각한 문제들에 대한 적절한 대책이 있어야 한다. 따라서 상선대는 위생·경제 그리고 선체설계상의 문제 등을 고려할 때 수상선단으로 상존해야 할 것이다.

또한 우리는 일반적인 수중수송에 따른 위험성도 알고 있어야 한다. 사실 수중항해란 안개 속에서 항해하는 것과 같다. 수중탐지장비에 의한 탐지거리는 레이더의 탐지거리보다 훨씬 짧다. 게다가 수중에서 소나의 음파전달 특성상 그러한 상황은 호전될 가능성이 없다.

통신이 번잡한 해역을 한번 보자. 항로끼리 만나는 곳, 육지에 근접한 연안항로 및 큰 항구 등지에서 모든 상선이 수중으로 이동한다고 상상해 보면 그 결과가 어떨지 알 수 있다. 그래서 앞서 언급한 이런 이유들 때문에 우리 인간은 방어목적을 위한 수중상선은 고려하지 않고 있다. 즉 모든 경우에 있어서 커다란 재앙을 가져올 수 있는 충돌의 위험성 같은 안전문제를 추가로 고려하지 않을 수 없다.

두번째 대안을 말함에 있어 국가 사이의 경제관계에서 해상교역의 중요성에 대한 설명은 그리 어려운 일이 아니다. 인간은 해양을 통해서 원한다면 수백 톤의 물자를 최소의 비용으로 한 곳에서 다른 곳으로 이송할 수 있다. 반면에 공기가 물보다 약 1/1,000 정도로 밀도가 낮음을 입증한 아르키메데스의 원리에 입각한 항공운송에서는 수백 킬로그램의 무게까지 일일이 측량해야 하는 어려움이 있다. 따라서 해운은 큰 분쟁을 치르기 위한 강대국의 군수물자의 이송뿐 아니라 민간용 보급물자의 수송에도 절대적인 것이다.*

□* 항공평론Rivista Aeronatica』 1950년 12월호에 게재된 필자의 논문 「전쟁잠재력과 해상교통로War Potential and Sea Communications」 참조.

따라서 가까운 장래에 전쟁이 발발한다면 해상교통로의 방어는 수상함대에 전적으로 의존할 수밖에 없다. 그리고 이런 해상교통로의 보호를 둘러싼 대대적인 해전이 전개될 것으로 예측된다. 필자는 1919년에 다음과 같이 주장한 바 있다. 즉 수상에서만 방어하는 동안 국가의 생명선은 수중으로부터의 잠행성 공격이 가해질 수도 있다. 때문에 이러한 상선대 이외에 해상교통로와 국가 이익을 보호할 수 있는 적절한 해군력을 건설해야 한다. 세버스키의 견해에 대해 평하면서 내놓은 이러한 지적은 그 논문을 통하여 보완될 수 있다. 없어서는 안될 해운을 지속적으로 방호할 최선의 방안은 의문의 여지없이 작전수행을 독자적으로 할 수 있고, 기지항공기와 호위항공모함의 항공기와의 협동작전을 수행함으로써 시간과 공간을 초월하여 지속적인 방어를 제공할 수 있도록 적절하게 건조되고 무장된 전투함이다.

　이제 본론으로 돌아가서 해군전술이 왜 어느 때보다 유효한지를 설명하겠다. 우리 인간은 수세기에 걸쳐 오랫동안 익혀온 수상항해를 포기할 수도 없고 포기하려고도 하지 않기 때문에 해군전술은 계속 중요한 것이다. 그러나 수중상선대의 건설에 반대하는 이유와 함께 오늘날 1억 4천만 톤이 넘는 화물이 수상해운에 의존하고 있다는 것을 수상함 해운만 있으면 충분할 것이라고 설명할 수 없다. 다시 말해 수중함대에 의한 수상상선대의 방호가 가능할 수도 있다는 것이다. 이렇게 되면 해군은 최소한으로 은폐될 수 있다.

　그러나 대형 수중함정-초대형의 잠수함과 수중전투함-은 너무 커서 고도의 기동성과 그에 준한 속력을 가진 잠수함의 좋은 표적일 수 있을 뿐 아니라 수상함의 적합한 표적이 될 수 있다. 수중으로 돌입하자마자 사라져 버리고 반장님 혹은 완전장님인 상태로 진형을 형성하며 항진하는 수중전함underwater dreadnought 전대를 상상할 수 없다. 우리가 적어도 거리와 방위상의 미미한 변화까지 제시할 수 있을 정도로 완벽한 수중탐지 장비를 보유할 때까지는 그러하다. 그러나 기술의 진보가 이루어지고 동일한 장비를 사용한다면 수중전대도 오래지 않아 쉽게 공격당할 것임은 자명하다.

오늘날에는 소형순양함 크기의 잠수함이 등장했고, 수중탐지 장비도 1922년의 유아기 발전단계 이후 급진적으로 발달했다. 그러나 아직까지도 수중에서는 장비에 의존하고 있어 진형항해를 하는 것이 현실적으로 어렵다. 이것은 마치 레이더만으로 안개 속을 항해하는 함대와 같다. 그렇다고 해서 확실히 현실성이 아주 없다고는 할 수 없으나 훈련에는 많은 곤란과 위험이 따를 것이다. 그 어떠한 장비도 눈의 정확성과 신뢰성을 대치할 수 없다. 그와 동시에 수중전대가 진형을 형성한 상태로 항해하거나 전투하지 않더라도 최소한 작전상 상호협력 아래서 항해하고 전투해야 한다는 것은 말할 필요도 없다.

선단호송에 있어 잠수함보다 효과적인 것이 없다. 해운방호 임무를 수행하기 위해 다음과 같은 특성을 갖춘 호위잠수함escort submarine이 건조되어야 한다. 1922년에 이미 핵추진에 관한 계획이 구상되어 추진되고 있었기 때문에 새삼스럽게 그 특성을 소개한다는 것은 무의미하다.

필자의 견해로는 호송임무를 수행하는 잠수함의 효용성이 방어목적상의 은폐, 즉 대잠방어가 아닌 유사한 함정에 대한 공격, 나아가 수상함에 대한 공격을 할 수 있도록 은폐하고 호송할 수 있느냐에 달려 있다. 1956년 현재 해군국은 공격잠수함보다 작고 뛰어난 기동성으로 공격할 핵추진 호위잠수함을 설계 건조하고 있다.

오늘날에 와서 그 기술은 더욱 발전하고 있다. 그리하여 오늘날의 잠수함은 수상함 이상으로 속력을 낼 수 있다. 그것은 수상함에 대한 단순한 협조제공이 아닌 협동작전에 유익하다. 우리는 수중·수상 그리고 공중의 3차원의 전술을 운용하기 위해 수상함·항공기 및 잠수함으로 구성된 기동부대 또는 기동부대의 발전가능성을 생각할 수 있다.

4. 미래의 전술

오늘날 예상되는 전쟁의 가설을 구체적으로 생각해 보자. 그러면 어떠한 전술작전이 가능할 것인가 하는 문제가 제기될 것이다. 한쪽에서는 모든 종류의 함정을 포함한 해양력을 보유하고 있다. 그리고 다른 한쪽에서는 비록 항공모함은 없지만 수많은 잠수함과 현대식 순양함을 보유하고 있다.

그런데 양측의 막강한 전략공군도 대치하고 있다면, 그 우열을 상대적으로 비교한다는 것은 결코 쉬운 일이 아니다. 좀더 상세히 말하면 북대서양조약기구NATO는 공격항공모함과 호위항공모함을 보유하면서도 대공·대잠 및 대기뢰전 수행에 적합한 해군세력 증강을 위해 노력하고 있다. 수중무기·항공세력 및 순양함을 이용해 서방국가들의 해상교통로에 대하여 위협할지도 모를 동구권에 대응한다는 측면에서 북대서양조약기구가 내세운 이런 전략은 필수불가결하다.

현재로서 동구권은 실질적인 해군 항공세력을 보유하고 있지 않다. 반면 서방국가들에게 있어서 해군 항공세력은 해운방어를 위한 필수불가결한 요소로 고려되고 있다. 그러나 해군 항공세력이 해상세력과의 협동작전을 필요로 하지 않고 독립된 항공작전으로 적국의 해운을 공격하는 데 투입되면 해군 항공세력은 필수불가결한 요소일 수 없다.

이러한 상황에서는 해전이 불가능하다. 더욱이 북대서양조약기구의 해상훈련은 해운방어를 위한 전술에 토대를 두고 있다. 북대서양조약기구의 해양력 운용에는 두 가지 유형이 있을 수 있다.

가. 적의 해군 및 공군기지〔해운을 공격하기 위한 발진기지〕·항구·산업중심지 및 군사시설 등의 전략목표에 폭격기를 더욱 접근시키기 위한 이동기지로서의 대형 항공모함〔공격의 필요성이 발생할 때에는 공격항공모함〕을 이용한 공세적 운용.

나. 해운을 직접 방호하기 위한 방어적 운용.

공세적 운용방안을 제시한 사람은 1950년대 중반에 해군차관보를 지낸 스미스James H. Smith Jr.였다. 그의 주장은 핵무기의 막강한 파괴력과 장거리항공기의 공중위협이 매우 심각하게 대두되는 상황 하에서는 함대공유도탄으로 무장한 대공순양함과 비록 그 순양함에 탑재된 헬리콥터이 호위하는 핵추진항공모함 전대구성 이동항공기지만 그것이 가장 효과적인 방안이란 것이다.

사실 항공기지의 가장 큰 약점은 자신의 위치가 적에게 알려짐으로써 적의 전략항공기나 핵탄두를 장착한 장거리 유도탄 등에 무력화될 수 있다는 점이다. 항공모함 전대의 기동성은 중요한 안전요소 가운데 하나다. 왜냐하면 고정된 목표물에 대해서만 사용이 가능한 대륙간탄도탄은 이동하는 항공모함 전대를 공격하려면 그 위치를 미리 파악해야 하기 때문이다. 게다가 그 이동기지는 항공기를 목표물에 더욱더 가까이 접근시키고 항공기의 효율성을 증대시킬 수 있으며 전혀 예상치 못한 방향에서 적을 공격할 수 있는 장점이 있다.

스미스 차관보의 운용개념은 [그림 48]에 대략 제시되어 있다. 개념은 3척의 항공모함과 7척의 순양함으로 구성된 해군 항공기동부대가 3일간 계속 500마일이나 떨어진 해역을 이동하면서 작전을 수행한다는 가정 하에 작성된 것이다. 유도탄잠수함과 해상에서 발진하고 해상함정의 지원을 받는 항공기는 이 부대와 협동작전을 수행할 수 있다.

그림에서 보듯이 1,500마일의 작전반경을 가진 항공기를 보유한 기동부대가 도달가능한 적의 표적은 3천 마일 범위에 걸쳐져 있다.

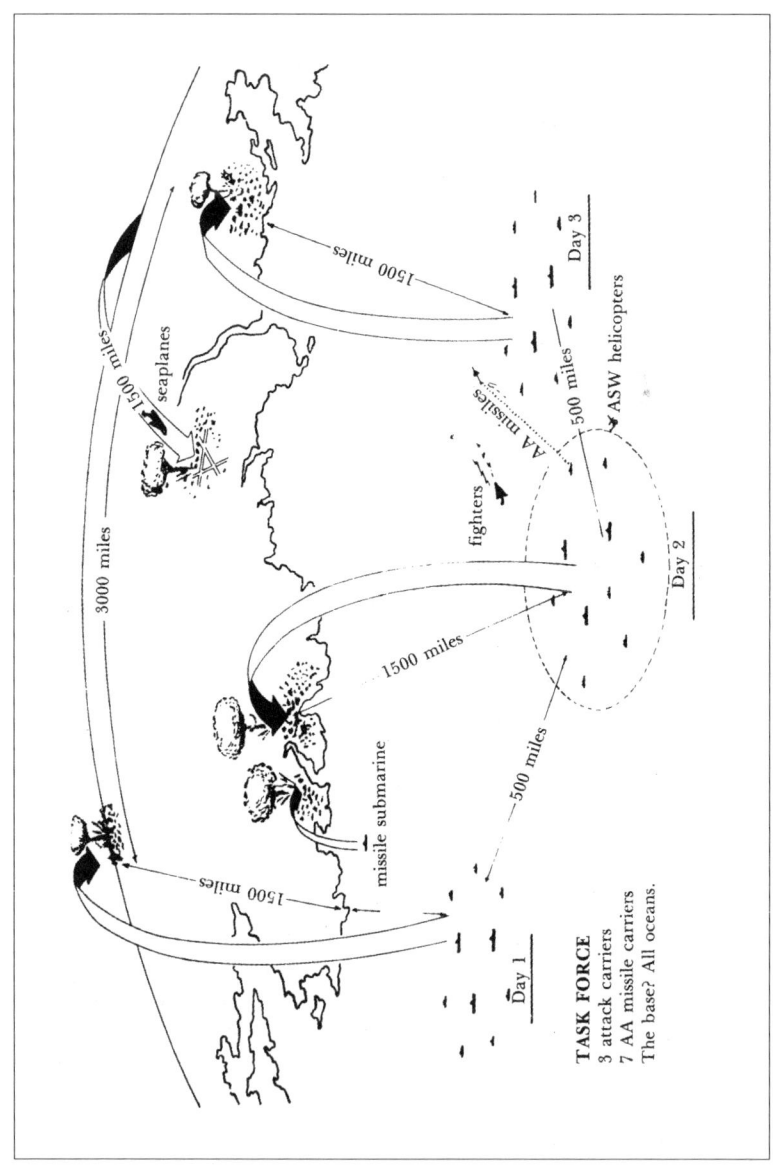

[그림 48]

가장 중요한 표적은 적의 항공기지와 유도탄기지이며, 그런 기지를 사수하기 위한 가장 효과적인 방어는 설령 함대공유도탄으로 비행 중인 유도탄을 파괴할 수 있다손 치더라도 역시 유도탄의 발사체계를 파괴하는 것이다.

핵추진 해군부대는 24시간 이내에 500마일 이상 쉽게 이동할 수 있다. 실제로 는 그보다 두 배 정도 빠르게 이동할 수도 있다. 갈수록 빨라진 속력은 적으로 하여금 탐지를 한층 어렵게 하면서 부대의 작전수행 능력과 안전성을 증가시킨다. 함정들이 어떤 방법으로 분산하든 그들의 장거리 무기[전술유도탄]를 이용해 직경 약 280마일을 갖는 원형의 해역, 즉 6만 평방마일이라는 광대한 해역을 장악할 수 있다. 따라서 어떤 적의 함정이나 항공기도 치명적인 손상을 감수하지 않고서는 이 해역의 함정을 공격하기 위해 침투할 수 없다.

스미스 차관보가 이 해역의 규모를 산정함에 있어서 함정간 거리와 무기의 사정거리를 얼마나 고려했는지는 알 수 없다. 그러나 가장 강력한 수소폭탄은 그 탄착점이 주위 약 1만 평방마일에 달하는 원형의 해역에 이를 정도로 위험을 확산하기 때문에 함정들은 적어도 112마일[1만 평방마일을 이루기 위한 직경] 이상의 함공간격을 유지해야 한다. 가령 각 변의 길이가 112마일인 등변삼각형의 각 정점에 3척의 항공모함을 두고, 그 삼각형으로부터 똑같은 거리에 7척의 순양함을 배치한다면 약 8만 평방마일에 달하는 해역은 중 10척의 함정이 점령하게 될 것이다. 이런 계산이 틀림없다면 스미스는 함정고유의 안전성을 얼마간 희생시키면서 함정 사이의 거리도 다소 줄였으리라 본다.

　고유의 안전성은 함정 사이의 거리에 비례한다. 스미스의 개념은 다분히 항공기지의 분산과 그 필요성에 따라 착상되었던 것 같다. 항공기지의 분산은 지상항공기지를 증가—소수의 대규모 기지 대신에 다수의 소규모 기지—시키는 것이 아니라, 작전해역마다 이동하는 기지에 의해 단시간 내에 점령할 수 있는 위치의 수를 늘임으로써 얻을 수 있을 듯하다.

　비록 분산의 원칙이 해군의 공세적 운용에는 적용되지 않더라도 해운방어를 위한 해군의 운용에서는 어느 정도 적용된다. 실제적인 문제로서 함정 사이의 거리가 100마일 이상 떨어진 상황일 때에는 선단을 호송과 방호는 불가능하다. 예를 들어 8척의 상선이 단종렬진으로 대서양에서 제노아까지 항해한다면, 최후미 상선이 지브롤터를 출항할 때 선두의 함선은 벤티미글리아 근해에 있게 된다. 선단의 방호에는 과거 비효율적인 방법으로 평가된 초계항로라는 체계가 이용될 것이다. 복종렬진(두 종렬진 사이의 간격이 최소 100마일 이상 되는)의 경우에도 진형의 길이는 너무 길다.

　이동항공기지는 고효용성과 그 중요성 때문에 적의 전략항공기에 의한 핵폭탄 공격을 유발할 수 있지만, 그런 공격이 상선단에 가해지긴 어렵다. 선단에 대해서는 그보다 조금 덜 위협적이지만 빈번한 공격이 가해질 것이다. 판단컨대 함정 사이의 최장거리는 믿을 만한 레이더의 접촉거리를 최대한 보장하는 약 10~13마일이 될 것이다.

선단의 방호세력으로는 대공 및 대잠단대·호위항공모함·헬리콥터 그리고 잠수함이 동참할 것이다. 대형함인 항공모함 역시 대공 및 대잠호위를 필요로 한다.

이미 언급했듯이 원자력 잠수함은 선단의 방어를 위한 수중정찰과 탐색에 아주 적합하다. 제1차 세계대전 때 이런 대잠수함용 잠수함의 효용성은 잘 입증되었다. 영국은 대잠잠수함을 얼마간 건조했었다. 그것은 연합국 측이 파괴한 독일잠수함의 약 10%(178척 중에서 17척)를 격파시켰다. 당시 대잠잠수함의 수가 연합국 측에서 운용한 전체 대잠수상함 숫자의 약 1/40밖에 되지 않았다는 점을 감안하면 놀라운 성과였다. 그런데 이런 잠수함들은 유독 대잠수함용으로만 사용되지 않았다는 것을 놓쳐서는 안된다. 이런 사실은 호위잠수함 건조의 다각적인 필요성을 일깨워 준다.

우리는 훈련과 더 많은 경험을 쌓음으로써 수상함과 항공부대 그리고 잠수함 사이의 직접적인 협동작전의 가능성을 예측할 수 있다. 그러나 무엇이든 오해의 가능성이 있는 것은 미리부터 배제할 필요가 있다. 보다 신뢰성있고 신속한 통신 및 식별체제가 개발되지 않는 한 잠수함과 수상함 사이의 협동작전은 많은 어려움이 뒤따른다. 어느 경우든 모든 해상전에서는 해상통신 문제가 깊이 관련될 수밖에 없고, 심지어 기뢰부설 잠수함과 항공기 및 소해함(항공기의 지원과 보호를 받는) 사이에서도 그 중요성은 다르지 않다.

대잠탐색부대hunter killer units는 해운을 간접적으로 방호하기 위해 해운항로상의 초점해역focal areas을 체계적으로 초계할 것이고, 대잠

잠수함도 같은 역할을 수행할 수 있다. 오인식별의 불상사를 없애기 위해 이들 세력은 적 잠수함의 모기지 부근에 배치될 것이다.

끝으로 만약 러시아가 해운을 공격하는 항공기 및 잠수함을 보강할 목적으로 과거 재래식 사략선-비록 현대화된 장비와 무기를 갖추었어도 역시 재래식이다-에 써먹은 수법처럼 강력한 고속순양함의 개발정책을 취한다고 판단될 경우, 우리는 이런 위협을 직시하고 함대함유도탄을 주 무장으로 한 적절한 유형의 함정들로 구성된 기동부대로서 대응하지 않으면 안된다. 이렇게 되면 모든 종류의 공격위협을 받을 사략 순양함은 재차 다목적 방어용 무기를 장착하고 대공 및 대잠수함의 호위를 받을 수밖에 없다. 그러면 결국 항공기와 손잡고 합동작전을 해야 하는 원거리 전투가 전개될 것이다.

그러나 이런 극단적인 상황은 러시아가 그들의 내해와 외해 및 대양으로 합류하는 항로를 장악하지 않는 한 더 이상 복잡하게 전개되지 않을 것이다. 우리는 러시아가 항공모함이나 대형 유도탄함정들을 보유할 때까지는 전면전이 불가하다고 생각하지만, 어느 경우를 막론하고 현대식으로 조직되고 무장된 해군부대가 어떻게 항해하고 세력을 전개하며 전투할 것인가를 구상하고 있는 중이다.

공중 및 수중공격에 의해 방호능력을 보유한 함정, 항공기로 형성된 경계진에 의해 방호되는 항공모함 또는 유도탄, 함정으로 단대를 이룬 해군부대를 한번 생각해 보자. 이들 함정들은 항해 중에 어떤 진형으로 전개해야 할 것인가?

적어도 이론적으로 볼 때, 잠수함에 의한 공격-장래에는 수중에서도 고속추진이 가능하다고 가정한다-을 포함해 항공기에 의한 공격은 해군부대의 기본침로에 어떤 영향으로 나타날지 모르기 때문에 이 기동부대는 모든 구역으로부터의 공격에 대해 균등하게 대응하도록 배치되어야 한다.

이런 요구에 부응하는 것이 원형진이다. 원형진은 적의 접근을 주력함에 신속하게 경고하고, 주력함에 대한 방호를 보다 효과적으로 지원하기 위해 주력함과는 적당한 거리를 두고 배치된 소형함정들-대공순양함·대공-대잠경함정·헬리콥터 그리고 초계소함대함정 또는 항공기-로 이루어진 방호경계진이다.

그러나 그 위협이 수평선을 기준으로 전방위에서 동일하게 제기되는 것은 아니다. 대개 항공공격은 적의 항공기지 방향에서 나타날 가능성이 많다. 반면에 잠수함에 의한 위협은 설령 고속잠수함이라 할지라도 함미방향으로부터의 공격은 너무 느리고 때로는 거의 불가능할 수도 있어서 함수방향에서 가장 크게 나타날 것이다. 해군부대는 위험소지가 많은 구역에서는 함정안전에 집중해야 하고, 위험소지가 작은 구역에서는 분산해야 한다.

함정 사이의 거리를 유지하는 데는 두 가지 상반된 요구가 있다. 즉 핵공격의 폭발효과를 감소시키려면 분산이 요구되고, 보다 효과적인 대잠방어를 하려면 집중이 요구된다는 것이 그것이다. 실제로 항공공격의 가능성이 보다 높은 해역의 함정은 거리를 더욱 넓혀서 분산하고, 잠수함공격의 가능성이 훨씬 많은 해역에서는 함정 사이의 거리를 더욱 좁혀서 항해하는 것이 현명할 것이다.

방호경계진에서의 함정 사이의 거리는 함정 사이로 적의 항공기나 잠수함이 무사히 통과할 수 없도록 유지해야 한다. 주지하는 바와 같이 과거에는 함정의 전개를 가장 효과적인 사격을 할 수 있도록 종렬진 또는 사열진으로 배치하고, 적의 종렬진과 평등한 단종렬진을 형성하거나 적의 종렬진과 적의 진형중심에 수직으로 배치하는 것이 일반적인 진형형성의 개념이었다. 이러한 개념은 적용상 많은 융통성을 갖고 있고, 유도탄으로 무장된 함정들에게도 적용될 수 있다.

그러나 항공모함의 경우는 전혀 다른 원칙에 따라 최대화력을 얻는다. 항공모함은 풍상 쪽으로-그렇지 않으면 항공기의 특성에 따라 가능한 한 바람을 거슬러-침로를 취하고, 전대 사이에는 항공모함의 항공작전을 위해 최대한의 안전과 속력을 유지하면서 대잠 및 대공방어를 만족스럽게 수행할 수 있는 배진으로 전개한다.

다음과 같은 진형은 항공모함의 진형으로 채택하기란 거의 불가능하다. 종렬진은 이함할 때에 선두 항공모함의 항공기만 자유롭게 이함할 수 있을 뿐, 횡렬진은 대공방어에 난관이 많고, 광범위한 대잠경계진을 형성하는 데 있어서는 지나치게 많은 소형함정을 필요로 한다. 사열진은 앞의 두 진형의 중간형태지만 다각도로 많은 결함을 갖고 있다.

이렇게 제외하고 보면 남아 있는 진형은 정다각형의 정점에 함정을 배치하는 원형진이다. 이 진형은 항해시에 적합한 진형으로 거리유지가 중요하다. 귀함하는 항공기는 하강할 때 큰 원을 만들기 때문에 가장 먼저 착함한 항공기가 갑판상에서 정리된 뒤 다음 항공기가 착함할 수 있도록 간격을 두려면 인접한 항공모함과의 거리는 적어도 접근단계에서 항공기가 그리는 선회직경과 동일해야 한다. 이 진형은 비행작전의 안전을 보장할 뿐 아니라 대공 및 대잠방어를 충족시킨다.

함정의 유형과는 상관없이 하나의 진형은 자신의 무기를 운용할 수 있는 최대거리에 도착하기 전에 전개되어야 한다. 항공모함의 경우 그 거리는 수백 마일이 될 것이다. 화물보급 및 지원함정에 대한 호송은 전투를 전제로 하지 않고, 오로지 필요시 전투함의 해상보급을 지원할 수 있는 병참진을 포함해 항해진형을 이루어 항해하는 것일 것이다. 최소한의 호송함정으로 최대의 방어력을 얻으려면 종렬진 내의 함정은 정상간격 또는 근접간격을 유지한 밀집진형이어야 한다. 이 때 소형함정들은 1차적으로 전방구역에 대한 대잠경계진을 형성하고 전방·양측방 및 후방에 대한 대잠경계진을 펴야 한다. 물론 선단의 방호를 위해서는 순양함 전대가 지원기능을 수행하도록 지정될 수 있다.

대잠경계진은 잠수함이 공격 및 어뢰발사 거리에 접근하는 것을 충분한 거리를 두고 탐지할 수 있도록 선단전방에 형성시켜야 한다. 그러나 모든 함정이 핵추진화될 경우 탄약과 주부식 외에는 더 이상 해상보급을 불필요하기 때문에 매우 소규모의 재보급 선단만 소요될 것이라 예상된다.

전투에서 각 부대는 그들의 공격무기를 가장 효과적으로 운용하여 아주 원거리에 있는 적과 맞설 것이다. 무기-항공기·유도탄·포함·기관총·어뢰 등-가 다양하게 구성됨에 따라 미래전에서는 해군항공의 교전에 적합한 진형을 구상하는 것이 매우 어렵다. 이들 무기의 사정거리가 증대하고 그 특성이 다양해짐에 따라 단지 공격부대는 적으로부터 서로 다른 거리에 있는 여러 부대에게 매우 깊은 공격종심을 가질 것이라는 예상만 할 뿐이다. 적과 서로 다른 거리를 유지하는 여러 부대 중에서 가장 원거리에 있는 부대는 항공모함 부대인데, 이는 항공기가 전술유도탄보다 훨씬 멀리 투사될 수 있는 무기인 까닭이다.

잠수함도 물론 전투에 참가하게 될 것이다. 잠수함 속력이 매우 저속이던 제1차 세계대전 당시, 어느 해군은 잠복대기 중인 잠수함으로 적의 해군부대를 유인하기도 했다. 앞으로 수상과 수중의 속력이 같아지고 수상함과 잠수함 사이의 통신수단이 갖추어지면, 잠수함과 수상함과의 작전도 가능할 것이다.

마지막으로 수동유도이든 자동유도이든 간에 고도의 파괴력을 가진 무기에 대응하는 주요 방어수단은 유도체계 자체에 대한 교란체계가 될 것이다. 그리고 이러한 체계의 개발에 앞서는 측이 승리할 가능성도 많아질 것이다. 여기서 주의할 점은 해상에서 유도무기의 유도기능이 마비되면 그 공격이 무산되지만, 지상에서는 탄도로부터 이탈한 유도무기가 최초의 표적으로 삼았던 목표에 명중되지 못하더라도 항상 적지의 어느 곳을 손상시킨다는 점이다.

이러한 것들은 그리 멀지 않은 장래에 나타날 수 있는 전술적 전망이다. 특히 사략수상함·항공기 및 잠수함에 대응하기 위하여 전술유도탄·함포·대잠무기의 운용이 가능하다면 독립된 공군의 참여 속에서 수행되는 수상함의 전술에 관한 사항이다.

과거처럼 명예롭게 싸우던 그런 전투시대는 이제 끝났다. 앞으로 비록 중대한 해군교전이 전개된다 하더라도 그것은 여러 차원의 기만적인 해군진형 사이의 원거리 교전이 될 것이다. 여기서는 상륙작전과 관련된 전술은 고려하지 않았다. 상륙작전은 하나의 환경 속에서 지·해·공 3군의 모든 작전요소가 서로 긴밀하게 협조되는 가운데 이루어지는 보다 넓은 차원의 군사문제이며, 이를 전술적 관점에서만 분석하는 데도 너무 방대한 분량이 소요된다. 또한 적의 영토를 공격하기 위한 탄도탄 함정들-특히 잠수함-의 운용에 관한 문제도 다루지 않았다. 왜냐하면 이는 해군전술에 관한 문제가 아니기 때문이다.

358 세계사 속의 해전

쉼터

0.
부 록
Appendix

제1장에서 언급한 내용과 관련해 제2차 세계대전에 관하여 예측한 내용들만 모아보았다. 이것은 미래전에서도 대부분 유효한 예측들이다.

1919년 상황으로부터 시작해 보자. 1919년 8월호『해양국 이탈리아』에 실린「해군항공의 미래」라는 논문에서 다음과 같이 언급했다.

… 이제 필자는 각국이 보유하고 있고, 또 현재까지 그 가치가 훌륭하게 증명되었으며 미래에도 확실하게 각광 받을 항공기가 각국 해군건설과 운용에 미친 영향을 살펴보고자 한다.

필자는 이미 수년 전에 이탈리아의 한 유명한 실업가—이런 기억이 틀림없다면 그의 이름은 페르로네였다—의 견해를 접할 기회가 있었다. 그는 공중통제권control of the air이 해상통제권을 대신했으며, 이미 항공기가 해군을 격파했다고 주장한 바 있다. 이 가설에 대해서는 나중에 논의하기로 한다. 우선, 지금은 해군과 공군이 공존한다. 그러나 나중에 이런 가설이 불합리하다는 것을 해군뿐만 아니라 육군에게도 증명해 보였다.

우리는 항공기의 체공능력·안전도 및 정확성이 크게 증대하리라는 것과 뇌격기의 성능도 완벽하게 개발되리라 확신한다. 이런 상황에서는 무엇보다 해군기지의 안전이 문제된다. 여하튼 항공기의 공격정확도가 점차 증가함에 따라 함정에서는 대공방어체계를 채택하지 않을 수 없다는 것을 쉽게 알 수 있다.

앞으로 항공기의 무기체계가 유효성을 갖게 될 것이라는 입장에서 보면 전투전대는 폭격기지원함·정찰기지원함·추격기지원함을 대동하지 않으면 안될 것이다. 이는 전투전대가 적과 접촉하기 훨씬 이전에 쾌속함정들이 전투를 회피하도록 해주고, 잇달아 항공기를 발진 및 회피할 수 있도록 하기 위함이다. 이때까지는 항공모함이라는 용어도 나오지 않았고 뇌격기라는 말도 없었다.

전투전대가 적을 탐색할 때와 적을 향해 항진할 때에는 먼저 정찰기가 정찰한 뒤 적에 관한 정보를 무선으로 보고했는데, 이 때 정찰기는 추격기의 엄호를 받게 될 것이다. 먼저 정찰기로부터 보고가 접수되면 적이 함포사정권 내에 진입하기 전에 적을 타격하기 위한 폭격기와 뇌격기가 발진하게 될 것이다.

항공기로부터 접촉보고가 입수되면 항공기 지원함들은 사령관의 지시에 따라 가장 적절한 해상위치로 기동하게 된다. 말하자면 함정으로 항공작전을 위한 작전기지를 형성하는 것이다. 이것은 태평양의 여러 해전에서 적용되고 확립된 '항공우산' 개념이다.

그 후 몇 년 동안 필자는 미래해전에 관한 전망분야를 연구했다.

가장 마지막 개정판이 1938년에 출판되었는데, 내용 가운데 일부는 이미 본서에 인용되었다. 그리고 1924년에는 공군사관학교에서 교수로 재직하며 강의한 내용을 담은 765페이지짜리 『해군기술의 교훈 Lessons in Naval Art』을 발간했다. 그 일부 내용을 소개하면 다음과 같다.

'제공권command of the air의 개념'… 여기에는 항상 상대방을 제압하려는 제공권이 따르게 된다. 적에게 압도되지 않는 유일한 방법은 공중으로부터 적의 영토-즉 적의 핵심지역·주요중심지·해군 및 공군기지, 해군·공군 및 지상군 부대-를 과감하게 공격하는 것이다.

그러므로 공군정책을 수행함에 있어서는 최소한 가상적국의 공중세력과 동등하거나 그 이상의 세력을 확보할 필요가 있다. 바로 이것이 일반정책과 해군정책과의 협조처럼 공중정책과도 협조가 필요한 중요한 이유이다.

사실 제공권은 교전국 사이에 유지해야 할 문제이다. 즉 교전국은 양측의 정찰기와 폭격기로 상대방의 목표에 도달할 수 있어야 하며, 적의 공격에 대해 즉각적이며 과감한 방어행동을 취할 수 있으며, 나아가 그들이 공격을 받은 것보다 더 큰 보복적인 반격을 가할 수 있어야 한다.

'해군과 항공의 협조'… 무엇보다도 먼저 해상에서 해군을 도와 작전하도록 되어 있는 항공세력은 그 목표를 이루기 위하여 해군의 지휘권 하에 있는 것이 좋겠다. 이런 지휘권의 통일없이는 효과적인 작전을 기대하기 어렵다.

항공은 크게 두 가지 형태의 작전일 것이다. 첫째는 연안부대 지원 형태이며, 둘째는 전투부대 지원 형태일 것이다. 먼저 연안부대 지원부터 살펴보겠다.

1. 연안부대 지원

'연안부대 지원'이라는 용어는 항공세력을 해양국경을 따라 방어 목적에 국한시켜 사용하는 개념을 떠올릴지 모른다. 그러나 "한 국가의 해양국경은 적의 연안이다"라는 금언을 염두에 두고 연안부대의 지원이라는 개념을 보다 넓은 의미로 해석하고자 한다. 즉 연안부대 지원이란 육상기지로부터 출격한 항공기가 그의 작전반경 내에서 육상에 기지를 둔 해양당국의 관할 하에 수행하는 제반작전에 대한 지원을 말하며, 이들 작전은 지시에 의하거나 또는 해군부대의 직접적인 요구에 따라 수행된다. 따라서 연안부대 지원이라는 용어 대신 '일반지원'이라고 부르는 것이 오히려 더 적합할 듯하다.

이러한 일반지원에는 다음과 같은 작전이 포함된다.
* 연안경비 : 보다 유리한 표현으로는 '이동통신정찰'로 정의할 수 있다.
* 적의 항공공격으로부터 해군기지 및 주요항구의 방호
* 선단의 근접방어
* 해안포대 사격의 관측
* 적 표적에 대한 무선조종기의 유도
* 체계적이고 현실성 있는 장거리 전략정찰
* 적의 연안표적에 대한 공격
* 항구에 위치한 적 세력에 대한 공격

그러나 여기서 마지막 두 가지 임무는 공군에게 적합한 임무여서 해군의 관할 아래 있는 항공기에게는 요구할 필요가 없다. 이런 임무들은 주요 공격전략의 일부로서 전공격력을 집중시켜 적의 연안이나 영토에 산재한 핵심지역을 전면적으로 공격할 수 있는 독립된 공군을 위해 유보되어야 한다.

그러므로 많은 항공기가 소요되는 공격임무에는 해군항공기를 할당할 수 있다고 생각한다. 항공기를 자체지휘 아래 두고 독립적으로 운용함으로써 해상활동의 제한된 임무에만 할당하지 않고 전시에 국가의 전반적인 이익을 추구할 기회가 있을 때 적재적소에 운용함으로써 보다 큰 효과를 획득할 수 있을 것이다. 물론 항공기를 효과적으로 운용하려면 해군과 공군의 밀접한 협조체제가 요망된다. 이런 협조체제는 군당국과 정부 사이에서도 요구되는데, 이는 현대전 수행의 전제가 되며, 이러한 협조체제없이는 승리를 보장할 행동 통일을 기할 수 없다. 당시에 이 주제는 계속하여 '일반지원'이라는 표제 아래 제반지원의 수행방법에 관한 분석을 다루었다.

2. 전투전대 지원

해군은 해군항공 지원을 위해 비행전대를 보유할 필요가 있다. 비행전대란 군사작전이나 통상보호작전에서 해군부대와 긴밀히 협조해야 하는 복합적인 항공세력을 의미한다. 그렇다면 비행전대는 함대와 더욱 결합해야 하고, 함대는 해상세력·수중세력 그리고 공중세력으로 구성될 수밖에 없다.

지휘권 관계와 항공기의 위치에 관해서는 의심의 여지가 없다. 지휘권은 해군지휘관의 휘하에 있어야 하며, 항공기는 함상에 위치해야 한다. 항공모함은 작전해역의 크고 작음과는 관계없이 해군 자체에 매우 유익할 것이다.

항공모함은 함포 대신 항공기로 싸우는 함정이라고 생각해서는 안된다. 그보다는 해군전대의 이동항공기지로 간주되어야 한다. 즉 항공기가 장거리포에 의해 발사되는 포탄은 아니지만 적기가 대기하고 있는 공중개방을 위해 싸우지 않으면 안된다. 때문에 항공모함은 실제로 전투에 종사하는 항공세력의 이동기지인 것이다. 그리고 전투전대가 전개할 때에는 항공세력을 집중시켜야 한다. 항공기의 집중없이는 항공기의 운용은 불가능하다. 마치 초계함·어뢰정 및 잠수함이 없을 때와 같다. 항공기는 해군작전에 적시적소에 나타날 수 있는 유일한 방법이다.

협소한 해협에서 작전하는 해군에게는 항공모함이 불필요한 것일지도 모른다. 이는 육상기지에서 출격한 항공기의 행동반경 내에 함정이 위치하고 작전하기 때문이다. 그래서 필요시 항공기를 요청할 수 있는 것이다. 육상기지 항공기의 지원효과를 논하기에 앞서 이런 견해를 논박하기에 충분한 예를 하나 들겠다.

해안에서 100마일 떨어진 곳에서 적과 교전한다고 하자. 연안항공기와의 협동작전을 기대할 수 있다는 신념은 단지 항공기들이 1시간-당시 항공기의 속력을 기준으로 한 것이다-이면 도달할 수 있는 거리를 염두에 두고 있다. 나아가 혹자는 다음과 같이 말할 수도 있을 것이다. 교전이 연안으로부터 35마일 이내에서 벌어진다면 대잠호송에 필요한 함정을 제외한 모든 경함정들은 1시간 이내에 도달할 수 있기 때문에 이들 함정은 항구에 그대로 대기함으로써 상당량의 연료를 절약할 수 있고, 이것 역시 전투에 참가하는 이점을 상실하지 않을 것이다.

그러나 이런 식의 경함정 배치에 찬성할 해군은 아무도 없을 것이다. 그렇다면 항공기에 대해서도 똑같은 질문이 가능하다. 다음의 사항들이 명백한 증거이다.

1) 해상에서 급변하는 전략적 상황은 '협동작전의 지연'을 용납하지 않고, 단지 어떤 주어진 순간적인 상황에 부합된 긴급 합동작전을 필요로 한다.

2) 원거리에서 날아온 항공기가 우군함정과 적 함정을 곧바로 식별하기란 매우 곤란하다.

3) 원거리에서 날아온 항공기가 결정적인 순간에 현장에 도착해서 적에게 치명타를 가한다는 것도 곤란하다.

4) 항공기가 현장을 향해 비행하는 가운데 상황이 바뀌면 이미 요청된 항공지원은 아무런 효과도 없고, 심지어는 불필요해지고 해가 될 경우도 있다.

그리고 해상에서는 전투해역이 수시로 바뀌고 전략·전술적 상황 역시 자주 변하기 때문에 항공지원을 효과적으로 수행하려면 비행 중인 항공기에 이러한 변화가 일일이 통보되어야 한다. 또한 이런 통신은 모두 절차에 따라 교신되어야 한다. 아직까지 시각을 대신할 만한 통신수단은 개발되지 않았다. 여기서 강조하는 것은 무전통신은 육안으로 관측한 사항을 간명하고 정확하게 전달할 수 없을 뿐더러 송수신과 해독이라는 수고로움도 뒤따른다는 점이다. 정찰기 역시 대규모로 이루어진 적 함대의 위치를 정확하게 파악해서 보고할 능력을 충분히 갖추지 못한다.

그러나 현장에서 자신의 눈으로 직접 상황을 정확하게 판단하는 항공기가 바로 그 자리에서 출격한다면, 당연한 말이겠지만 암호화된 간단한 전문에 적힌 불충분한 정보만 믿고 원거리에서 출격한 항공기보다는 효과적인 전투를 수행할 수 있을 것이다.

따라서 비행전대의 전략은 '함정에 항공기를 탑재하라'는 한 마디로 요약된다. 이것이 연안항공 세력의 지원을 받을 수 없는 특수한 경우에 한하는 것이라는 더 이상의 논쟁은 무의미하다. 그리고 협소한 해역에서 육상항공기의 지원을 전제로 한 교리는 크게 잘못된 것이다.

바로 다음은 항공모함 항공기의 운용방법을 설명한 '항공기의 임무와 전개'라는 항목으로 이어진다. 당시에 주장했던 항공기의 임무는 전술정찰·대잠정찰·폭탄 또는 어뢰에 의한 공격, 함정의 방호 그리고 함포관측 등이었다.

공격적인 측면에서 보면 항공기의 공격정확도는 낮다. 때문에 승패를 좌우하는 주요요소를 재차 명심할 필요가 있다. 그것은 바로 공격에 동시에 투입되는 항공기의 양이다. 연속적으로 강력한 공격을 가할 수 있는 정도로 충분한 항공기가 항공모함에 집중되어야 한다. 각 항공모함에는 적어도 4개의 비행전대가 배치되는 것이 좋다.

다음과 같은 경우에는 공격용 항공기를 굳이 함대에 배치하지 않는 것이 타당하다. "함정을 방호하기 위한 임무는 기본적으로 추격기에 부여되어야 한다." 추격기는 상황이 허락하거나 필요시 정찰 목적에도 사용될 수 있다. 이들 추격기는 공격기를 엄호하고 전투전대를 방호하기 위해 항공모함에 탑재되어야 한다. 그러나 함정의 크기와 호위를 요하는 정찰기의 수는 가능하면 함정마다 2대를 배치하는 것이 좋다.

우리는 늘 전투가 전개되는 상공에서의 제공권 획득에 관심을 두어야 한다. 제공권은 항공기에 의해 획득되고, 항공기가 많을수록 좋다. 항공기를 방호수단의 적절한 보완책으로 사용하는 것이 보장되지 않을 경우 항공기를 강력한 공격력으로 사용하는 것이 좋지 않을까?

따라서 열세함대에 비해 이점이 많은 항공기의 운용개념을 강조하고자 한다. 그리고 열세함대는 가능한 한 대양에서의 항공작전이 가능하도록 발전시켜야 한다. 이것은 함정에서 항공기의 운용이 가능하도록 개선되어야 한다는 의미이다. 또한 전투기의 수가 적보다 우세하려면 항공기와 정찰기라는 두 가지 유형의 항공기를 단일기종의 항공기로 개량해야 한다. 최대의 효율성은 전문화로 획득되기 때문에 이런 기종의 단일화는 일반적인 관점에서는 권고할 만한 사항이 못된다. 그러나 함정의 제한된 공간을 고려할 때 함재기는 단일화시킬 필요가 있다. 물론 해군항공기의 설계는 매우 까다로운 문제일 것이다.

해군기는 공간을 적게 차지하고[가변익 단엽기], 외부의 갖가지 압력을 견딜 수 있도록 강하게 설계[금속재료로 제작]되어야 한다. 해군기는 근접호송을 위해 저속·장거리 정찰을 위해 중속, 그리고 추격할 때에는 고속을 낼 수 있도록 설계되어야 하고, 조준면이 넓은 기관포도 장착해야 한다. 이런 항공기는 저고도에서 대잠기총사격 때에 유용하다. 함상에서는 이런 종류의 항공기를 탑재해야 한다. 그러나 항공모함에는 해전이 전개되는 해역의 제공권을 장악하고 추격과 전투를 동시에 할 수 있는 전투기를 탑재해야 한다.

항공모함 운용을 위한 교리에 관해서는 필자가 이미 1924년에 예측한 그대로 한국전쟁에서 입증되었다. 당시 주장한 내용을 살펴보면 다음과 같다.

육상기지 항공기의 행동반경 바깥에 있는 연안목표를 폭격하고자 할 때, 항공모함이 유리하다는 것은 의문의 여지가 없다. 항공모함은 그들에게 가해지는 위험에 대비해 충분한 호위를 받는다면 이러한 임무를 훌륭하게 수행할 것이다. 갖가지 상황에 따른 호위구성은 다음과 같다.

적국연안의 목표가 아군 육상기지 항공기의 행동반경 내에 있더라도 적의 영토 내부를 공격하는 데는 역시 항공모함이 유용하다. 함정과 달리 항공기는 연안에서 멈추지 않고 적의 영토 내부로 깊숙이 진입할 수 있다. 따라서 항공모함이 연안 가까이 무리없이 접근해서 공격할 수 있는 중요한 목표를 설정하면, 그리고 이들이 오직 항공모함을 운용함으로써만 공격할 수 있는 목표라면-항공모함의 운용은 전적으로 전투지역의 지리적 조건 혹은 산악조건에 달려 있다-항공모함을 운용하는 것이 당연할 것이다.

연안작전에서 항공모함은 함재기의 회수를 위해 대기할 필요는 없다. 이때 항공모함은 목표에 가까이 접근해서 항공기를 발진시켰기 때문에 충분히 육상기지로 귀환할 능력이 있다. 이것은 항공모함이 적에게 노출되는 위험이 그만큼 감소되기 때문에 자체 임무를 단순화시킨다.

끝으로 항공모함의 임무에 따라 탑재시킬 항공기의 유형에 대해 언급하겠다. 예를 들면 목표가 육상기지 항공기의 공격권 내라 하더라도 호위전투기의 사정권 밖에 있다면 항공모함은 호위전투기를 탑재하고 폭격기들의 항로상에 대기하다 폭격기가 통과될 때 전투기를 발진하면 된다. 항공모함의 운용에 있어 연안작전에 포함될 수 있는 하나는 공군을 전개할 수 있도록 수송하는 것이다.

앞에서 언급한 첫번째 예측은 1941년부터 1945년까지 태평양 전쟁에서 일어났고, 두번째 예측은 한국전쟁에서, 그리고 세번째 예측은 베트남전쟁에서 비슷한 형태로 나타났다. 네번째 예측은 미래의 세계전쟁에서 발생할 것으로 예상되지만, 지금은 논란의 대상이 되고 있다.

같은 해인 1924년에 전쟁의 가설-그 당시에는 현실적인 듯하였으나 현재까지도 나타나지 않았다-에 대하여 언급한 적도 있다. 여기에 대해서는 투르Vittorio Tur 제독이 일간지 『일 티레노』에 게재한 일련의 논문들 가운데서 첫번째기사 내용으로 대신하겠다.

1952년 11월 2일 게재된 첫번째 기사에서 그는 두 차례 세계대전 사이에 이탈리아의 전반적인 외교 및 군사정책에 대해 서문에서 요약한 다음 이어서 다음과 같이 기술했다.

… 가능성이 있는 전쟁에 대처할 계획과 수단에 관한 연구가 이와 같은 개념에 전혀 근거해서 진행되지 않았다.…

    필자가 주장한 바를 확증하기 위해 피오라반조 제독을 상기시키고자 한다. 그는 1924년 당시 소령이었으나 지금은 여러 분야에 관한 많은 저서를 출판할 정도로 유명할 뿐만 아니라, 제2차 세계대전을 예견했고, 또 실제로 전쟁에서 적용가능한 견해를 제시함으로써 이탈리아 해군발전에 기여한 공로로 수상대상자로 올랐던 인물이다.

피오라반조 제독이 예견한 많은 것들 중에서도 프랑스가 몇 주일 안에 패배하고 말 것이라는 것과 이탈리아가 먼저 시칠리아를 잃고 패배할 것이라는 것을 어떻게 예견했는지를 읽어보면 매우 인상적이다. 그가 예견하지 못한 것 가운데 하나는 독일의 러시아 침공이었는데, 그것은 그 때까지 나치주의가 태동단계에 있었기 때문이다.

다음 해인 1925년, 그는 다른 저서에서 지중해에서의 투쟁의 영향을 다루면서 또 다른 관점에서, 나아가 군사적 목표와 그 목표달성을 위한 가정을 세우는 등의 발전을 이룩했다. 그 가정은 이탈리아가 연합국 측에서 싸울 것이냐, 아니면 독일 측에서 싸울 것이냐 하는 것이었다.

피오라반조 제독의 연구는 수긍할 수밖에 없는 부분이 있었음에도 당시의 정치적 현실과 사람들이 이를 추론할 능력이 너무 없었던 까닭에 무시되었다. 해군참모부는 이 젊은 장교의 건의를 받아들이지 않았고, 단지 깊은 통찰력도 없이 당시의 일반정책에 따라 그가 주장했던 전쟁에 관한 가설만 엄밀히 분석했을 뿐이다.

부연하건대 당시의 필자는 독일이 베르사이유조약의 굴레를 벗어나면 몇 년 뒤 전쟁이 발발할 것이라고 언급했다. 전쟁은 말 그대로 일어났다. 또한 필자는 시칠리아를 잃으면 이탈리아가 패배할 것이라는 것을 다음과 같이 예언했다. 시칠리아의 전략적 가치에 대해서는 1919년에 쓴 논문에서도 다뤘다.

시칠리아는 이탈리아의 지중해 전략의 기초가 된다. 시칠리아는 지중해의 동서를 연결하는 항로를 통제한다. 더욱이 시칠리아는 비제르테Bizerte와 몰타Malta에 강력한 공중공격을 전개할 수 있다. 시칠리아는 튀니지와 몰타에 아주 근접했기 때문에 당연히 위협적일 수 있고, 또 위협을 받을 수도 있는 위치에 있다. 이런 이유 때문에 시칠리아는 강력한 공격기지가 되려면 일단 스스로 난공불락의 기지가 되지 않으면 안된다. 과거의 로마와 카르타고가 지중해의 지배권을 장악하기 위해 벌였던 숙명적인 전쟁이 미래에도 반복될 것이다. "시칠리아를 상실하면 전쟁에서도 패배한다." 필자는 이 경구가 결코 과장된 표현일 수 없다고 생각한다.

불행하게도 이 말은 과장이 아니었다. 1943년 카르타고가 다시 승자가 되었다. 필자는 이러한 개념을 각 군 사관학교와 대학 강의 시간에 거듭거듭 강조했다. 지난 20여 년간 해상근무와 육상근무를 했고, 그 사이 이들 학교에서 교수직을 수행했다. 1930~1931년에는 2권으로 발간된 『해상전과 전체로서의 전쟁』이라는 저서를 냈으며, 결론을 다음과 같이 맺었다.

오늘날과 같은 문명의 기술, 그리고 기계화된 시대에는 사회의 경제적 및 재정적 측면이 강조되고 있고, 육체노동보다는 기계화가 더욱 강조되고 있으며, 나아가 인간의 생존능력과 소비능력, 경제적 실현성과 재정상의 현실성 사이에 불균형이 야기되고 있다. 지금의 경제적 잠재력에 도움이 되지도 않고 해를 끼치지 않는 대량소비에 대해서는 균형을 잡아야 할 것인지, 잡는다면 언제 어떻게 잡아야 할 것인지를 예측하기란 참으로 어려운 일이다.

어찌되었든 문명이 그 나름의 경제구조로 전환하든가, 아니면 문명 그 자체가 창출된 기술이라는 무게를 감당하지 못해 붕괴하고 말 것이라는 이론은 타당한 것처럼 보인다. 그 붕괴는 평화롭게 진행될 수도 있고 처절하게 진행될 수도 있다. 어떤 경우든 일단 전쟁이 발발하면 그 전쟁은 문명의 특성을 감안한 철저한 기계전이 될 것이며, 국가 사이의 경제적 상호의존이라는 관점에서는 두말할 나위도 없이 세계전이 될 것이다.

상기 저서의 다른 부분에서는 미래의 전쟁은 아무런 어려움없이 액체연료를 대량으로 사용할 수 있는 연합국 측이 승리할 것으로 예견했다.

…타격력striking power은 양과 속도의 제곱에 비례한다. 제1차 세계대전 시에는 엄청나게 많은 육군이 결정적인 전투에 참가할 수 없었다. 이유는 그들의 속력이 거의 영zero으로 감소했기 때문이다. 해군의 경우에 제해권을 장악한 함대가 승리를 쟁취하는데 필요한 속력은 유지할 수 있었으나 그 가능성은 희박했다. 연합국 측이 다행히 기동력을 되찾고 추축국에게 치명상을 가하기 시작했을 때, 승리는 이미 연합국 측에 와 있었다. 오스트리아가 패배하자 연합국 측의 승리는 더욱 확실해졌다. 1주일 뒤 독일이 마침내 항복했지만, 이는 군사적 접촉의 결과라고만 할 수 없다.

공군은 상대적으로 규모는 작지만 우세한 속력을 가지고 있다는 점에서 매우 중요하다. 공군의 영역은 절대로 침범될 수 없다. 그렇다면 공군은 언제나 타격력을 확보하고 있는 셈이다. 공군이 기동의 자유를 누리는 데 요구되는 문제점은 육군이나 해군에 비하여 복잡하지 않다. 그러나 사전에 공중공격을 통해 공중의 자유를 획득한 뒤 적이 생존한 해상세력에 대한 공격방법의 선택만 문제가 될 것이다. 왜냐하면 그처럼 광범위한 작전능력을 지닌 공군을 운용하는 데는 군사·경제·정치 및 국내와 국제적인 요소가 모두 요구되기 때문이다. 항공전의 일반적 작전양상은 매우 단순해 보이지만 그 효과 면에서는 국민의 행동과 태도에 미치는 영향이 너무 커서 매우 복잡한 것이다.

필자의 이런 견해는 당시 선각자이자 항공력의 시조라 할 수 있는 두헤Giulio Douhet 장군의 단순한 이론과는 상충되는 점이 없지 않다. 필자는 1929년 7월 『항공평론』에 기고한 「공중에서 세력집중을 위한 해상에서의 저항Resist on the Surface in Order to Mass in the Air」이라는 논문에서 그의 단순한 이론을 논박했다. 참고로 상기논문의 제목은 두헤 장군이 직접 말한 경구에서 따온 것이다.

결론적으로 말해 필자는 해상전에 관한 우리의 사고를 항공전과 공중으로부터의 공격이라는 개념으로 바꾸어야 한다고 강조했다.
    그러나 우리는 과거처럼 미래에도 국가의 존립이 해양과 불가분의 관계가 있을 뿐만 아니라, 선박으로 항해를 하든 혹은 항공기로 해양을 횡단하든, 전시나 평시를 막론하고 해양은 경쟁의 대상이 된다는 사실을 명확히 인식하지 않으면 안된다.

상기저서 제2권에서 필자는 「총체적인 작전」이라는 제목을 가진 장에서 다음과 같이 기술했다.

전쟁의 추이와는 관계없이 결정적인 단계는 국내 군사적인 시도를 현명하게 안배하고 적절하게 통제할 수 있는 측에 돌아갈 것이다. 전쟁에서 승리하려면 재정·경제·생산·소비의 철저한 통제, 대내외 홍보활동 그리고 작전계획 등 모든 것이 같은 목표를 지향해야 한다. 우리는 독일육군이 이미 육체적으로는 지쳤지만 사기와 군기까지 완전히 무너지지 않았고, 또한 국민들 스스로 패배를 인식하지도 않았음에도 잠수함전의 고삐를 풀어버린 독일의 실수를 명심해야 할 것이다. 독일은 1916년 육전에, 1917년 해전에 최대의 노력을 집중하며 전체영역에서 노력을 동시에 집중할 때보다 성공적인 정책을 취했다. 그러나 이를 돌이켜보면 독일이 세력과 노력협조 면에서 적절한 시기를 놓치는 실수를 범한 것이다.

전쟁이 최고조에 달하면 합리적이고 인간적인 고려는 뒷전으로 밀려난다. 그래서 결론적으로 가장 무자비해지고 수치스럽고, 현실적으로 대량학살과 더욱더 잔악해지는 정신적 긴장을 가장 효과적으로 방지할 수 있는 방법이 강구되지 않으면 안된다. 그 이점은 결코 적지 않은 책임감을 느끼고, 이를 먼저 실행할 수 있는 측에게 돌아간다.

'합동의 개념'은 장차 가장 중요한 것이 될 것이다. 각 군의 공동 노력이란 육상·해상·공중에서 동시에 공격한다는 뜻이 아니다. 육상작전을 피할 수 없어 공격부대의 병사들이 피로한 상태라면 적에게 주도권에 대한 환상을 심어주어 적으로 하여금 대규모 공격을 감행하도록 유도하는 것이 좋을 것이다. 적절한 시기에 정보기관이나 선전활동을 활용해서 아군의 저항이 곧 붕괴될 가능성이 있는 것처럼 보여준다. 그런 뒤 적의 정예부대가 치열한 전투에 얽매여 있는 동안 공중으로부터 맹렬히 공격한다.

아군은 적의 환상이 무너지고 있는 전선에 각종 공격을 가하고 그와 동시에 적국의 국민들에게 공포감을 심어주기 위해 아군의 공군은 적의 후방에 있는 보급기지·전쟁물자 생산지 및 철도와 도로 그리고 대도시를 집중공격한다. 공수부대는 적의 후방을 유린하기 위해 작전개념에 따라 공수낙하를 실시한다. 대형항공기는 이미 대규모 부대를 수송하기 위한 수송기로 개조되고, 이런 종류의 항공기는 빠른 시간 내에 생산되도록 한다.

한편 해상에서는 적이 군사적 원정을 기도할 경우나 해상교통로가 적에게 치명적일 경우, 아군은 해상교통로 차단을 위한 활동을 강화한다. 적이 지상전에서 거의 피폐하고 아군의 공중 및 해상공격에도 불구하고 아직 항복하지 않고 있을 때, 공중과 해상으로부터의 공격을 계속하는 한편 지상에서 불의의 반격을 가하도록 해야 한다.

그러나 이러한 주도권을 장악하기 위해서는 충분한 활동과 수단, 그리고 예비병력을 보유-노력을 경제적으로 운용함으로써 확보한다-할 필요가 있다. 그래서 적이 공격력을 상실할 때에는 지체없이 반격할 수 있어야 한다. 그리고 이러한 요소들을 얻기 위해서는 충분한 보급과 전쟁물자의 생산을 위한 평화로운 여건조성이 필요하며, 이를 위해서는 역시 성공적인 해상-공중통제권이 필수적인 요소일 수밖에 없다.

두헤 장군의 "공중에서 세력집중을 위한 해상에서의 저항"이라는 금언은 이러한 관점에서 재해석되고 운용되어야 한다. 아군해군의 통제조건들에 관해서는 각 군의 합동작전에서 이미 언급했기 때문에 여기서는 생략하겠다.

지금까지 필자는 주로 어떤 한정된 전역의 경우를 설명한 것이 아니다. 공군의 유효 행동반경을 넘지 않는, 공중으로부터의 전적으로 통제 가능한 예를 들었다. 한편 교전국이 대양을 사이에 두고 떨어져 있다면 그 작전은 보다 천천히 괴로운 리듬을 타고 전개될 것이다. 아군은 함정없이는 아무것도 시도될 수 없다. 이것은 곧 적 타격에 앞서 지리적인 문제를 극복하지 않으면 안된다는 말이다.

내해성·재보급 능력 그리고 항해의 적합성은 작전을 수행함에 있어서 해군이 완전한 통제를 할 수 있어야 할 요소다. 만약 '태평양의 비무장화'에 관한 협정이 파기되기 이전에 넓은 대양에서 전쟁이 일어난다면, 그리고 지금과 같이 대서양에 몇 안되는 기지로 산재해 있다면—틀림없이 우리는 대양에 연해 있지 않는 기지를 가리켜 '대서양에 산재한'이라는 용어를 사용하고 있다—전쟁은 작전기지로 이용할 만한 위치를 점령하려는 기도부터 시작해야 할 것이다.

대양전ocean war에서의 부분적 통제—이것은 실제적인 제약들이다—라는 관점에서, 열강들이 바라는 평화에 대한 갈망의 정도는 그들이 태평양에서의 힘의 균형에 관한 워싱턴조약의 경신을 가능하게 할 수 있는 협정과 그 기간에 대해 합의하는 정도에 따라 가늠될 것이다. 작전기지 문제는 해군의 무장과 관련 있고, 무장 운용가능성은 기지의 유무에 달려 있다. 특히 대양의 경우는 기지의 존재가 매우 절실할 것이다. 기지를 준비하지 않는다는 협정은 해군감축에 대한 협정보다 전쟁을 예방하는 더욱 확실한 징후일 것이다. 필자는 그들이 장차 성실한 정신과 목적을 갖고 대화한다면 마땅히 이러한 기초 위에서 출발할 것을 강조하고 싶다.

따라서 두헤 장군의 대양전에 관한 금언은 전혀 무의미하며, 그 말은 다음과 같이 바꾸어야 할 것이다. 즉 "지상군과 공군의 운용을 위한 가능성을 창출하기 위하여 해상에서 작전하라." 여기서 작전이라는 용어는 집중이라는 말보다 훨씬 이해하기 쉽고 융통성이 있을 것이다.

항공모함의 지원이 없는 상황, 다시 말해 보급기지 없이는 효과적인 작전을 할 수 없는 상황에서는 수중위협이 극히 희박하고, 공중위협이 없는 경우라면 대양의 해군부대에게는 활동하기 좋은 여건이 될 것이다. 그리고 전투는 지구상의 인구가 많은 곳에서 전개되는 경향을 보일 것이다. 그런즉 대서양처럼 태평양에서도 아시아 대륙과 미국대륙에 가까운 서부해역이 작전구역이 될 것이며, 작전 목적에 유용하게 사용될 곳은 다도해일 것이다.

이러한 관점에서 미국이 유럽과 전쟁을 하거나 일본이 미국과 전쟁한다면, 유럽 또는 미국의 적은 어떠한 집단을 이루든 관계없이 다도해의 통제점에서 적을 저지할 유리한 여건을 확보할 것이다. 따라서 '노력의 상대성'보다는 '지리적 상대성'이 더욱 중요한 것이다. 그리고 지리적 요소는 분쟁의 불가결성을 감소시킬 것이다. 이것은 무엇보다 교전국에 맞서 항공력으로 공격하기 곤란할 때에 더욱 그럴 것이다. 전쟁은 국민 사이의 전쟁이 될 것이지만 실제로는 군사작전의 형태로 나타날 뿐이다.

대양에서는 우리가 몇 년 동안 목표로 한 1만 톤급 순양함이 전투능력에 비례해 자연히 교전상의 이점과 운용상의 신뢰성을 발휘할 것이다. 여기서 이미 언급된 내용을 다시 한번 반복하고자 한다. 이를테면 함정이란 단순히 해상을 항해하면서 직면하는 위험뿐 아니라 전투에서 유사한 함정공격에도 저항할 수 있도록 설계되어야 한다. 이런 공격에 대한 저항력은 해역의 특성과는 관계없이 최대의 장갑을 필요로 한다.

한편으로 항해상의 위험은 선저의 방호에 영향을 미치지만 대양에서는 그 위험이 비교적 적다. 1만 톤급 함정은 앞서 설명했듯이 수면상 장갑을 튼튼히 하고 동시에 수면 아래 방호문제까지 해결할 수 없다. 그러므로 워싱턴급 순양함은 좁은 해역에서의 작전에 부적합하고 잠행성 공격에도 매우 취약할 수밖에 없다. 이런 기술개념을 재정립한 것은 순수한 대양전에서 대양용 함정들이 함정종류에 따라 각각 고유의 목적을 가진다는 것을 보여주기 위함이다.

대양항해에 적합한 현존함정 가운데 내해성이 뛰어난 함정은 장거리 잠수함이다. 매우 작으면서도 큰 출력을 내고 고온에 견딜 수 있는 기관이 개발되어 대·소 수상함정에 설치될 수 있을 때까지 잠수함은 이런 장점을 계속 가질 것이다. 잠수함은 자체 작전능력에 배당된 항공기의 정찰능력까지 포함한다면 해상부대의 전위로서 주요 기능을 수행할 것이고, 부차적인 기능으로 수중공격의 위협도 유지할 수 있을 것이다. 지금으로서는 자국연안에서 멀리 떨어져 적에게 탐지되지 않고 정찰임무를 수행할 수 있는 함정으로 대형 잠수함보다 더 적합한 것은 없다.

그러므로 논리적으로 볼 때 협소한 해역에서는 항공기 단독으로 적에 대한 탐색 및 경비를 실시하고, 대양에서는 잠수함과 항공기가 협동으로 임무를 수행하는 것이 중요하다. 물론 임무의 방대함과 소요되는 운용세력의 부족이라는 불균형에 봉착할 수도 있을 것이다. 그러나 협소한 해역에서 항공기가 단독으로 작전할 경우에는 문제되지 않는다. 다만 지리적 조건에 따라 선정된 항로상에 잠수함을 운용한다면, 그들의 임무는 쉽게 달성될 것이다.

예를 들어 미국 해군부대가 하와이를 출항하여 괌으로 향한다고 가정할 때, 일본이 괌을 점령하기 전이든, 아니면 이미 점령한 뒤 이를 재탈환하기 위해서 이동하든 간에 미국 해군부대는 거리가 너무 멀어 [3,300마일] 직접 이동할 수 없다. 위의 두 가지 가정 가운데 특히 후자의 경우는 미국 해군부대가 가능한 한 최대의 잔여능력만으로 도착하려 할 것이다. 그들은 하와이에서 괌까지 이르는 직선항로로 2천 마일이나 떨어져 있고 북쪽으로 200마일에 위치한 웨이크섬에 기항할 수 있을 것이다.

그러나 하와이에서 웨이크섬에 이르는, 항로상 400km의 행동반경을 가진 항공기와 함께 활동하는 잠수함은 웨이크섬이나 괌 어느 곳이든 틀림없이 적을 발견하기 좋은 위치에 잠복해서 대기할 것이다.

미국 해군부대 역시 하와이로부터 북서 1,130마일, 괌으로부터 2,300마일에 위치한 미드웨이섬에 기항한 뒤 괌에 도착할 수 있겠으나, 이런 경우 일본은 단지 제2의 잠수함을 미드웨이섬 근해 적절한 위치에 파견하면 될 것이다. 이것 이외에 다른 가능한 항로는 없다. 따라서 광활한 대양을 항해하는 자에게는 일견 그 공간요소가 안전을 증대시켜 주는 것처럼 보이지만, 실제로 협소한 해역에 비해 그다지 안전을 크게 증대시켜 주지 못한다. 실제로 연료절감의 필요성에 따라 최단거리로 항해하게 된다는 것을 적이 알고 있기 때문이다. 사실 해군부대와 목표 사이에 협소한 해역이 가로 놓여 있다면, 그들은 최대의 경계심을 가지고 야간을 이용해 통과할 수도 있으나 대양에서는 이런 식의 이동이 불가능하다.

최종적으로 분석해 보면 협소한 전역인 경우 위험이 집중되면서 야음을 이용한 기습도 성공할 것으로 보인다. 전투는 상황의 다변성으로 특징지어지지만 광대한 해역에서는 매일 위험이 줄어들고 총체적인 것이 되기 어렵다. 그러나 거리요소는 기습을 위한 야간기동을 불가능하게 만들며, 작전을 잘 알려진 몇 개의 항로상에 한정시키고 통상상황을 보다 안정시킨다. 그런 점에서 필자는 다음과 같이 결론을 도출했다.

협소한 전역에서의 전투는 신속하고 복잡하며 예상치 않은 상황이 많아 다변성의 속성이 있다. 광대한 전역에서의 전투는 신속하지 못하고 단순하며, 예견되는 작전항로상에 압도적인 우세를 유지할 때보다 안정적이다.

태평양에서 전개될 수 있는 전쟁수행에 대해서는 1936년 I.S.P.S.에서 발행한 『세계의 해군기지 Naval Base in the World』에서 자세히 다루었다. 여기서 말한 가능성이라는 예측은 그 후 실제 현실로 드러났다.

돌이켜 보면 기술분야에서 필자가 제안한 사항들은 다음과 같이 나타났다. 즉 영국해군이 건조한 대공순양함(필자가 1922년에 착상한 뒤 몇 년 뒤 건조), 1941년 이탈리아 해군에서 건조한 자라급 순양함(1924년 제안)과 선단호송용 코르벳함(1925년 제안), 그리고 지휘함(1925년 제안)과 3,500톤급 정찰순양함(1925년 제안) 및 코르벳함 모두는 필자의 건조제안이 있은 지 몇 년 뒤 건조된 것이었다. 그 결과 필자의 연구는 대공화력 통제소의 설치에 기초가 되었고, 다른 분야에서의 기술적인 연구 또한 필자의 주도로 이루어진 예가 적지 않다.

1947년 10월 4일자 타란토의 일간지 『보체 델 폴로』에 「세계제국」이라는 제목으로 다음과 같은 기사를 쓴 적도 있다.

만약 제국이란 용어의 의미가 지리적으로 여러 국가를 포함하여 확장된 실체로서, 역사적으로 한 시대를 대표할 만큼 오래 지속된 발자취를 남긴 정치적 실체를 뜻한다면, 인류역사상 오직 두 개의 제국만이 실제 했다고 볼 수 있다. 바로 로마제국과 대영제국이 그것인데, 전자는 정치·사회적인 면과 논리·법률적인 면에서 강한 인상을 남겼고, 후자는 그 경제적이고 재정적인 면에서 매우 뚜렷한 속성을 보여주었다.

두 제국은 통신의 속도와 전달거리, 접촉의 허용한도까지 팽창하였다. 로마제국은 노선과 톤수가 작고 불완전한 범선형의 화물선·통보선에 의존하는 통신을 사용하여 지중해 주변을 벗어난 해역 밖으로 확장할 수 없었다. 이에 비해 대영제국은 전투함과 내해성이 강한 상선을 이용해 전세계로 뻗어나갔다. 증기선의 출현에 따라 소요되는 석탄은 영국의 풍부한 저장량과 적절한 보급기지의 확보로 해결되었으며, 장거리 통신수단의 발명으로 전세계에 걸친 대영제국과 본국과의 거리는 단축되고 유지될 수 있었다.

양국은 그들의 경쟁국가들이 동맹하여 대항하기 전에, 무엇보다 해상에서 차례로 각개 격파함으로써 제국을 건설했다. 로마는 카르타고를 패배시킨 뒤 팽창할 수 있었고, 영국은 스페인·네덜란드·프랑스 및 독일을 차례로 굴복시키며 팽창할 수 있었다.

그러나 영국이 자신들의 마지막 경쟁자인 독일을 굴복시키기 위해서는 1914년부터 1919년까지 미국의 도움을 받았고, 1939~1945년에는 미국과 러시아의 편에 서서 싸워야 했던 적도 있다. 그 결과 두 차례에 걸친 독일과의 전쟁으로 영국은 자신보다 경제적인 잠재력이 더 큰 연합국 측에 가담하여 새로운 세계균형을 위해 타협-이 표현이 '평화를 위한 타협'이란 표현보다 더욱 적절하다고 생각한다-하지 않을 수 없었다. 따라서 영국은 비록 전승국이 되었으나, 전후재건에서 그의 동맹국들에게 압도당해 정치-경제적으로 영원히 약화되고 말았다.

그리하여 오늘날 미국과 러시아는 서로 대립된 두 강대국으로 등장했다. 양국이 지금은 모두 긴장단계에 있는 반면 불과 몇 년 전까지만 해도 여러 분야에서 아무런 저항없이 통제하던 영국은 이제 세계적인 지위를 포기하는 징후를 보이면서 퇴보하지 않으려고 발버둥치는 상태에 있다.

따라서 로마나 카르타고, 영국과 영국에게 패배한 경쟁국인 4개국 사이에 있었던 것처럼 우리는 지금은 세계를 지배하려는 두 강대국 사이의 경쟁시대에 살고 잇는 것처럼 느껴진다.

세계의 제국을 건설하기 위한 기술적인 자원은 충분하다. 지구의 크기에 비해 오늘날 전쟁도구나 교통-통신의 발달은 로마나 대영제국 시대보다 엄청나게 빨아졌다. 비록 과거의 제국을 건설하는 데는 수세기가 걸렸지만 새로운 제국이 발흥하여 건설되는 데는 수십 년의 기간이면 충분할 것으로 예상된다.

인류가 간절히 바라는 것은 세계가 초국가적인 중앙정부를 중심으로 한 연방제 형식으로 통일되든가-우리가 취할 수 있는 방안이란 미래의 세계시민이라는 선전을 통하여 이를 이룰 수 있도록 하는 것이다-아니면 과거에 있었던 것처럼 한 국가가 처절한 투쟁 끝에 승리함으로써만 이룰 수 있다. 이 두번째의 가정은 바람직하지 못하다고 할 수 있다. 왜냐하면 새로 건설되는 제국은 세계의 파멸 위에 건설될 것이기 때문이다.

쉼터

찾아보기

[ㄱ]

가보티 8 107 129 195
가위진 96 99 135
각진 135
갈레아스 92 115
갤리 85-87 90-93 100
게릴라전 59
경순양함 189 273
경찰국가 61
공중전 58 292 327
구리다 310-311 314-322
구식전함 182-184 239
구축함 28 178-179 212-213 216 273
국방평론 72 76
국제연맹 263
그리스 화염 90
극동함대 29 34
글루아르 175
기독교연맹 111 114 117
기독교함대 114
기동부대 297 301 297 301 303 307 310 318 332 345 347

기동전대 297
기뢰 27 29 175-176 254 351
기류신호 142
까리나노 227

[ㄴ]

나바리노 168
나바린 243
나우팍투스해전 97
나키모프 243
나폴레옹 30-31 52 107
나폴레옹 전쟁 31
남군 32
남북전쟁 28 31-32 174 176
네덜란드 121 150 152 300 381
네보가토프 243
네쇼 31 107 127 145 155-156 160 165 227 254 257 302
노급전함 182 183-185 188
노르망디상륙작전 39
노빅 188
노선시대 3 6 24 27 81 88 92 103 107 118 124 127-130 173 195 205 298

노틸러스 175
녹색전대 113
눌로Nullo함 14
뉴프랑스 26
니미츠 306 321
니외일 131
니콜라이 1세 244

[ㄷ]

다까기 301
다단노선 82 84 92 174
단돌로 109-110 182
당블리몽 131
대륙봉쇄 31
대륙세력 51
대서양해전 39 41 332
대양함대 36 246 255
대전략 73
대함대 36 246
데미컬버린 127
데피노 175
도교 91
도르빌리에 131
도치기동 101
돈 존 111 113 115
동부솔로몬해전 43
두라조해전 97
두일리오 182
두일리우스 91

두헤이론 63
드레드노트 183-184
드로몬드 84
디에고 수아레즈 40

[ㄹ]

라 꾸론느 126 175
라운드선 87 124
라이트 형제 73
러일전쟁 28 34 175 183 238
런던회의 265
레알 디 스파냐 113 115
레이테만해전 43 299 308 313 319
레질러스 105
레판토해전 81 85 103 111-112 173
로도스 전대 105
로드니 145 162
로마 전대 104 107
로얄 서버린 126 127
로웨스토프트해전 149 150
로제스트벤스키 239 242 244
뤼순 28-29 34 234
르뽀띠에르 76
리다우터블 168
리버니움 84 87
리사해전 173 194 223-224 231
리펄스 326

찾아보기 387

〔ㅁ〕

마다가스카르 40
마사와 40
마타판해전 328
마호메트 시로코 113 116
막스-레닌주의 57
메리막 174
멜로리아해전 109
모니터 174
모로그 131
모리즈비 300
몰타 39 42 111 117 371
몰타의 기사 125
무선방향탐지기 29
무솔리니 40 46 284 327
무장상선 25
무적함대 6 168
미드웨이해전 43 299 304
미래전 57 63-64 285 321 325 356 359
미서전쟁 28 31 34
미욘네서스 104-105
미욘네서스해전 103-106
미카사 244
밀레해전 91

〔ㅂ〕

바르바리고 113 116
바르조 326
반탄 128
발칸반도 33
발틱함대 35
발틱해 47 54
방뢰구 177
방호순양함 188 240 242
백병전 87 90-91 99 109 115 127 145 195 220
백색전대 113
범선 24-25 27 85 118 121-122 129 174 205 217 255 336
범선시대 6 24 27 92 121 130 142 146 149 168 173 181 187 195 205 217 298
베니스함대 109-110
베르노티 8 308 331
베르사이유조약 33 370
베세 델 포풀로 55
벨리키 243
병항전 149 162 290 331
보로디노 243
복사열진 198
복종렬진 154 156 160 194-195 198 213 242 350
볼록초승달진 95 135
봉쇄함대 27-30
부에-윌로메 219 224 227
북군 32-33
북대서양조약기구 75 346
뷔쌍또르 167
브리건틴 124

브린 182
브린디시 35
블라디보스토크 29 34 67 239 243
비스마르크 41
비잔틴제국 82 84
비제르테 371
비토리오 베네토전투 36
빅토리 127 156 161-162 166
빌르네브 161 165-166

[ㅅ]

4단노선 82
사모스해협 104
사보이 111 117
산 니콜라스 156
산 베르나르디노 304-317 320
산동반도 34-35
산타크루즈제도해전 43
산토 스테파노 37
산호해해전 43 299 302 304 331 333
살라미스해전 81 173
살라자르 131
3단노선 82-83 88 100
상설해군 25
색구 85 128 145
선연판 86
선회기동 101
선회조종 143
세니아빈 244

세버스키 330 343
세이커 127
세인트빈센트해전 149 155 158 161
소류 305
솔로몬군도해전 43
솔리올 32
쇼카쿠 303
수보로프 242-243
수에즈 39 42 337
수직 마스트 122
순양함 181 186-187 212 235 266 282
    286 300 345 355 377 380
쉬어 36 245-248
쉬프랑 145 152-153 162
슈니샤우 178
스미스 347 349
스카게라크해전 223
스코틀랜드 35
시리아 함선 105-106
실론섬 154
실론해전 149 152
심스 302
쐐기진 95 135 193-194 228 233 237
쓰보이 236-237
쓰시마해전 34 223 238

[ㅇ]

아고르다트 188
아나콘다 계획 33

찾아보기 389

아드레이드 227
아드리아해 37 84
아르테미시움해전 97
아부키르해전 31
아치란디아 85
아카기 305
아폰다토어 228-230 234
아프라킨 244
안티오커스 104
알렉산더 243
알리 파샤 113-117
압록강해전 223 234-235
야마토 305
어뢰정구축함 178
에스플로라토어 229
에페서스만 104
엑설런트 157-160
영국해협 35
영란전쟁 149
예방전투 293
오렐 244
오목초승달진 95 99 135
오스뜨 130
오슬리비아 242-243
오프담 150 152
왕립해군사관학교Royal Naval Academy 25
왕위계승전쟁 26
요크 130 150
우샤코프 243-244

울루치 알리 114 117
워싱턴조약 265 376
워싱턴회의 264 266
원자폭탄 40 48-49 61-62 73
웨어링 132
위치의 전쟁 37
유다마스 105 107
유라러스 161
유메네스 104
유보트 41
유틀란트해전 42 173 223 245 250 296
6단노선 104
육상전략 73
2단노선 82 84
이동의 전쟁 37
이아치노 308
이토 234-237
인도양 40 54 75
1단노선 82 84 87
일제회전 97 102 135-139 145 154 201 213 215 249

[ㅈ]

자바해해전 42 300
장갑순양함 188 247
저비스 156 160
적열탄 128
전략 5 19 73 76 155 226 253 285 287 346 365

전략가 19 155
전술기동 13 101 131 205-206 274
전위 92 109 113 143 163 236 378
전장 123 128
전장범선 92 122 124 126 187
전투순양함 41 188 247 249 265 271 326
전투전략 24
전함 37 181 183 196 297
정찰순양함 188 380
제1사장 90 122-126 145
제노아 97 109 350
제임스 156
제해권 33 48 58 83 372
젤리코 36 245 249 255 257
종렬진 95 97 106 132-134 138-140 145 154 194 205 213 219 229 279 355 399-402
종사 144 225 237
종진기동 97
주력부대 143 157 217 226 287 305
주력함 178 181 202 211 246 264 266 273 289 332
주장mainmast 123-126
주포 181-184 196 219 235 235
주프로이 175
준노급전함 182 184
지브롤터 39 118 118 166 337 350
지에리크지해전 91
직접침로방법 199-202

진주만기습 42
진축회전 199
짐노쁘 175

[ㅊ]

청일전쟁 234
초노급전함 182 186
총체전략 59
최대유효사격호 197
최소유효사격호 197
추이카쿠 303
추진기시대 6 27 181 194 205 217 223 245 298
추진장치 81 121
추축국 33 41 44 372
치오스해협 104
7년전쟁 26 30
7단노선 105

[ㅋ]

카가 305
카르타고 83 84 91 371 381
카발리 175
카스토르 252
카이저 230 234
카파파 285
캐논 127
캐러벨 124

캐럭 124
캡틴함 157 159
커터정 124
코그 124
코라카곶 104
코로만델해전 149 152-153
코르도바 156-157
코르벳함 124 143 274 380
코르비노 253
코르테나 151
코아티트 188
코펜하겐 31 161
콜링우드 157-159 166-167
쿠니베르티 183
쿠르졸라해전 103 107-110
클로덴함 156
킨케이드 309 314 317-318 322

〔ㅌ〕

타란토 35 55 381
탄도탄전 59
태킹 132
태평양전쟁 49 297 300 304 319
터키함대 111 114
테게토프 227 230 233
테르빌 175
테오스만 104
통보함 181 187 227
투르 369

튜더왕조 25
트라팔가해전 31 121 127 149 155 160 167 173 239
트로우브리지 156-159
트롬프 152
티르피츠 41
티스 244
T자 씌우기 142 208-209 331

〔ㅍ〕

파리조약 26
판테라 130
팔레스트로 230 234
페르가뭄 104
페르디난드 막스 228 230
페르사노 226-230
페르타우 116
포르미오 101-102
포르토갈로 230
포르투갈 121 124
포메라니안전쟁 26
포미더블 175
포에니전쟁 84
포클랜드 256
폴리비우스 91
폴릭세니다스 104 106
푼타스틸로해전 42
풀턴 175
프라카롤리 86 92 111

프랑스 26 30-33 39 41 52 71-72 92 121
　　126 129 152 155 161 175 224 26 264
　　284 326 370 381
프롤레타리아 혁명 52
프리깃함 124 143 161 174 187 274 309
플레처 295 301 306-307
피봉쇄함대 27
피오라반조 5 369

[ㅎ]

한국전쟁 61 368-369
할제이 310 312 314 317 320
함대사령관 143 161 207 218 220 227
　　232 254 305
함수포 92
항공우산 360
해군력 21 41 54 188 343
해군전대전 72
해군전술 5 23 218 219 275 297 331 335
　　343 357
해군전술사상사 5
해군평론 218 326 338
해군함대 130
해군항공 30 47 66 204 284 356 363
해군휴일 265
해로 20
해상전 215 287 292 317 327 351 373
해상전략 73
해상통제권 20-21 39 104 253 359

해안포대 27 362
해양논평 64
해양력 20 23-27 30 33 37-38 48 69 81
　　121 234 264 345-346
해양세력 51
해운력 21 48
헬다이버 327
헬컷 327
현시 20 325 330 333
현존함대 155
호우 145 162
홀랜드 175
화공선 152
화승총 100 115 127
황색전대 113-116
횡렬진 95 97 99 113 132 134 153 194
　　198 212 213 221 229 354
후드함 41
후속기동 97 215
후속방법 199-200
휴즈 152-153
히류 305
히퍼 247